Rudolf Steiner Taschenbücher
aus dem Gesamtwerk

RUDOLF STEINER

Der innere Aspekt des sozialen Rätsels

Luziferische Vergangenheit
und ahrimanische Zukunft

Zehn Vorträge, gehalten in
Zürich, Bern, Heidenheim und Berlin
zwischen dem 4. Februar und 4. November 1919

RUDOLF STEINER VERLAG

Nach vom Vortragenden selbst nicht durchgesehenen Nachschriften
herausgegeben von der Rudolf Steiner Nachlassverwaltung

Ungekürzte Ausgabe nach dem gleichnamigen Band der
Rudolf Steiner Gesamtausgabe, Bibliographie-Nr. 193,
herausgegeben von Urs Dietler
5. Auflage, Dornach 2007

Taschenbuchausgabe
1. Auflage 2016

Umschlaggestaltung: Finken & Bumiller, Stuttgart
Printed in Germany by Druckhaus Nomos, Sinzheim
ISBN 978-3-7274-7670-9

www.steinerverlag.com

Zu den Veröffentlichungen aus dem Vortragswerk von Rudolf Steiner

Rudolf Steiner hat seine Vorträge stets frei, also ohne Manuskript, gehalten. Viele seiner Vorüberlegungen hielt er lediglich in Stichworten, manchmal auch in kurzen Sätzen, Schemata oder Skizzen in seinen Notizbüchern fest, ohne daß er sie weiter schriftlich ausgearbeitet hätte. Nur in ganz wenigen Fällen liegen vorbereitete schriftliche Zusammenfassungen vor, die für Übersetzer bestimmt waren. Er hat jedoch der Veröffentlichung seiner Vorträge zugestimmt, auch wenn er selbst nur einige wenige für den Druck vorbereiten konnte.

Die in der Rudolf Steiner Gesamtausgabe veröffentlichten Vorträge basieren in der Regel auf Übertragungen stenographischer Aufzeichnungen, die während des Vortrags von Zuhörern oder hinzugezogenen Fachstenographen angefertigt wurden. Verschiedentlich – und dies gilt für die Anfangsjahre seiner Vortragstätigkeit, etwa bis 1905 – dienen auch schriftliche Ausarbeitungen durch Zuhörer als Textgrundlage. Für die Drucklegung werden die Übertragungen in Langschrift oder Zuhörernotizen von den Bearbeitern (Herausgebern) einer eingehenden Prüfung unterzogen, insbesondere hinsichtlich Sinn, Satzbau und Genauigkeit der Wiedergabe von Zitaten, Eigennamen oder Fachbegriffen. Bei auftretenden Komplikationen, wie zum Beispiel nicht entschlüsselbaren Satz- und Wortgebilden oder Lücken im Text, werden, soweit vorhanden, die Originalstenogramme zur Abklärung hinzugezogen.

Weitere Angaben, die Besonderheiten der Textgrundlagen, der Bearbeitung sowie die Entstehungsgeschichte der im vorliegenden Band veröffentlichten Vorträge betreffend, befinden sich am Schluß des Bandes.

Die Herausgeber

INHALT

ERSTER VORTRAG

Zürich, 4. Februar 1919

In diesen Tagen, wo es mir obliegt, in dieser Stadt öffentliche Vorträge zu halten über die soziale Frage, ist es vielleicht nicht unangemessen, wenn wir uns gerade an diesem Zweigabend hier gewissermaßen innerlich mit dem sozialen Rätsel, wie es in der Gegenwart besonders bedeutungsvoll ist, beschäftigen.

Wir wissen ja, jenem Menschen gegenüber, dem wir in der äußeren Welt gegenübertreten, der vor unserem Wahrnehmungs- und Empfindungsvermögen, wie es an den Leib gebunden ist, steht, müssen wir den eigentlichen, tiefer gelegenen inneren Menschen anerkennen. Diesen inneren Menschen gewahren wir zuerst, wenn wir Rücksicht darauf nehmen, daß er im Grunde genommen mit allem im Zusammenhange steht, wovon wir sagen können, daß es für unsere Erkenntnis, für unser ganzes Leben die Welt durchwellt und durchwebt. Bedenken Sie nur, wie verschieden von der gewöhnlichen Weltbetrachtung gerade mit Bezug auf den Menschen unsere anthroposophische Weltbetrachtung ist. Werfen Sie einen Blick auf den Versuch, den ich gemacht habe, um anthroposophische Weltauffassung einmal abrißweise zusammenzustellen, auf alles dasjenige, was Sie in meiner «Geheimwissenschaft im Umriß» gelesen haben, und Sie werden sehen, da ist nicht nur unsere Erdenentwicklung im Zusammenhange mit dem Menschen, da ist unsere Erdenentwicklung betrachtet als hervorgegangen aus früheren Verkörperungen dieses unseres Erdenplaneten. Hervorgegangen ist diese Erdenentwicklung aus der alten Mondenentwicklung, diese aus der Sonnenentwicklung, diese Sonnenentwicklung aus der Saturnentwicklung. Aber schauen Sie sich alles an, was zusammengetragen worden ist, um diese Entwicklung über Planetensysteme hinweg bis zu unserer Erdenentwicklung zu verfolgen, und Sie werden sagen: In allem, was man betrachtet, fehlt nicht der Mensch. Der Mensch ist in allem drinnen. Der ganze Kosmos wird so betrachtet, daß alle seine

Kräfte, alles dasjenige, was in ihm geschieht, hingeordnet ist auf den Menschen. Der Mensch ist gegenüber der Weltenbetrachtung Mittelpunkt dieser Betrachtung. – In einem meiner Mysteriendramen habe ich in einem Gespräch zwischen Capesius und dem Eingeweihten diese Grundlage aller anthroposophischen Weltbetrachtung, ich möchte sagen, mit ihrem Bezug auf das menschliche Gemüt noch besonders hingestellt, hingestellt, was es auf den Menschen für einen Eindruck machen muß, wenn er gewahr wird: Alle Göttergenerationen, alle Weltenkräfte, sie sind aufgerufen, sie sind tätig, um zuletzt ihn zustande zu bringen, um ihn in den Mittelpunkt ihrer Schöpfung hereinzustellen.

Ich habe bemerklich gemacht, wie sehr es notwendig ist, gerade gegenüber dieser durch und durch wahren Idee die Notwendigkeit der menschlichen Bescheidenheit geltend zu machen, wie notwendig es ist, sich immer wieder und wieder zu sagen: Ja, wenn wir unser ganzes Wesen, wie wir es in uns und an uns und um uns tragen, wie wir mit ihm in die Welt hineingestellt sind, erkennend erleben, wenn wir unser ganzes Wesen in der Tat zur Offenbarung bringen könnten, es wäre mikrokosmisch die ganze übrige Welt. – Aber wieviel wissen wir, wieviel erleben wir, wieviel können wir durch die Tat offenbaren von dem, was wir als Menschen im höchsten Sinne des Wortes sind? Wir schweben daher – wenn wir uns so recht klarmachen können die Idee, was wir als Menschen sind – zwischen Hochmut und Bescheidenheit. Wir dürfen ganz gewiß nicht in Hochmut ausarten, wir dürfen aber auch in der Bescheidenheit nicht untergehen. Wir würden in der Bescheidenheit untergehen, wenn wir uns nicht in die Lage versetzten, unsere Aufgabe als Mensch – um dessentwillen, was wir doch vor einer allseitigen Weltbetrachtung in der Welt sind – möglichst hoch zu setzen. Wir können im Grunde niemals hoch genug über dasjenige denken, was wir sein sollten. Wir können niemals genug das tiefere kosmische Verantwortungsgefühl des Menschen würdigen, das ihn überkommen muß, wenn er die Hingeordnetheit des ganzen Universums auf sein Wesen ins Auge faßt.

Dieses sollte allerdings aus anthroposophisch orientierter Geisteswissenschaft heraus weniger theoretische Idee werden, sollte weniger bloße Wissenschaft werden, sollte eine Empfindung werden, die Empfindung einer heiligen Scheu gegenüber dem, was wir als Mensch sein sollten und doch in den wenigsten Fällen sein können. Es sollte aber auch oftmals die Empfindung da sein, wenn wir einem einzelnen Menschen gegenübertreten: Da stehst du, manches bringst du in dir zum Ausdruck in dieser gegenwärtigen Inkarnation. Doch du gehst von Leben zu Leben, von Inkarnation zu Inkarnation; in der Stufenfolge deiner Leben prägt sich ein Unendliches aus. – Und noch nach manchen anderen Richtungen hin könnten wir diese Empfindungen erweitern, könnten sie vertiefen. Aus dieser Empfindung heraus kommt man auf geisteswissenschaftlichem Boden erst zur rechten Menschenschätzung, kommt man zu einer Empfindung von der menschlichen Würde in der Welt. Diese Empfindung kann unsere ganze Seele durchsetzen, kann, wenn sie sich über unser ganzes Innere ausbreitet, uns allein in die rechte Stimmung versetzen, wenn wir genötigt sind, im einzelnen Falle unser individuelles Verhältnis von Mensch zu Mensch zu ordnen. Was ich eben auseinandergesetzt habe, können wir als eine erste wesentliche Errungenschaft aus der neuzeitlichen anthroposophisch orientierten Geisteswissenschaft heraus betrachten: richtige Schätzung des Menschlichen in der Welt. Das ist eines.

Ein anderes aber wird uns aus einer wirklich seelenhaften, nicht bloß theoretischen Vertiefung in anthroposophisch orientierte Geisteswissenschaft hervorgehen. Es ist dieses: Fassen wir alle Ereignisse der Welt auf, was als Elemente in Erde, Wasser, Luft lebt, fassen wir alles dasjenige auf, was uns aus den Sternen entgegenscheint, was uns im Winde entgegenweht, was uns aus den einzelnen Reichen des Naturdaseins anspricht. Denken Sie, wenn wir im Sinne anthroposophisch orientierter Geisteswissenschaft das alles betrachten, irgendwie hat es seinen Bezug auf den Menschen. Alles wird uns dadurch wertvoll, daß wir es in einer gewissen Weise in Beziehung zu dem Menschen bringen können. Gefühlsmäßig stellt sich ein Verhältnis des Menschen aus übersinnlicher Erkenntnis zu allen Dingen ein. Christian Morgenstern, der Dichter, hat eine Empfindung, die ich öfter unseren Freunden bei der Betrachtung eines gewissen Kapitels des Johannes-Evangeliums vorgelegt habe, in schöne Verse gebracht, jene Empfindung, die uns überkommt, wenn wir die Stufenfolge der Naturreiche auf uns wirken lassen. Da können wir uns sagen, die Pflanze mag hinschauen auf das leblose Reich der Mineralien. Gewiß, sie muß sich in der Rangordnung der Naturwesen als etwas Höheres fühlen als die bloßen leblosen Mineralien. Aber sagen kann sich die Pflanze, indem sie hinschaut auf das bloße leblose Mineral, das ihr den Boden bereitet: Ich stehe allerdings in der Rangordnung der Wesen höher als du, allein aus dir wachse ich heraus, dir verdanke ich mein Dasein. In Dankbarkeit neige ich mich vor dem, was niedriger ist als ich. – Und so wiederum müßten wir vom Tiere empfinden über des Tieres Empfindung gegenüber der Pflanze, so wiederum im Menschenreiche, wenn der Mensch in der Stufenfolge seiner Entwicklung auf eine höhere Stufe gestiegen ist. Er muß mit Ehrfurcht, mit Achtung herunterblicken auf dasjenige, was in einer gewissen Beziehung niedriger ist als er, nicht bloß so, daß man dies begriffsmäßig auseinandersetzen kann, sondern so, daß man dasjenige, was pulst und lebt und webt in allen Dingen, wirklich als kosmische Empfindung in der Seele ausleben kann. So leitet uns aus ihrem wahren Wesen heraus anthroposophisch orientierte Geisteswissenschaft. Sie gibt uns also eine Möglichkeit, ein lebendiges Verhältnis des Menschen auch zu allen übrigen Dingen zu gewinnen.

Und ein drittes. Dasjenige, was Geisteswissenschaft vom Geiste darstellt, sie betrachtet es nicht so, als ob sie pantheistisch reden würde von «Geist und Geist», der allen Dingen zugrunde liegt. Nein, sie redet nicht nur von dem wirklichen Geist, sondern diese Geisteswissenschaft will reden aus der Wirklichkeit, aus dem Geist selbst heraus. Sie will so reden, daß derjenige, der in der Geisteswissenschaft selbst lebt, weiß: Indem seine Gedanken über den Geist sich bilden, ist es der Geist selbst, der in diesen Gedanken drinnen webt und lebt. Der, wenn ich so sagen darf, von dem Geist der Geisteswissenschaft Angehauchte will nicht bloß Gedanken über den Geist aussprechen, er will den Geist sich selbst durch seine Gedanken aussprechen lassen. Die unmittelbare Gegenwart des Geistes, die wirksame Kraft des Geistes, sie werden gesucht durch die Geisteswissenschaft.

Und nun vergleichen Sie dasjenige, was gewissermaßen in das Innerste der Menschenseele hineinverlegt, hineinversetzt wird aus einer lebendigen Beschäftigung mit der Geisteswissenschaft, mit dem, wovon ich gestern sprach, daß es als soziale Forderung durch die Zeit geht und das in einer gewissen Weise im proletarischen Bewußtsein lebendig ist, um zu dieser Forderung der Zeit, zu dieser sozialen Forderung der Zeit zu werden. Bedenken Sie, dasjenige, was heute im proletarischen Bewußtsein lebt, was gewissermaßen als die Erkenntnisgrundlage dasteht für dieses proletarische Bewußtsein, ist eine Ideologie, ein bloßes Weben in abstrakten Gedanken. Ja, es wird geradezu als das Wesentliche alles seelisch-geistigen Erlebens hingestellt, daß dieses seelisch-geistige Erleben nur eine Ideologie ist; daß da wirtschaftliche, ökonomische Vorgänge sind, die das einzig Wirkliche wären; die spielen sich ab, in denen steht der Mensch drinnen als in seinen Lebenskämpfen, aus ihnen steigt gewissermaßen wie Rauch und Nebel dasjenige auf, was er denkt, was er erkennt, was sich in seinen künstlerischen Schöpfungen offenbart, das, was er als Sitte, als Sittlichkeit, als Recht und so weiter anschaut: alles nur ein ideologischer Schatten! Vergleichen Sie dieses als ideologischen Schatten angesehene Geistesleben mit dem Geistesleben, das in unsere Seelen aus anthroposophisch orientierter Geisteswissenschaft heraus einziehen will. Anthroposophisch orientierte Geisteswissenschaft will den Geist selbst als lebendige Wirklichkeit in die Welt durch die Menschenseele hineinstellen. Dieser Geist ist vertrieben aus der Zeitanschauung, die durch das Bürgertum begründet worden ist und vom Proletariat zu seinem Unheil übernommen worden ist, vertrieben! Und dasjenige, was im Menschen leben sollte als das Bewußtsein der Lebendigkeit: Geist ist in mir – das lebt als eine bloße Ideologie.

Und zweitens. Bedenken Sie, wieviel steht in diesem einen Erdenleben, dem man mit den Sinnen, mit der gewöhnlichen Leibesempfindung gegenüberstehen kann, vom Menschlichen vor uns, von jenem Menschlichen, um dessentwillen wir, um es ganz zu betrachten, aufrufen, nicht nur die Erdenentwicklung, sondern Mond-, Sonnen-, Saturnentwicklung? Wie schwindet vor diesem modernen Bewußtsein das wahrhaft Menschliche dahin, das uns aus anthroposophisch orientierter Geisteswissenschaft erst das rechte Gefühl, die rechte Empfindung von wahrer Menschenwürde gibt, so daß wir ein rechtes Verhältnis finden, wenn wir als menschliches Individuum dem anderen menschlichen Individuum gegenüberstehen. Ist es denn denkbar, daß im heutigen Chaos des menschlichen Zusammenlebens ein rechtes Verhältnis von Mensch zu Mensch gefunden werde, das doch einer wirklichen Lösung des sozialen Rätsels zugrunde liegen muß? Ist es denn möglich, daß ein solches Rechtsverhältnis von Mensch zu Mensch auftreten könne, ohne daß es sich ergebe auf dem Untergrunde jener kosmischen Schätzung des Menschen, die nur aus geistiger Erkenntnis und geistiger Empfindung erquellen kann?

Und drittens. Mit Bezug auf das Verhältnis zur äußeren Welt muß der Mensch nicht abstrakte Gedanken suchen, wie es die Wirtschaftspolitik, die Sozialpolitik heute will, sondern unmittelbar persönliche Bezüge zu den einzelnen Tatsachen der Welt, zu den einzelnen Dingen der Welt. Mit Bezug auf die äußeren menschlichen Dinge der Welt muß der Mensch ein Verhältnis zu dieser Welt finden. Da ist es wiederum, wie ich gezeigt habe, dieses dritte, daß uns aus anthroposophisch orientierter Geisteswissenschaft in unserer Zeit an seelischem Erleben wird, diese Empfindung gegenüber allen außermenschlichen Wesen, die Empfindungen, die wir gegenüber alledem haben, was unter uns und über uns steht in der hierarchischen Natur- und Götterordnung.

Und nun betrachten Sie zweierlei. Betrachten Sie auf der einen Seite dasjenige, was heute als proletarisches Bewußtsein lebt, wie weit es auf dem Gebiete des geistigen Erlebens von der Empfindung des im Menschen wirkenden lebendigen Geistes selbst entfernt ist, wie es alles geistige Leben zur Ideologie gemacht hat. Bedenken Sie, wie weit entfernt von einer wirklich durchgreifenden, geist-erfassenden Menschenschätzung dasjenige ist, was der heutige Proletarier von seinesgleichen als Mensch denkt und namentlich empfindet und seinen Anschauungen einverleibt. Bedenken Sie, wie weit entfernt endlich der rein wirtschaftliche Wert der Dinge, der fast allein heute gilt für den Menschen, von jenen Werten der außermenschlichen Dinge ist, die wir empfinden lernen durch das, was ich aus anthroposophisch orientierter Geisteswissenschaft heraus vom Verhältnis des Menschen zu den außermenschlichen Dingen ausgedrückt habe.

Betrachten Sie zweierlei. Betrachten Sie auf der einen Seite, wohin die Menschheit dadurch gekommen ist, daß sich das ungeistige Wesen der letzten Jahrhunderte so intensiv ausgebreitet hat in den menschlichen Seelen. Betrachten Sie auf der anderen Seite jene Hoffnungen, die dadurch erweckt werden können, daß wirkliche Geisteswissenschaft heute in die Menschheit einziehen kann. Stellen Sie diese beiden Dinge zusammen und sagen Sie sich dann selbst, ob nicht erst dadurch, daß die Menschenseele wirklich ergriffen ist von dem, was Geisteswissenschaft geben kann, das soziale Rätsel in das rechte Licht gestellt wird. – Wenn Sie das, was ich Ihnen hier als zwei Perspektiven hingestellt habe, als eine hoffnungslose und als eine hoffnungsreiche, in richtigem Sinne empfinden, dann wird Ihnen das Wirken für anthroposophisch orientierte Geisteswissenschaft zu dem werden, was es heute allerdings für die Menschheit notwendig werden soll: zu einer Lebensnotwendigkeit, zu einer solchen Lebensnotwendigkeit, die alles andere Wirken und Schaffen durchdringen soll.

Sie werden sich sagen: Nichts erscheint mir begreiflicher im ganzen Zusammenhang der neueren Menschheitsentwicklung, als daß dieses soziale Problem heraufgezogen ist; nichts erscheint mir aber auch begreiflicher, als daß die Menschen in so tragischer Weise ratlos stehen vor diesem sozialen Problem. – Denn in der Zeit, in der dieses soziale Problem so laut und vernehmlich an die Pforte der Weltanschauungen, an die Pforte des Lebens klopft, in dieser Zeit durchschreitet die Menschheit auch zugleich eine ihrer stärksten Prüfungen, die Prüfung, die darin besteht, daß sie aus innerster Kraft heraus zum Geiste sich hinwenden muß. Wir können heute keine Offenbarungen haben, wenn wir sie nicht in Freiheit aufsuchen, denn wir leben seit der Mitte des 15. Jahrhunderts im Zeitalter der Bewußtseinsseele, in dem alles in das Licht des Bewußtseins gerückt werden soll. Klagen wir heute nicht etwa so, daß wir sagen: Eine furchtbare Katastrophe ist über die Menschheit hereingebrochen.

Warum haben die Götter diese furchtbare Katastrophe über die Menschheit gesenkt? Warum führen die Götter die Menschen nicht heraus, da es doch jammervoll ist, daß die Menschheit sich in eine solche Lage gebracht hat? – Vergessen wir alldem gegenüber nicht, daß wir in dem Zeitalter leben, in dem die innere Freiheit des Menschen zur Offenbarung kommen soll, in dem die Götter sich nicht anders offenbaren dürfen nach ihren ureigensten Weltintentionen, als wenn der Mensch ihnen gegenübertritt, in freiem Entschlusse, sie in sein innerstes Seelenwesen aufzunehmen.

In bezug auf die wichtigsten Dinge der Menschheitsentwicklung stehen wir heute an einem Wendepunkt, auch mit Bezug auf das Christentum. Gerade manche Persönlichkeiten, die innerhalb der sozialen Frage tätig sind, haben darauf hingewiesen, daß wir wohl das Christentum gern annehmen, aber nur dasjenige aus dem Christentum, was uns an unsere eigenen sozialen Ideale erinnert. So läßt sich aber dieser wichtigste Erdenimpuls, dieser Impuls, der allem übrigen Irdischen erst den rechten Sinn gibt, nicht behandeln! Klar müssen wir uns sein: Was sich mit Bezug auf das Christentum bis jetzt innerhalb der Menschheit ausgelebt hat, ist eigentlich nur ein Anfang. Nicht viel mehr hat sich ausgelebt, als daß durch alles, was die Menschen mit Bezug auf das Christentum empfunden haben, namentlich mit Bezug auf das Mysterium von Golgatha, eigentlich nur darauf hingewiesen worden ist, daß der Christus durch den Menschen Jesus einmal dagewesen ist und durch das Mysterium von Golgatha gegangen ist. Gewissermaßen haben diese ersten fast zwei Jahrtausende des Lebens des Christentums auf der Erde nicht mehr vermocht – wegen des noch nicht zu weiterem Reifen vorgeschrittenen menschlichen Verständnisses –, als dem Menschen anzuzeigen, der Christus hat sich mit der Erde verbunden, der Christus ist auf die Erde herabgestiegen. Erst jetzt im fünften nachatlantischen Zeitraum, in dem Zeitraum der Bewußtseinsseelenentwicklung, wird die Menschheit reif, nicht nur zu verstehen, daß der Christus durch das Mysterium von Golgatha gegangen ist, sondern was eigentlich in diesem Mysterium von Golgatha lebt. Den Inhalt des Mysteriums von Golgatha wird die Menschheit erst aus denjenigen geistigen

Grundlagen heraus verstehen können, die sich ihr innerhalb dieses fünften nachatlantischen Zeitraumes bilden können.

Ich habe auch hier in diesem Zweige schon öfter erwähnt, daß ich es als eine außerordentliche Trivialität betrachten muß, wenn irgend jemand sagt: Wir leben in einer Übergangszeit. – Alle Zeiten sind Übergangszeiten! Nicht darauf kommt es an, daß man in dieser oder jener Zeit als in einer Übergangszeit lebt, sondern mit Bezug *auf was* eine Zeit in einem Wandel, in einem Übergang drinnen ist. Es kommt darauf an, zu sehen, *was* sich wandelt. Nun habe ich von den verschiedensten Gesichtspunkten auch hier darauf hingewiesen, was sich gerade in unserer Zeit im weitesten Sinne mit Bezug auf das Menschenbewußtsein, mit Bezug auf die menschliche Seelenentwicklung wandelt. Heute möchte ich wiederum von einem bestimmten Gesichtspunkte auf dasjenige hinweisen, was sich gerade in unserer Zeit mit Bezug auf die menschliche Erdenentwicklung wandelt.

Ich habe gerade vorhin gesagt: Durch anthroposophisch orientierte Geisteswissenschaft suchen wir nicht nur Gedanken über das Geistige zu haben, sondern wir suchen die Wirklichkeit des Geistigen, suchen Gedanken, in denen der Geist selber lebt, in denen der Geist sich offenbart. Wir können auch so sagen: Der Christus Jesus sprach die Worte: «Ich bin bei euch alle Tage, bis ans Ende der Erdenzeiten.» – Man ist im rechten Sinne Bekenner der anthroposophisch orientierten Geisteswissenschaft, wenn man nicht glaubt, alles dasjenige, was der Inhalt des Christentums ist, sei in den Evangelien erschöpft, sondern wenn man weiß, der Christus ist wirklich da, alle Tage, bis ans Ende der Erdenzeiten, aber nicht bloß wie eine tote Kraft, an die man glauben muß, sondern wie eine lebendige Kraft, die weiter und weiter sich offenbart. Und was ist es, was er in der Gegenwart offenbart? Der Inhalt der modernen anthroposophisch orientierten Geisteswissenschaft. Die will nicht nur über den Christus sprechen, sie will dasjenige aussprechen, was der Christus in der Gegenwart zu den Menschen durch menschliche Gedanken sagen will.

Da kann gesagt werden: Auch in alten Zeiten, in denen die Menschen noch instinktiv gelebt haben, und in denen in der Menschenseele noch etwas von atavistischem Hellsehen lebte, sprach sich Geistiges in der Menschenseele aus, lebte in den menschlichen Vorstellungen, im menschlichen Willen Geistiges, lebten die Götter in den Menschen. – Heute leben die Götter trotzdem im Menschen, wenn auch in einer gewissen anderen Art als in alten Zeiten der Menschheitsentwicklung. Man kann so sagen: In alten Zeiten, da hatten die Götter eine gewisse Aufgabe mit der Erdenentwicklung; sie hatten sich ein Ziel gesetzt, hatten ein göttliches Ziel mit der Erdenentwicklung. Sie haben dieses Ziel dadurch erreicht, daß sie Menschen mit ihren Kräften inspiriert haben, daß sie die menschliche Seele mit Imaginationen begabt haben. Aber so sonderbar es klingt, diese eigentlichen, ureigensten Ziele der Götterwelten mit der Erdenentwicklung sind mit Bezug auf die Erdenentwicklung erfüllt. Das, was die Götter für sich von der Erde haben wollten, ist im Grunde mit dem vierten nachatlantischen Zeitraum erfüllt. Daher stehen heute die geistigen Wesenheiten der höheren Hierarchien, die wir auch in unserem Sinne die Götter nennen können, in einer anderen Beziehung zur menschlichen Seele, als sie früher gestanden haben. Damals suchten die Götter die Menschen, um ihre Ziele mit Hilfe des Menschen hier auf der Erde zu verwirklichen. Heute muß der Mensch die Götter suchen, heute muß der Mensch aus seinem innersten Impulse heraus sich zu den Göttern erheben. Und er muß gewissermaßen es bei den Göttern erreichen, daß seine Ziele, seine bewußten Ziele mit Hilfe der göttlichen Kräfte verwirklicht werden. So geziemt es sich für den Menschen vom Zeitalter der Bewußtseinsseelenentwicklung an. Menschenziele waren in früheren Zeiten unbewußt, instinktiv, weil göttliche Ziele bewußt in ihnen lebten. Menschliche Ziele müssen selber immer bewußter und bewußter werden, dann werden in diesen menschlichen Zielen Kräfte liegen, sich zu den Göttern zu erheben, damit menschliche Ziele mit Götterkräften angestrebt werden können.

Denken Sie diese Worte nur aus! In diesen Worten liegt viel. In diesen Worten liegt die Notwendigkeit, daß der Mensch gerade von unserem Zeitalter an ein ursprüngliches, elementares Streben aus sich selbst heraus beginne. Wir können dieses elementare Streben auf verschiedenen Gebieten der Seele suchen. Wir müssen es vor allen Dingen auf einem tieferen sozialen Gebiete suchen, indem wir mehr geisteswissenschaftlich das Verhältnis von Mensch zu Mensch ins Auge fassen. Dadurch, daß früher die Götter ihre Ziele mit der Menschenentwicklung hatten und durch den Menschen verwirklichten, standen sich, so wie es damals sein sollte, in der Erdenentwicklung die Menschen viel näher als heute. Heute werden die Menschen in einer gewissen Beziehung voneinander weggetrieben, und sie müssen sich in einer ganz anderen Beziehung wiederum suchen. Von diesem Suchen müssen die Menschen aber erst lernen. Rein äußerlich betrachtet, können Sie das überall sehen. Der Mensch weiß heute wenig vom Menschen. Geisteswissenschaft ist in ihrer kosmischen Schätzung der Menschenwürde und des Menschenwesens heute erst im Anfange. Im wirklichen Leben weiß der Mensch heute wenig vom Menschen. Der Mensch dringt nicht vor bis zu den Tiefen im Wesen der Seele eines Mitmenschen. Das ist die Regel. Das ist dasjenige, was in einem tieferen sozialen Wesen gefunden werden muß: Menschenkenntnis in einer neuen Form muß in die Menschenentwicklung einziehen.

Wir müssen aber in die Lage kommen – da wir eigentlich im Sinne eines geistlosen Naturdenkens nur den fleischlichen Menschen sehen –, in dem anderen Menschen das Wirken der Götter zu erkennen, um in einen wirklichen, geisterfüllten sozialen Organismus hineinzukommen. Das erlangen wir nur, wenn wir auch etwas dazu tun. Das eine, was wir dazu tun können, ist, in unserem eigenen Seelenleben eine gewisse Vertiefung zu suchen. Es gibt viele Wege dazu. Ich will nur einen meditativen Weg Ihnen skizzieren. Wir können aus den verschiedensten Gründen, zu den verschiedensten Zielen gewisse Rückblicke in unser eigenes Leben machen. Wir können uns fragen: Wie hat sich dieses unser individuelles Leben von unserer Kindheit bis heute entwickelt? – Wir können es aber auch einmal so machen: Wir können vor unseren Blick nicht so sehr das hinstellen, wie wir uns gefreut haben über dies oder jenes, wie wir das oder jenes durchlebt haben, sondern wir können auf diejenigen Menschen hinblicken, welche in unser Leben als Eltern, als Geschwister, als

Freunde, als Lehrer oder sonst irgendwie eingegriffen haben, und wir können, statt uns selbst, das Wesen dieser Menschen uns vor die Seele stellen, die in unser Leben eingegriffen haben. Da wird sich für eine Weile die Sache so ausnehmen, als ob wir uns sagen könnten, wie wenig eigentlich an uns selber ist, wie viel an dem ist, was von den anderen in unser Selbst hineingeflossen ist. Unser Verhältnis zur Welt wird, wenn wir ehrlich und redlich eine solche Selbstrückschau innerlich in Szene setzen, doch ein ganz anderes. Gefühle, Empfindungen bleiben zurück als die Ergebnisse einer solchen Rückschau. Und diese Gefühle, diese Empfindungen sind gewisse fruchtbare Keime in uns. Sie sind Keime für wirkliche Menschenerkenntnis. Derjenige, der immer wieder und wieder so in sein eigenes Wesen blickt, daß er den Anteil erkennt, den andere, vielleicht längst verstorbene oder ihm ferner gerückte Menschen an seinem Wesen genommen haben, er wird den anderen Menschen auch so entgegentreten, daß ihm, indem er ein individuelles Verhältnis von Mensch zu Mensch begründet, die Imagination von dem wahren Wesen dieses anderen Menschen aufsteigt. Das ist etwas, was in der neueren Zeit und gegen die Zukunft der Menschheit hin auch als eine innere, und zwar seelische soziale Forderung für die menschliche Entwicklung auftauchen muß. So muß anthroposophisch orientierte Geisteswissenschaft praktisch werden, so muß sie das Leben befruchten, das Leben anregen.

Noch einen anderen Gesichtspunkt will ich geltend machen. In früheren Zeiten war alle Selbsterkenntnis, alles Hineinschauen des Menschen in seine eigene Seele, verhältnismäßig viel einfacher als es jetzt ist, weil jetzt – nicht nur in bezug auf das Bewußtsein gewisser Leute aus ihrem Besitz- oder Armutsverhältnis heraus oder auch von anderer Seite her – ein tief innerlichster sozialer Impuls auftaucht, ein Impuls, der sich zum Beispiel in der folgenden Weise geltend macht. Wir sehen heute wenig darauf hin, wie das ganze Leben des Menschen ein immer Reifer- und Reiferwerden ist. So innerlich ehrliche Menschen wie Goethe fühlten dieses Reifer- und Reiferwerden. Goethe wollte auch im höchsten Alter noch lernen, Goethe wußte im höchsten Alter, fertig sei er als Mensch noch nicht. Und er blickte zurück in seine Jugend, in seine Mannesjahre, indem er alles das, was in der Jugend und in den Mannesjahren sich zugetragen hat, als Vorbereitung empfand für dasjenige, was er im Alter erleben konnte. So denkt man in der heutigen Zeit nur sehr wenig, namentlich dann, wenn man den Menschen als soziales Wesen ins Auge faßt. Am liebsten möchte mit zwanzig Jahren heute jeder Mitglied einer Körperschaft sein und über alles – nun, wie man sagt – demokratisch urteilen. So kann sich der Mensch nicht denken, daß man etwas zu erwarten hat vom Leben, indem man immer mehr und mehr dem Alter entgegenreift. Daran denken die Menschen heute nicht. – Das ist das eine, daß wir wieder lernen müssen, daß das ganze Leben, nicht nur die zwei bis drei ersten Jugendjahrzehnte, dem Menschen etwas bringt.

Und noch ein anderes müssen wir lernen. Wir sehen nicht nur uns selbst in der Welt stehen, sondern wir sehen Menschen anderen Lebensalters; wir sehen vor allen Dingen das Kind durch die Geburt in die Welt und in das Leben hereinziehen. So wie sich die menschliche Erdenentwicklung ergeben hat, so ist manches, was früher wie von selbst in der Seele des Menschen sich geoffenbart hat, nur durch alleräußerste Anstrengung, durch eine Anstrengung zu übersinnlicher Erkenntnis hin, oder wenigstens zu einer wirklichen Lebenserkenntnis hin, zu erlangen. Wie dem Menschen im allgemeinen, so bleibt auch dem Kinde mancherlei verschlossen, das zu seinem Wesen gehört. Aber nicht nur das bleibt dem Kinde verschlossen, was es dann erfahren wird, wenn es in die Reifejahre, in die Greisenjahre eingezogen ist, sondern überhaupt vieles, was sich den älteren, instinktiv lebenden, im atavistischen Hellsehen befindlichen Menschen offenbarte, bleibt heute, wenn der Mensch nur auf sich selbst schaut, ihm verborgen. Und so gibt es etwas, das sich uns, wenn wir nur in uns selbst Erkenntnis suchen, von der Wiege bis zum Grabe nicht offenbaren kann. Das liegt auch unter den Eigentümlichkeiten unseres Bewußtseinszeitalters. Wir können nach der Klarheit des Bewußtseins streben, allein vieles bleibt doch im Felde, das von dieser Klarheit beleuchtet sein soll, gerade verborgen. Und so ist etwas ganz Eigentümliches in unserer Zeit. Als Kind treten wir in die

Welt herein; es ist etwas an uns, was wichtig ist für die Welt, für das Zusammenleben der Menschheit, für die geschichtliche Erkenntnis. Aber wir können es nicht erkennen, wenn wir bei uns selbst stehenbleiben, nicht als Kind, nicht als Mann, nicht als Frau, nicht als Greis oder Greisin. Aber in einer anderen Weise kann es erkannt werden. Dann kann es erkannt werden, wenn die durch wirkliche geistige Empfindung feiner gestimmte reife Menschenseele, die Mannesseele, die Frauenseele, die Greisen- oder Greisinnenseele hinschaut auf das Kind und die Empfindung hat: In dem Kinde offenbart sich etwas, was das Kind jetzt nicht erkennen kann, was auch durch das Kind, wenn es auf sich selbst gestellt ist, niemals, auch selbst bis zu seinem Tode nicht, erkannt werden kann, was aber erkannt werden kann in der Seele des anderen, der als Greis auf dieses Kind zurückschaut. Da haben Sie etwas, was sich offenbaren kann durch das Kind, nicht im Kinde und nicht in dem Manne oder der Frau, die aus diesem Kinde werden können bis zum Tode hin, sondern in dem anderen, der von einem höheren Lebensalter aus liebevoll den jüngsten Menschen anschaut.

Ich weise auf dieses besonders hin, weil Sie in einem solchen Zug unserer Zeit sehen können, wie ein sozialer Impuls – aber im allerweitesten Sinne – durch unsere Zeit wellt und webt. Ist es nicht ein tiefster sozialer Zug, diese Notwendigkeit, etwas für das Leben Ersprießliches nur dadurch in das Leben hereinversetzen zu können, daß der alte Mensch an dem jüngsten Menschen lernt, zusammenzusein zum höchsten Lebenszweck, [das Zusammensein] nicht bloß des Menschen X 1 mit dem Menschen X 2, sondern des Menschen im Greisenalter mit dem jüngsten Kinde?

Dieses soziale Zusammensein, das ist dasjenige, auf das uns der innerste Geist und Sinn unserer Zeit hinweist. Und so kann anthroposophisch orientierte Geisteswissenschaft, indem sie sprechen darf zu Menschen, die schon ein wenig vorbereitet sind durch die anderen Zweige dieser Geisteswissenschaft, das soziale Problem noch vertiefen. Sie haben alle eine recht große soziale Aufgabe, wenn Sie aus alledem, was in Ihnen angeregt werden kann namentlich an sozialem Gefühl, die Mittel entnehmen, um wiederum innerhalb der Menschheit unserer Zeit als diese durch anthroposophisch orientierte Geisteswissenschaft besonders Auserwählten zu wirken. Befeuern Sie innerhalb der gegenwärtigen sozialen und sozialistischen Diskussion das tiefere soziale Gefühl, das tiefere Verständnis von Mensch zu Mensch, dann werden Sie eine lebendige Aufgabe aus anthroposophisch orientierter Geisteswissenschaft heraus auch im sozialen Sinne erfüllen.

Davon wollen wir dann in der nächsten Woche, wenn wir wiederum den Zweigvortrag haben zwischen den zwei öffentlichen Vorträgen, weiterreden.

ZWEITER VORTRAG

Bern, 8. Februar 1919

Die öffentlichen Vorträge in diesen Tagen haben über das soziale Problem gehandelt, über die sozialen Forderungen der Gegenwart, wie sie nicht nur, ich möchte sagen, der Beobachtung in Gedanken sich ergeben, sondern wie sie auftreten in den Tatsachen, in den Ereignissen des gegenwärtigen Weltlebens.

Alle diese Dinge, die sich auf das Leben des Menschen beziehen und deren Betrachtung heute im weitesten Sinne und für die weitesten Kreise durchaus eine Notwendigkeit ist, sie können gerade von dem anthroposophisch orientierten Menschen noch vertieft werden. Denn wir dürfen niemals, wenn wir uns als Angehörige der anthroposophischen Bewegung fühlen, vergessen, daß es zu unserer innigsten Empfindung gehören muß, alle Dinge der Welt so zu betrachten, daß wir die äußeren Erscheinungen, die äußeren Tatsachen für unsere eigene Anschauung noch durchdringen mit den Erkenntnissen, die wir aus der geistigen Welt heraus gewinnen. Dadurch gewinnen für uns erst alle Dinge das rechte Gesicht der Wirklichkeit, daß wir sie von dem Spirituellen durchsetzt zu denken imstande sind, von jenem Wesen, welches sich zunächst in der äußerlichen irdischen Welt verbirgt, welches aber doch wirklich auch in dieser irdischen Welt lebt.

Ich habe schon, als ich das letzte Mal hier unter Ihnen sein konnte, einige Andeutungen auch vom Standpunkte anthroposophisch orientierter Geisteswissenschaft über die sozialen Impulse des Menschenlebens Ihnen gegeben. Wir haben dazumal schon den Menschen als soziales Wesen, als ein Wesen mit sozialen und antisozialen Instinkten, zu betrachten versucht. Nur dürfen wir eben niemals außer acht lassen, daß wir, indem wir Menschen dieser Erde sind, hereinbringen in dieses unser Erdendasein die Wirkung, das Ergebnis desjenigen, was wir durchmachen in der Zeit, die zwischen dem Tode und einer neuen Geburt verfließt. Wir bringen jeweilig in unser irdisches Leben herein die Ergebnisse unseres letzten geistigen Lebens, unseres letzten Aufenthaltes in der rein übersinnlichen Welt. Und wir betrachten unser irdisches Leben nicht vollständig, wenn wir nicht ins Auge fassen, wie dasjenige, was wir tun, dasjenige, was in der Welt für uns vorgeht in dem Zusammenleben mit Menschen, zugleich etwas an sich trägt von dem, was als Wirkungen unseres Lebens in der geistigen Welt sich ergibt, aus der wir durch die Geburt herausgetreten sind, deren Spuren, deren Kräfte wir aber in diese Welt mit hereinnehmen.

Das ist auf der einen Seite dasjenige, was für uns Menschen hereinragt aus der geistigen Welt in die physische Welt. Wir dürfen auf der anderen Seite aber auch nicht außer acht lassen, daß sich in dem Leben, das wir hier auf der Erde durchmachen, Dinge abspielen, die zunächst gar nicht ganz voll in unser Bewußtsein treten, die mit uns, um uns vorgehen, ohne daß wir Veranlassung nehmen, sie deutlich in unserem Bewußtsein aufzufassen, und daß wir gerade von diesen Erlebnissen, die gewissermaßen im Unterbewußten bleiben während unseres irdischen Lebens zwischen Geburt und Tod, Wichtigstes durch des Todes Pforte wieder hinaustragen in die übersinnliche Welt, die wir wiederum miterleben, wenn wir durch den Tod eben aus der irdischen Welt heraustreten. Es spielt sich in unserem irdischen Leben manches mit uns ab, was eben nicht seine Bedeutung hat für dieses irdische Leben, sondern als Vorbereitung für das nachtodliche Leben – wenn ich diesen Ausdruck «nachtodliches Leben» im Gegensatz zu dem «vorgeburtlichen Leben» gebrauchen darf.

Nun, insbesondere eine solche Betrachtung, von der ich gestern im öffentlichen Vortrag gesprochen habe, ergibt sich erst mit der vollen konkreten Deutlichkeit, wenn man sie auch aus der Richtung her zu beleuchten versteht, von der das Licht aus der übersinnlichen Welt kommt. Und nach dieser Richtung hin möchte ich Ihnen dieses, gerade in der Gegenwart so aktuelle Thema auch anthroposophisch heute vertiefen. Ich möchte das soziale Problem heute betrachten als ein Problem der Gesamtmenschheit. Für uns aber ist die Gesamtmenschheit nicht nur die Summe der Seelen, die gerade in einem bestimmten Zeitpunkt sozial zusammen auf der Erde leben; sondern auch jene, die in dieser bestimmten Zeit in der übersinnlichen Welt sind, sie sind durch geistige Bande mit den Menschen verbunden, gehören zu dem, was wir die Gesamtheit der Menschen nennen können. Betrachten wir zunächst einmal dasjenige, was man im irdischen Sinne das menschliche Geistesleben nennt.

Im irdischen Sinne ist das menschliche Geistesleben nicht das Leben der geistigen Wesenheiten, sondern dasjenige, was die Menschen in ihrem sozialen Zusammensein als geistiges Leben durchmachen. Zu diesem Geistesleben gehört vor allen Dingen alles das, was Wissenschaft, Kunst, Religion umfaßt. Es gehört aber zu dem geistigen Leben auch alles das, was Schule, Erziehung betrifft. Was die Menschen im sozialen Zusammensein erleben als geistiges Kulturleben, das wollen wir einmal als erstes ins Auge fassen. Sie wissen ja aus einer solchen Mitteilung wie die, welche ich gestern gegeben habe, daß dieses geistige Leben – alles Schulwesen, alles Erziehungswesen, alles wissenschaftliche, künstlerische, literarische Leben und so weiter – eine abgesonderte soziale Gestaltung für sich bilden muß. Für die äußere Welt kann man das nur aus den Gründen heraus klarmachen, die diese äußere Welt heute einmal zugibt. Es kann vollständig klarwerden: Der gesunde Menschenverstand muß vollständig hinreichen, diese Dinge voll zu verstehen. Aber sie konkret anzuschauen, das wird noch ganz besonders möglich demjenigen, der sich auf die anthroposophisch orientierte Betrachtung der Welt einläßt. Einem solchen erscheint nämlich das, was man so irdisches Geistesleben nennt, noch in einem ganz besonderen Lichte.

Durch die neuzeitliche Entwicklung ist doch dieses geistige Leben, das sich unter dem Einfluß des Bürgertums, der Intellektuellen des Bürgertums zu einer bloßen Ideologie abgelähmt hat, das daher die Proletarier in ihrer Weltanschauung wie eine bloße Ideologie übernommen haben, und das die Zweige umfaßt, die ich besprochen habe, ein solches, das uns bloß aufsteigt aus dem wirtschaftlichen Leben. So stellt es sich ja ungefähr heute die proletarische Weltanschauung vor: Alles das, was religiöse Überzeugung und religiöse Gedanken sind, alles das, was künstlerische Leistungen sind, alles, was Rechts- und sittliche Anschauungen sind, das ist, wie die proletarische Weltanschauung sagt, ein Überbau, gewissermaßen etwas, was als geistige Rauchwolken aufsteigt aus der einzig wahren Wirklichkeit, der wirtschaftlichen Wirklichkeit. Zur Ideologie, zu dem, was bloß erdacht wird, wird dieses irdische Geistesleben. Für den, der die Grundlagen kennt, aus denen anthroposophisch orientierte Geisteswissenschaft kommt, ist aber das, was da als geistiges Kulturleben den Menschen umspannt, eine Gabe der geistigen Wesenheiten selbst. Für den dampft es nicht von unten herauf aus den wirtschaftlichen Untergründen, sondern für den strömt es herab aus dem Leben der geistigen Hierarchien. Das ist der radikale Unterschied zwischen dem, was sich aus der bürgerlichen Weltbetrachtung und ihrem Erbe in der proletarischen Weltanschauung ausdrückt – daß im Grunde genommen für dasjenige, was sich seit dem 15., 16. Jahrhundert in der Menschheit entwickelt hat, die geistige Welt ideologisch ist, ein bloßer Dunst, der aufsteigt aus den wirtschaftlichen Harmonien und Disharmonien – und derjenigen Weltanschauung, die da kommen muß, die allein das Heil bringen kann, welches herausführt aus dem gegenwärtigen Chaos, für die das, was herunterströmt, aus dem wirklichen Geistleben der Welt strömend ist, der wir als der spirituellen Welt ebenso angehören, wie wir durch unsere Sinne, durch unseren Verstand der physisch-irdischen Welt angehören. Aber jetzt, wo wir in der fünften nachatlantischen Periode angelangt sind, finden wir uns als soziales Wesen in den sozialen menschlichen Organismus mit diesem Geistesleben nur dadurch hinein, daß wir für dieses irdische Geistesleben vorbereitet werden durch jene Beziehungen, die wir vor der Geburt, wo wir noch nicht heruntergestiegen sind zum irdischen Dasein, eingehen mit anderen geistigen Wesenheiten der Hierarchien, wie wir sie öfter angeführt haben. Das ist das, was sich der geistigen Forschung als eine wichtige Tatsache des Lebens ergibt.

Wir treten, indem wir durch die Geburt ins Dasein kommen, in einer zweifachen Weise mit Menschen in Beziehung. Unterscheiden Sie diese zweifache Beziehung genau, in die wir mit Menschen kommen. Das eine Verhältnis, das wir mit Menschen eingehen, mit Menschen eingehen müssen, das ist das Schicksalsmäßige. Wir kommen zu dem einen oder zu dem anderen Menschen, zu einer größeren oder geringeren Anzahl von Menschen in einen schicksalsmäßigen Zusammenhang. Wir treten, indem wir durch die Geburt ins irdische Dasein kommen, in eine bestimmte Familie ein. Zu Vater und Mutter, zu den Geschwistern, zu der weiteren Familie kommen wir in einen schicksalsmäßigen Zusammenhang.

Wir kommen mit anderen Menschen, als einzelner Mensch dem einzelnen Menschen gegenüber, in schicksalsmäßige Zusammenhänge. Wir leben als einzelner Mensch dem anderen Menschen gegenüber unser Karma aus. Wie kommt dieses Karma zustande? Wie kommen diese schicksalsmäßigen Zusammenhänge zustande? Sie kommen dadurch zustande, daß sie sich vorbereitet haben durch diese oder jene Lebenstatsache der vorhergehenden Erdenleben. Also fassen Sie das wohl auf: Sie kommen, indem Sie durch die Geburt ins Dasein eintreten, mit anderen Menschen, als einzelner Mensch dem einzelnen Menschen gegenüber, in schicksalsmäßigen Zusammenhang, gemäß dem, was Sie mit diesem Menschen gelebt haben in verflossenen Erdenleben. Das ist die eine Art, wie Sie Verhältnisse eingehen mit anderen Menschen: schicksalsmäßig.

Sie gehen aber noch andere Verhältnisse mit den Menschen ein. Sie gehören als Glied eines Volkes eben einer Gruppe von Menschen an, mit denen Sie nicht in solcher Art, wie es eben geschildert worden ist, schicksalsmäßig zusammenhängen. Sie werden in ein Volk hineingeboren, wie in ein bestimmtes Territorium. Das hängt gewiß auf der einen Seite mit Ihrem Karma zusammen, aber dadurch werden Sie gewissermaßen zusammengeschmiedet im sozialen Organismus mit vielen Menschen, mit denen Sie nicht schicksalsmäßig zusammengehören. In einer Religionsgemeinschaft haben Sie eventuell die gleichen religiösen Empfindungen mit einer Anzahl von anderen Menschen, mit denen Sie durchaus nicht schicksalsmäßig zusammengeschmiedet sind. Das geistige, das irdisch-geistige Leben bringt ja die mannigfaltigsten gesellschaftlichen, sozialen Zusammenhänge unter die Menschen, die durchaus nicht alle schicksalsmäßig begründet sind. Diese Zusammenhänge werden nun nicht etwa alle in vorhergehenden Erdenleben vorbereitet, sondern in der

Zeit, die Sie durchleben zwischen dem Tod und einer neuen Geburt. Namentlich wenn es so gegen die zweite Hälfte dieses Lebens geht zwischen dem Tod und einer neuen Geburt, dann treten Sie zu den Wesenheiten, vor allem der höheren Hierarchien, in ein Verhältnis, durch welches Sie von den Kräften dieser Hierarchien so beeinflußt werden, daß Sie geistig zusammengeschweißt werden mit verschiedenen Menschengruppen. Das, was Sie da als geistiges Leben erleben in Religion, in Kunst, im Volkszusammenhang, in der bloßen Sprachgemeinschaft zum Beispiel, was Sie erleben durch eine ganz bestimmt gerichtete Erziehung und so weiter, das alles bereitet sich schon vor außerhalb der reinen karmischen Strömungen im vorgeburtlichen Leben. Sie tragen herein in das physisch-irdische Dasein das, was Sie schon erlebt haben in dem vorgeburtlichen Leben. Und es spiegelt sich dasjenige, was Sie, allerdings auf eine ganz andere Weise, im vorgeburtlichen Leben erleben, ab in dem, was Geistesleben, geistiges Kulturleben im Irdischen ist.

Nun entsteht für den, der eine solche Tatsache der geistigen Welt in vollem Sinne ernst zu nehmen vermag, eine ganz bestimmte Frage, die Frage: Wie wird man nun eigentlich gerecht, im höheren Sinne gerecht diesem irdischen Geistesleben, wenn man weiß, daß dieses irdische Geistesleben der Abglanz ist dessen, was man schon erlebt hat im wahren, konkreten Geistesleben vor der Geburt? Man wird diesem irdischen Geistesleben nur gerecht, wenn man es eben nicht als Ideologie anschaut, sondern wenn man weiß, darinnen lebt die geistige Welt. Und wir stellen uns nur in der rechten Weise zu diesem irdischen Geistesleben, wenn uns bewußt wird: darinnen sind überall die Wirkenskräfte der geistigen Welt selber zu finden. Stellen Sie sich einmal hypothetisch vor: Dasjenige, was die Wesen – seien es die Wesen der höheren Hierarchien, die niemals einen irdischen Leib annehmen, oder seien es auch die noch nicht geborenen Menschen, Menschen, die noch nicht durch die Pforte der Geburt ins irdische Leben eingetreten sind –, was diese der übersinnlichen Welt angehörenden Wesen denken, was sie als ihr Seelenleben durchmachen, das lebt; das lebt in einer Art von traumhaftem Abbild in der irdisch-geistigen Kulturwelt. So daß wir berechtigterweise immer die Frage stellen können, wenn irgendeine künstlerische, irgendeine religiöse, irgendeine Tatsache des Erziehungslebens an uns herantritt: Was lebt darinnen? – Nicht bloß, was die Menschen hier auf der Erde gemacht haben, sondern was einfließt aus den Kräften, aus den Gedanken, aus den Impulsen, aus dem ganzen Seelenleben der höheren Hierarchien, das lebt darinnen. Wir sehen die Welt niemals vollständig an, wenn wir verleugnen diese sich durch unsere geistig-irdische Kultur gewissermaßen spiegelnden Gedanken der geistigen Wesen, die nicht auf dieser Erde verkörpert sind, entweder überhaupt nicht verkörpert sind, oder gerade jetzt nicht verkörpert sind. Können wir uns empfindungsgemäß aneignen, ich möchte sagen, dieses heilige Anschauen der geistigen Welt um uns herum, daß wir diese geistige Welt halten können für dasjenige, was uns die geistigen Wesen selber schenken, womit uns die geistigen Wesen umgeben, dann werden wir in der richtigen Weise für dieses Geschenk der übersinnlichen Welt, das wir als irdisch-geistige Kulturwelt erleben, dankbar sein können. Dadurch stellt sich diese geistige Kulturwelt notwendig als etwas Selbständiges herein in die ganze soziale Struktur der Menschheit, daß sie die Fortwirkung desjenigen ist, was wir vor der Geburt mitmachen in der geistigen Welt. Beleuchtet man das soziale Leben mit dem Lichte der spirituellen Erkenntnis, dann wird es zu einer Selbstverständlichkeit, in diesem geistigen Leben eine abgesonderte, selbständige Wirklichkeit anzunehmen.

Das zweite Gebiet der sozialen Struktur ist das, was man nennen könnte den äußeren Rechtsstaat, das politische Leben im engeren Sinne, dasjenige, was sich bezieht auf die Ordnung der Rechtsverhältnisse von Mensch zu Mensch, dasjenige, worinnen alle Menschen gleich sein sollen vor dem Gesetz. Es ist dies das eigentliche Staatsleben. Und das eigentliche Staatsleben sollte im Grunde genommen nichts anderes sein als dieses. Gewiß, man kann wieder aus Gründen des reinen, gesunden Menschenverstandes die Notwendigkeit einsehen, daß dieses Staatsleben, dieses Leben des öffentlichen Rechts, dieses Leben, das sich auf die Gleichheit aller Menschen vor dem Gesetz bezieht, überhaupt auf die Gleichheit von Mensch zu Mensch, daß dieses Glied des sozialen Organismus für sich selbständig dastehen muß. Beleuchtet man die Sache aber wiederum mit dem Blicke, der geschärft ist an anthroposophisch orientierter Geisteswissenschaft, so zeigt sich noch etwas ganz anderes.

Dieses Leben, das eigentliche Staatsleben ist innerhalb der sozialen Organe das, was allein nichts zu tun hat mit Vorgeburtlichkeit, nichts zu tun hat mit Nachtodlichem. Das ist dasjenige, was seine Ordnung, seine Orientierung rein nur findet in der Welt, die der Mensch durchlebt zwischen der Geburt und dem Tode. Der Staat ist nur dann ein in sich abgeschlossenes Ganzes mit seiner Urwesenheit, wenn er sich auf nichts erstreckt, was in die übersinnliche Welt hineinragt, sei es nach der Seite der Geburt, sei es nach der Seite des Todes. «Gebet dem Cäsar, was des Cäsars ist, und Gott, was Gottes ist.» – Gebet aber nicht – so muß man ergänzen – dem Cäsar, was Gottes ist, und Gott, was des Cäsars ist. – Der wird es zurückweisen!

Die Dinge müssen reinlich gesondert werden, wie die einzelnen Systemgliederungen im menschlichen natürlichen Organismus. Alles das, was das Staatsleben umfassen kann, was man staatlich diskutieren, staatlich abmachen kann, hat nur Beziehung auf das Zusammenleben zwischen Mensch und Mensch. Das ist das Wesentliche. Das haben die tieferen religiösen Naturen in allen Zeiten empfunden. – Die anderen Menschen, die nicht tief religiöse Naturen waren, die haben es sogar nicht einmal gestattet, daß man frei, ehrlich und aufrichtig über diese Dinge redet. – Denn eine Vorstellung hat sich gerade in den tieferen religiösen Naturen über diese Dinge festgesetzt. Diese tieferen religiösen Naturen sagten sich: Staat, er umfaßt das Leben, das, insofern die Menschheit in Betracht kommt, nur mit alledem zu tun hat, was zwischen Geburt und Tod liegt, was sich auf das bloße Irdische bezieht. – Schlimm ist es, wenn dasjenige, was sich bloß auf das Irdische bezieht, seine Herrschaft ausdehnen will auf das Überirdische, auf das Übersinnliche, auf dasjenige, was über Geburt und Tod hinaus liegt. Über Geburt und Tod hinaus liegt aber das irdische Geistesleben, denn es enthält die Schatten der seelischen Erlebnisse der übersinnlichen Wesenheiten. Bemächtigt sich dasjenige, was im bloßen Staatsleben pulst, des Lebens der irdischen Geistigkeit, so nannten tiefere religiöse Naturen dies: Die Macht, welche ausübt der widerrechtliche Fürst dieser Welt. – Hinter dem Ausdruck «der widerrechtliche Fürst dieser Welt» verbirgt sich dasjenige, was ich eben angedeutet habe. Das ist auch der Grund, warum in denjenigen Kreisen, die ein Interesse daran haben, zu konfundieren die drei Glieder des sozialen Organismus, von diesem widerrechtlichen Fürsten dieser Welt nicht gern gesprochen wird, es sogar verpönt ist, davon zu sprechen.

Etwas anders verhält sich die Sache wiederum mit dem, was an Denken, an Empfinden, an Seelenimpulsen im Menschen sich dadurch entwickelt, daß er dem wirtschaftlichen Gliede des sozialen Organismus angehört. Das ist etwas höchst Eigentümliches. Allein Sie werden sich schon daran gewöhnt haben, daß Sie in Ihren Anschauungen durch anthroposophisch orientierte Geisteswissenschaft in manches zunächst paradox Erscheinende hineinkommen müssen. Wenn wir heute von dem wirtschaftlichen Gliede des sozialen Organismus sprechen, so müssen wir uns allerdings darüber klar sein, daß so, wie wir jetzt sprechen, dies eben eine Eigentümlichkeit des fünften nachatlantischen Zeitraums ist. In früheren Epochen der Menschheitsenwickelung waren diese Dinge anders. Daher gilt das, was ich zu sagen habe in dieser Richtung, insbesondere mit Bezug auf unsere Gegenwart und auf die Zukunft. Aber mit Bezug auf unsere Gegenwart und Zukunft muß gesagt werden: In früheren Zeiten lebte sich der Mensch instinktiv in das Wirtschaftsleben hinein. Jetzt muß das Hineinleben in die Wirtschaft immer bewußter und bewußter werden. So wie der Mensch – ich sagte es schon – schulmäßig das Einmaleins lernt, wie er andere Dinge schulmäßig lernt, so muß er schulmäßig in der Zukunft die Dinge lernen, die sich auf das Leben in dem sozialen Organismus, auf das wirtschaftliche Leben beziehen. Der Mensch muß sich fühlen können als ein Glied des Wirtschaftsorganismus. Es wird freilich für manche Menschen eine Unbequemlichkeit sein, weil schon einmal andere Denk- und Empfindungsgewohnheiten eingerissen sind, welche durchgreifende Änderungen erfahren müssen. Nicht wahr, wenn heute einer nicht wissen würde, wieviel drei mal neun ist, so würde er für einen ungebildeten Menschen gehalten werden. In manchen Kreisen wird einer schon für einen ungebildeten Menschen gehalten, wenn er nicht weiß, wer Raffael oder Leonardo war. Aber man wird im allgemeinen in gewissen Kreisen heute nicht für einen ungebildeten Menschen gehalten, wenn man keinen rechten Aufschluß zu geben vermag über das, was Kapital ist, was Produktion, was Konsumtion in ihren Verhältnissen sind, was Kreditwesen ist und so weiter, gar nicht zu reden davon, daß die wenigsten Menschen eine klare Vorstellung von dem haben, was ein Lombardgeschäft ist und dergleichen.

Nun werden sich diese Begriffe unter dem Einfluß der sozialen Umgestaltung gewiß ändern, und man wird in der Zukunft leichter in die Möglichkeit versetzt werden, über diese Dinge entsprechenden Aufschluß suchen zu wollen und ihn haben zu wollen. Heute wird ja der Mensch ziemlich ratlos, wenn er sich über diese Dinge einen rationellen Aufschluß verschaffen will. Denn was würde natürlicher sein, als daß jemand, um nun zu wissen, was eigentlich Kapital ist, ein nationalökonomisches Handbuch von einem berühmten Nationalökonomen in die Hand nehmen würde? Wenn Sie drei verschiedene Handbücher von Nationalökonomie heute in die Hand nehmen, dann werden Sie in den drei verschiedenen Handbüchern auf drei verschiedene Arten definiert finden, was eigentlich Kapital ist. Denken Sie nur, was Sie für eine eigentümliche Ansicht haben würden über die Geometrie, wenn Sie drei Geometrien von drei verschiedenen Verfassern in die Hand nehmen würden und in einer jeden den pythagoreischen Lehrsatz in einer anderen Weise dargestellt finden würden, wenn er für Sie überall einen anderen Inhalt haben würde. Diese Dinge sind so, daß allerdings heute auch die Autoritäten auf dem Gebiet der Nationalökonomie recht wenig wirklichen Aufschluß geben können in diesen Sachen. Man kann es also dem allgemeinen Publikum gar nicht so übelnehmen, wenn es einen solchen Aufschluß nicht sucht. Aber er wird gesucht werden müssen, er wird eintreten müssen. Der Mensch wird die Brücke schlagen müssen von sich zu der, namentlich wirtschaftlichen, Struktur des sozialen Organismus. Er wird in bewußter Weise sich als Subjekt in die Wirtschaft einfügen müssen, in den sozialen Organismus. Da wird er denken lernen, wie er zu den anderen Menschen in Beziehung steht, einfach dadurch, daß er mit ihnen gemeinschaftlich auf einem bestimmten Territorium über die verschiedensten Gegenstände Wirtschaft führt. Dieses Denken, das man da entwikkelt, und in das einfließt das ganze Verhältnis der Naturordnung zum Menschen, ist ein ganz anderes Denken als dasjenige, das sich zum Beispiel in der Welt der geistigen Kultur entwickelt. In der Welt der geistigen Kultur erleben Sie mit dasjenige, was Wesenheiten der höheren Hierarchien denken, was Sie selbst erlebt haben in ihrem vorgeburtlichen Leben. In dem Denken, das Sie entwickeln als Angehöriger des sozialen Wirtschaftskampfes, da denkt immer – so paradox Ihnen das erscheinen muß – ein anderer Mensch in Ihnen mit, ein tieferer Mensch in Ihnen. Gerade dann, wenn Sie sich als Glied eines Wirtschaftskörpers fühlen, denkt ein tieferer Mensch in Ihnen mit. Sie sind angewiesen, mit Ihrem Denken äußere Lebensfaktoren zusammenzufügen. Sie müssen denken: Wie wird der Preis von dem oder jenem? Wie erlange ich die eine Ware, wie die andere Ware und so weiter? Da huschen Sie gewissermaßen mit Ihren Gedanken über die äußeren Tatsachen hin; da lebt nicht Geistiges, da lebt Äußeres, Materielles in Ihrem Denken. Gerade weil Äußeres, Materielles in Ihrem Denken lebt, weil Sie denkend miterleben müssen, nicht bloß instinktiv miterleben wie das Tier, dasjenige, was im Wirtschaftsleben vor sich geht, deshalb denkt in Ihnen fortwährend noch ein anderer, tieferer Mensch über diese Dinge nach; der setzt die Gedanken erst fort, er macht die Gedanken erst so, daß sie ein Ende, einen Zusammenhang haben. Und das ist gerade der Mensch, der wesentlich mitwirkt bei alledem, was Sie durch den Tod in die übersinnliche Welt hineintragen. So paradox es manchem erscheint, gerade das Nachdenken über die materiellen Dinge hier in der Welt, zu dem der Mensch gezwungen ist, das erregt in ihm, weil es nie fertig ist, weil es nie etwas Abgeschlossenes ist, ein anderes inneres geistiges Leben, das er hineinträgt durch den Tod in die übersinnliche Welt. So stehen die Empfindungen, die Impulse, die wir gerade im Wirtschaftsleben entwickeln, mit unserem nachtodlichen Leben in einem engeren Zusammenhange, als die Menschen glauben. Das mag heute manchem sonderbar und paradox erscheinen; allein es ist, nur ins Bewußtsein umgesetzt, dasjenige, was sich in atavistischen Zeiten der Menschheitsentwicklung, dadurch, daß dazumal die spirituelle Welt in die Instinkte des Menschen eingezogen ist, bei den Menschen gerade damals ausgebildet hat. Ich will Sie auf folgendes aufmerksam machen.

Bei einzelnen sogenannten Naturvölkern finden sich frappierende Einrichtungen. Nun müssen wir uns durchaus nicht die unsinnige und törichte Vorstellung machen von den Naturvölkern, welche sich die heutige Völkerkunde, die heutige Anthropologie macht. Die heutige Anthropologie denkt: Es gibt solche Naturvölker, zum Beispiel die eingeborenen Australier, die stehen auf der ursprünglichsten Stufe der Menschheit, und die heutigen kultivierten Völker waren auch früher einmal so wie heute diese Naturvölker. – Das ist Unsinn! Die Sache ist vielmehr so, daß das, was man heute Urvölker nennt, in die Dekadenz Gekommenes ist; das ist Heruntergesunkenes von einer anderen Stufe. Nur haben die heutigen Urvölker in sich die früheren Zeiten bewahrt, was sich bei den sogenannten zivilisierten Völkern maskiert hat. Deshalb kann man bei sogenannten Urvölkern noch manches studieren, was in einer anderen Form vorhanden war in den Zeiten des alten atavistischen Hellsehens. Und da gab es denn zum Beispiel folgende Einrichtungen: Da gab es die Einrichtung, daß in einem Stamme die Angehörigen dieses Stammes in kleinere Gruppen zerfielen; jede dieser kleineren Gruppen hatte einen bestimmten Namen, der entlehnt war einer Pflanze oder einem Tier, wie sie innerhalb des Gebietes vorkamen, auf dem diese Gruppe lebte. Mit dieser Benennung kleinerer Gruppen innerhalb größerer Zusammenhänge war folgendes verbunden: zum Beispiel eine Gruppe – nun gebrauchen wir moderne Namen, nur um uns zu verständigen –, eine Gruppe, welche den Namen trug «Roggen», die hatten dafür zu sorgen, daß der Roggenbau auf diesem Terrain ordentlich getrieben wurde, daß die anderen Leute, die nicht den Namen «Roggen» hatten, mit Roggen versorgt werden konnten. Zu wachen über den Roggenbau, über die Verbreitung des Roggens hatten als Aufgabe diese Leute, die den Namen «Roggen» trugen. Und die anderen, die wieder andere Namen hatten, die setzten voraus, daß sie versorgt würden mit dem Roggen von dieser einen Gruppe aus. Eine andere Gruppe hatte zum Beispiel den Namen «Rind»: sie hatte die Aufgabe, die Rinderkultur zu betreiben und die anderen zu versorgen mit Rindern, mit alldem, was dazugehört. Diese Gruppen hatten nicht nur die Aufgabe, die anderen zu versorgen, sondern zugleich war es den anderen verboten, die betreffende Pflanze oder das Tier zu kultivieren, was ein Recht des einen Totems, wie man sagte, war. Das ist der wirtschaftliche Sinn des Totems, der in dem Gebiete, wo dieses Totem herrschte, Mysterienkultur zugleich war. Mysterienkultur, die nicht, wie sich der heutige Mensch träumt, bloß in höheren Regionen ist, sondern die gerade aus den Ratschlüssen der Götter heraus, welche für die Angehörigen der Mysterien erforschbar waren, bis ins einzelnste des Menschenlebens hinein dieses Menschenleben ordneten. Sie ordneten den Stamm nach Totemgebilden, nach Totemgruppen und bewirkten dadurch eine entsprechende wirtschaftliche Organisation neben dem, daß sie in einer bestimmten Art den Menschen offenbarten, wie die geistige Welt beschaffen ist, wie die geistige Welt hereinragt in das irdische Geistesleben, so wie es dazumal eben richtig war für die betreffenden Zeiten. Wie sie für das Rechtsleben, das bloß irdischen Charakter trägt, in ihrer Art sorgten, so bereiteten sie die Menschen hier auf der Erde durch die Ordnung des Wirtschaftslebens so vor, daß die Menschen dann durch den Tod wiederum in eine andere Welt eintreten konnten, in der sie Zusammenhänge entfalten mußten, die sie hier auf Erden nur durch den Umgang mit den außermenschlichen Wesen der übrigen Naturreiche vorbereiten konnten. Da haben diese Leute aus alten Zeiten unter der Führung ihrer Eingeweihten gelernt, ein richtiges wirtschaftliches Glied in ihr Weltenleben hineinzustellen.

Später hat sich das mehr oder weniger konfundiert, obwohl es sogar nicht allzuschwierig ist, bis in die griechische Kultur, ja sogar bis in die Kultur des Mittelalters hinein die instinktive Dreigliederung des sozialen Organismus darzulegen, darzulegen gerade von diesem Gesichtspunkte aus, den ich jetzt angegeben habe, wie die

Rudimente wenigstens bis ins 18. Jahrhundert herein sich noch vorfinden. Ach, dieser moderne Mensch ist ja so bequem mit seinem Denken, möchte alles, alles so oberflächlich wie möglich vor seinem Denken dargelegt haben! Würde man wirklich das Leben der früheren abgelebten Zeiten studieren, nicht nach dem, was man heute Geschichte nennt und was vielfach eine Fable convenue ist, sondern nach dem, wie es wirklich war, dann würde man sehen: Es war eine instinktive Dreigliederung da; nur ging in dem einen Glied, in dem geistigen Leben, alles von dem geistigen Zentrum aus und sonderte sich dadurch heraus aus dem bloßen Staatsleben.

Als die katholische Kirche auf ihrer Höhe war, bildete sie schon ein selbständiges Glied, und organisierte wiederum das andere irdische Geistesleben als ein selbständiges Glied, gründete Schulen, ordnete das Erziehungswesen, gründete auch die ersten Universitäten, machte das irdische Geistesleben selbständig, sorgte dafür, daß das Staatsleben nun ja nicht durchsetzt werde von dem widerrechtlichen Fürsten dieser Welt. Und im Wirtschaftsleben, selbst in späteren Zeiten, hatte man wenigstens das Gefühl, wenn man im Wirtschaftsleben Brüderlichkeit unter den Menschen entfaltet, daß sich dadrinnen etwas vorbereitet, was eine Fortsetzung findet im Leben nach dem Tode. Daß die Brüderlichkeit unter den Menschen belohnt wird nach dem Tode, ist zwar eine egoistische Umdeutung der höheren Vorstellungen, die im Totemismus gelebt haben, aber es ist wenigstens noch ein Bewußtsein von dem vorhanden, daß das brüderliche Leben im menschlichen Wirtschaften eine Fortsetzung finde nach dem Geistigen hin im nachtodlichen Leben. Selbst die Ausschreitungen auf diesem Gebiete müssen von diesem Gesichtspunkte aus beurteilt werden. Daß Ausschreitungen vorkommen, das liegt in der menschlichen Natur. Der Ablaßhandel ist allerdings eine der wüstesten Ausschreitungen auf diesem Gebiete. Aber er entsprang doch, wenn auch nur als eine Ausschreitung, aus dem Bewußtsein, daß dasjenige, was der Mensch hier im physischen Leben an wirtschaftlichen Opfern bringt, eine Bedeutung hat für sein nachtodliches Leben. Wenn es auch eine Karikatur dessen ist, was wirklich ist, es entsprang als eine Karikatur der richtigen

Anschauung von der Bedeutung desjenigen, was wir hier erleben, indem wir mit den Wesenheiten der anderen Reiche der Erde, der Mineralien, der Pflanzen, der Tiere, in Beziehung treten. Dadurch, daß wir zu den anderen Wesen in Beziehung treten, erwerben wir etwas, was erst zur vollen Entwicklung kommt im nachtodlichen Leben. Nicht wahr, mit Bezug auf das, was wir nach dem Tode sind, sind wir hier als Menschen noch verwandt mit dem Niedrigeren, mit Tieren, Pflanzen und Mineralien; aber gerade mit diesem Erleben des Außermenschlichen bereiten wir etwas vor, was erst nach dem Tode ins Menschliche heraufwachsen soll. Wenn Sie den Gedanken so wenden, werden Sie ihn leichter verstehen, werden Sie leichter darauf kommen, wie es ganz selbstverständlich ist, daß dasjenige, was wir mit Tieren, Pflanzen, Mineralien erleben, in etwas sich auslebt auf der Erde, was die Menschen zusammenfaßt, was sie umgibt wie eine geistige Luft, eine geistige Atmosphäre im Irdischen. Was die Menschen unter sich erleben, begründet nur ein reines Ätherisches zwischen Geburt und Tod.

Was die Menschen im Untermenschlichen erleben, im Wirtschaftsleben, das wird erst Mensch, wird erst heraufgehoben ins Erdenmenschliche, wenn wir durch den Tod hindurchgeschritten sind.

Das müßte gerade für den anthroposophisch orientierten Geist, für den, der eine Vertiefung des Lebens durch anthroposophisch orientierte Geisteswissenschaft sucht, von dem allerhöchsten Interesse und von allergrößter Bedeutung sein: anzuerkennen, daß diese Dreigliederung des sozialen Organismus konkret begründet ist einfach in dem Umstande, daß der Mensch auch nach dieser Richtung ein dreigliedriges Wesen ist, dadurch, daß er, wenn er als Kind hereinwächst in die physische Welt, noch etwas an sich trägt von dem, was er vorgeburtlich erlebt hat, dadurch, daß er etwas an sich trägt, was nur Bedeutung hat zwischen Geburt und Tod, und dadurch, daß er gewissermaßen unter dem Schleier des gewöhnlichen physischen Lebens schon hier dasjenige vorbereitet, was wiederum übersinnlich-nachtodliche Bedeutung hat. Was hier als das niederste Leben erscheint, das Leben in der physischen Wirtschaft, hier für die Erde ist es scheinbar niedriger als das Rechtsleben, aber dieses Durchleben des Niedrigeren entschädigt uns zugleich damit, daß wir für unseren tiefer gelegenen Menschen, während wir in der niedrigeren Wirtschaft drinnenstehen, die Zeit gewinnen, uns vorzubereiten für das nachtodliche Leben. Indem wir mit unserer Seele angehören dem Kunstleben, dem religiösen Leben, dem Erziehungsleben, dem sonstigen Geistesleben, zehren wir von der Erbschaft, die wir hereintragen durch die Geburt in das physisch-irdische Dasein. Aber indem wir durch das Wirtschaftsleben uns gewissermaßen in das Untermenschliche erniedrigen, in dasjenige Denken, das nicht so hoch hinaufragt, werden wir entschädigt, indem wir im tiefsten Inneren dasjenige vorbereiten, was dann nach dem Tode erst ins Menschliche heraufragt. Paradox mag das für den heutigen Menschen noch klingen, weil er gern die Dinge einseitig ansieht und eigentlich keine Ahnung davon haben will, daß eben jegliches Ding nach zwei Seiten hin sein Wesen im Leben entfaltet. Was nach der einen Seite hoch ist, ist nach der anderen Seite niedrig, was nach der einen Seite niedrig ist, ist nach der anderen Seite hoch. Immer hat ein jegliches Ding im wirklichen Leben – ich könnte auch sagen in der Lebenswirklichkeit – seine andere Seite. Der Mensch würde überhaupt über sich und die Welt einen besseren Aufschluß erringen, wenn er sich bewußt wäre, wie ein jegliches Ding immer seine andere Seite hat. Manchmal ist es unangenehm, sich dies zum vollen Bewußtsein zu bringen, es legt uns das mancherlei Lebenspflichten auf. So zum Beispiel: Mit Bezug auf gewisse Dinge müssen wir gescheit werden, aber wir können das Maß dieser Gescheitheit in bezug auf gewisse Dinge nicht entwickeln, ohne ein gleiches Maß von Dummheit nach einer anderen Seite zu entwickeln. Immer bedingt das eine das andere. Und wir dürften eigentlich niemals einen Menschen für vollständig dumm halten, wenn er auch im äußeren Leben uns als dumm entgegentritt, ohne daß wir uns dessen bewußt wären: in seinem Unterbewußten liegt vielleicht eine tiefe Weisheit, die uns nur verhüllt ist. Die Wirklichkeit enthüllt sich erst, wenn man dieser Zweiseitigkeit alles Wirklichen gerecht wird. Und so ist es auch: es erscheint uns das Leben der geistigen Kultur auf der einen Seite als das Höchste; es ist zu gleicher Zeit dasjenige, wo wir eigentlich immer Raubbau treiben, wo wir immer an dem zehren, was wir hereinbringen durch unsere Geburt ins physische Dasein. Das wirtschaftliche Leben erscheint uns als das niedrigste Glied: es ist dies nur aus dem Grunde, weil es den niedrigsten Aspekt uns zeigt zwischen Geburt und Tod. Es läßt uns Zeit, unbewußt dasjenige zu entwickeln, was die geistige Seite des Wirtschaftslebens ist und was wir durch den Tod in die übersinnliche Welt hineintragen. Dieses Zusammengehörigkeitsgefühl in Brüderlichkeit mit den anderen Menschen, das ist es, was ich da unter dem geistigen Teil des Wirtschaftslebens hauptsächlich zu verstehen habe.

Nun, Verständnis für diese Dinge ist der Menschheit dringend vonnöten, wenn sie aus gewissen Kalamitäten herauskommen will, die sich gerade dadurch ergeben haben, daß man diese Dinge eben nicht berücksichtigt hat. Innerhalb der intellektuellen führenden Persönlichkeiten der herrschenden Klassen hat sich etwas herausgebildet – ich sprach vorgestern davon –, was nicht Stoßkraft hat, in die Alltäglichkeit hineinzustrahlen. In diesem Punkte das richtige Verständnis sich anzueignen, ist ganz besonders wichtig für den Menschen der Gegenwart. Sehen Sie, die führenden intellektuellen Kreise der herrschenden Klassen, sie haben eine gewisse sittliche Weltanschauung, eine gewisse religiöse Anschauung entwickelt. Aber diese sittliche, diese religiöse Weltanschauung will man am liebsten immer einseitig ganz idealistisch halten. Sie soll nicht die Stoßkraft haben, zugleich in das alltägliche Leben einzudringen. Praktisch tritt Ihnen das dadurch zutage, daß Sie Sonntag für Sonntag und sogar öfter die bekannten Kirchen besuchen können: es werden Ihnen Predigten gehalten werden, Predigten, die aber fortwährend versäumen die intensivsten Pflichten der Zeit. Es wird Ihnen von allem möglichen geredet werden, was Sie tun sollen aus religiöser Weltanschauung heraus, was aber keine Stoßkraft hat. Denn gehen Sie aus der Kirche heraus, treten Sie ins äußere alltägliche Leben hinein, so können Sie nicht anwenden alles, was da gepredigt wird über Liebe von Mensch zu Mensch, was man tun soll, was der eben erleben will und jener eben gepredigt hat. Wo haben Sie eine Verständigung, eine Verbindung zwischen dem, was der Prediger, der Sittenlehrer zu seinen Studenten sagt, und zwischen dem, was im alltäglichen Leben nun einmal herrscht?

Das war zum Beispiel in den Zeiten, auf die der Totemkultus zurückweist, anders: da richteten die Eingeweihten das alltägliche Leben nach dem Ratschluß der Götter ein. Es ist ein ungesunder Zustand, daß heute von den Kanzeln her nichts gehört wird über die notwendige Einrichtung des Wirtschaftslebens. Dasjenige, was da gepredigt wird, das gleicht – ich habe öfter diesen Vergleich gebraucht – wirklich dem, wenn man einem Ofen gegenübersteht und sagt: Du Ofen, du stehst hier im Zimmer. So wie du angeordnet bist im Verhältnis zu den übrigen Gegenständen im Zimmer, ist es deine heilige Pflicht, das Zimmer warm zu machen. Also erfülle deine heilige Pflicht und mache das Zimmer warm. – Sie können lange so dem Ofen predigen, er wird nicht das Zimmer warm machen! Aber Sie brauchen gar nicht zu predigen, sondern Holz oder Kohlen hineinzulegen und sie anzuzünden, so werden Sie das Zimmer warm machen. So können Sie alle Sittenlehren unterlassen, die bloß reden von dem, was der Mensch, um der ewigen Seligkeit willen, oder um anderer Dinge willen, die dem bloßen Glauben angehören, tun soll. Sie können also unterlassen die Predigten, die heute zumeist den Inhalt der Kanzelreden bilden, aber Sie können nicht dasjenige unterlassen, was heute reales Wissen vom sozialen Organismus ist. Das wäre die Pflicht derjenigen, die Volkserzieher sein wollen, auch im Praktischen die Brücke zu bauen von dem, was als Geistiges die Welt durchlebt und durchwebt, zu dem, was im alltäglichsten Leben geschieht. Denn der Gott, das Göttliche, lebt nicht nur in dem, was der Mensch in Wolkenhöhen erträumt, sondern in dem geringsten Alltäglichsten. Wenn Sie das Salzfaß auf dem Tisch ergreifen, wenn Sie den Löffel Suppe zum Munde führen, wenn Sie für fünf Pfennige etwas von Ihrem Mitmenschen kaufen, in allen Dingen lebt das Göttliche. Und wenn man sich dem Glauben hingibt: da ist auf der einen Seite das derb Materielle, Konkrete, dasjenige, was niederer Natur ist, und auf der anderen Seite das Göttlich-Geistige, das man ja recht fernhalten soll von diesem derb Materiellen, Konkreten, weil das eine heilig ist und das andere profan, weil das eine hoch ist und das andere niedrig, dann widerspricht man gerade dem innersten Sinn einer wirklichkeitsgemäßen Weltauffassung: der Stoßkraft vom Höchsten, Heiligen, herunter bis in die alltäglichsten Erlebnisse der Menschen.

Damit ist zugleich das charakterisiert, was die religiöse Entwicklung bis in unsere Zeit herein versäumt hat, die nur immer dem Ofen predigt, er solle warm sein, und die verpönt, auf wirkliche, konkrete Geist-Erkenntnis einzugehen. Würde man sich nur überall dieses frei sagen, was versäumt worden ist, von denjenigen versäumt, die sich berufen fühlen, das geistige Leben zu führen, dann würde das schon eine wesentliche Hinlenkung sein auf das, was zu geschehen hat.

Wie redet man heute oftmals von Erlösung, von Gnade, von dem, was Gegenstand des Glaubens ist? Man redet so, daß man es den Menschen höchst bequem macht: Da sind die Menschen mit ihren Menschengemütern. Auf Golgatha ist einstmals der Christus Jesus gestorben und – die fortgeschrittenen Theologen glauben ja heute nicht mehr daran – auferstanden. Aber das tut er alles für sich, die Menschen brauchen nichts anderes zu tun, als daran zu glauben. – So meinen heute viele, und sie betrachten es als eine Störung ihrer Kreise, wenn anders gedacht wird. Es muß aber gelernt werden, anders zu denken! Gerade auf diesem Gebiete muß ein radikaler Umschwung eintreten.

Man möchte sagen: Heute erklingt uns wiederum die Christus-Mahnung oder schon die Mahnung des Täufers Johannes: Ändert den Sinn, denn die Zeit der Krisis ist nahe herbeigekommen. – Die Menschen haben sich gewöhnt, das Geistige irgendwo vorauszusetzen, irgendwo, wo es für sie sorgt; sich erzählen zu lassen von den religiösen Predigern, daß es eine solche geistige Welt gibt, die man möglichst wenig charakterisiert. Die Menschen wollen sich nicht anstrengen in ihren Gedanken, auch etwas zu wissen über die geistige Welt, sondern nur daran glauben. Die Zeit ist vorbei, in der das sein darf! Die Zeit muß beginnen, in der die Menschen wissen müssen: Nicht bloß: ich denke – ich denke vielleicht auch über das Übersinnliche –, sondern: Ich muß Einlaß gewähren den göttlich-geistigen Mächten in meinem Denken, in meinem Empfinden. Die Geistwelt muß in mir leben, meine Gedanken selber müssen göttlicher Natur sein. Ich muß dem Gotte Gelegenheit geben, daß er durch mich sich ausspricht. – Da wird das geistige Leben nicht mehr bloß Ideologie sein. Das ist die große Sünde der neueren Zeit, daß das geistige Leben zur Ideologie abgelähmt ist. Und ideologisch ist schon heute die Theologie, Ideologie ist nicht bloß die proletarische, sozialistische Weltanschauung. Aber von dieser Ideologie müssen die Menschen gesunden. Die geistige Welt muß ihnen ein Reales werden. Und wissen müssen sie, daß die geistige Welt als Reales lebt in dem einen Gliede des sozialen Organismus wie die Erbschaft vom vorgeburtlichen Leben, von der sogenannten Geistwelt; und daß sich vorbereitet ein Geistiges, während wir scheinbar unter die Menschen herunter in das wirtschaftliche Leben untertauchen. Es bereitet sich gerade da, als Ausgleich für dieses Untertauchen, dasjenige vor, was uns durch das Leben, das wir betreten, indem wir durch den Tod in die geistige Welt wiederum eintreten, wiederum hineinführen soll, wenn wir es richtig durchleben, in menschlichere brüderliche Wissenschaft hier auf der Erde.

Real betrachten das Leben – das ist dasjenige, was wiederum kommen muß. Und derjenige stellt sich als Bekenner anthroposophisch orientierter Geisteswissenschaft richtig in die Welt hinein, der sich bewußt wird: Die Dinge, die einmal heute in die Menschheit treten müssen, sie können für ihn vertieft werden dadurch, daß Anthroposophie nicht bloß als etwas entwickelt wird, was nur Wissenschaft ist, sondern daß er sie als etwas hat, was in alle seine Empfindungen eindringt, was seine ganze Lebensempfindung durchdringt, umgestaltet auch, sie so macht, daß er als ein würdiges Glied eintreten kann in dasjenige, was beginnen muß mit der Gegenwart und was allein zum Heile werden kann für die Menschheitszukunft.

Mit diesen Dingen gibt man dasjenige an, was notwendig ist für die Menschheit, aber auch das, was versäumt worden ist von der Menschheit. Nur durch das furchtlose und mutige Sich-Hineinversetzen in dasjenige, was versäumt worden ist, und in das, was notwendig ist, kann irgend etwas Heilsames für die Gegenwart und die nächste Zukunft gebracht werden. Deshalb suchte ich Ihnen wiederum hier, wo wir unter uns sind, zu dem, was man heute über das soziale Problem öffentlich sagen kann, dasjenige hinzuzufügen, was man sagen kann gerade vom Gesichtspunkte anthroposophisch orientierter Geisteswissenschaft; wo man einbeziehen kann dasjenige, was von dem unsterblichen, von dem übersinnlichen Leben des entkörperten Menschen hereinragt in dieses irdische Leben.

Von dem sozialen Organismus ist nur ein Glied, nur dasjenige Glied, was sich auf die äußerliche staatliche Organisation bezieht, rein irdisch. Die beiden anderen Glieder sind nach zwei verschiedenen Seiten hin mit dem Überirdischen verquickt. Auf der einen Seite wird uns ein Geistesleben als ein irdisches geistiges Leben zuteil, das – weil es gewissermaßen herausgepreßt wird aus dem vorgeburtlichen, überirdischen Geistesleben – von uns durchlebt werden kann, ich möchte sagen, wie ein Überfluß. Und auf der anderen Seite müssen wir als leibliche Menschen – wodurch wir verbunden sind mit der Tierheit der Erde – untertauchen in das bloße Wirtschaftsleben. Allein, weil wir nicht bloß leibliche Menschen sind, sondern weil sich vorbereitet in diesem Leib die Seele für die folgenden Erdenleben und für die folgenden übersinnlichen Leben, bereitet sich auch durch das Wirtschaftsleben dasjenige vor, was jenen Teil von uns in die Menschlichkeit hinaufführt, der hier noch nicht ganz menschlich ist: den Menschen, der im Wirtschaftsleben drinnenstehen muß. Wir haben gleichsam etwas in uns von einem Übermenschen, insofern wir in einen sozialen Zusammenhang hineinrücken können, der das irdische Geistesleben durchwebt. Wir haben etwas vom bloßen Menschen an uns, indem wir Staatsbürger werden. Wir haben etwas in uns, was uns zwingt, unter beides hinunterzusteigen, aber wir werden zu gleicher Zeit von der übersinnlichen Welt entschädigt dadurch, daß in dem, was als niedrigstes Glied erscheint im sozialen Erleben, sich schon dasjenige vorbereitet, was uns wiederum hinaufführt, uns wiederum eingliedert in das Übersinnliche.

Die Wirklichkeit ist allerdings nicht so oberflächlich, nicht so bequem zu erfassen, wie man das manchmal haben möchte. Allein, sie zeigt auf der anderen Seite, wie das Menschenleben die verschiedensten Phasen durchmacht, jede Phase aber neue Momente, neue Ingredienzien, neue Impulse, die nur auf diesen bestimmten Gebieten gegeben werden können, wo sie gegeben werden, in das Menschenleben hineinträgt. So sehen wir, wie sich ineinanderschlingen die Fäden des Lebens, welches wir hier zwischen Geburt und Tod verleben, mit jenen Fäden, die wir ziehen, indem wir das Leben zwischen dem Tod und einer neuen Geburt durchleben. Und alles fügt sich im höchsten Maße sinnvoll ineinander in diesem gesamten Menschenleben. Dasjenige, was sich wiederum anspinnt hier im irdischen Leben von menschlichem Individuum zu menschlichem Individuum, was wir hier einem Menschen tun, indem wir ihm eine Freude machen, indem wir ihm ein Leid zufügen, indem wir seine Gedanken bereichern, oder seine Gedanken verarmen, indem wir dieses oder jenes ihm beibringen, – das bereitet unser karmisches, unser schicksalsmäßiges Leben vor für das nächste Erdendasein.

Aber unterscheiden müssen wir davon dasjenige, was wir nötig haben zu unserer Vorbereitung für das Leben, welches wir unmittelbar nach dem Tode als ein übersinnliches entfalten. Wir werden hier zusammengeführt in gewisse soziale Gemeinschaften. Wir müssen wieder herausgeführt werden. Wir werden es dadurch, daß aus unserem bloßen Wirtschaftsleben, aus der bloßen Ökonomie, etwas auftaucht, das uns durch die Pforte des Todes hinübergeleitet in die geistige Welt, damit wir nicht in der sozialen Gemeinschaft verbleiben, in der wir uns hier eingelebt haben, sondern in einem nächsten Leben in eine andere aufgenommen werden können. So sinnvoll verschlingen sich die karmischen Fäden mit denjenigen Fäden, die uns in das allgemeine Weltenleben hineinstellen.

Dasjenige, was man durch die Verbindung des Übersinnlichen mit dem physisch-irdischen Leben aus der Geisteswissenschaft noch für diese Dreigliederung des sozialen Organismus gewinnen kann, scheint schon wesentlich dasjenige noch zu vertiefen, was exoterischer Gehalt über die Dreigliederung des sozialen Organismus werden muß. Das scheint es schon wesentlich zu vertiefen. Gewiß, für den außenstehenden Menschen ist dies schwer zu verstehen, da ist heute keine Hilfe möglich. Aber derjenige, der innerhalb der anthroposophischen Bewegung steht, der sollte immer für alles das, was sich hier im Irdischen begründen läßt, zu gleicher Zeit alles aufnehmen, was uns verbindet mit der Sphäre, in die wir eintreten nach unserem Tode, aus der wir kamen durch unsere Geburt, in der wir zu suchen haben diejenigen, die vor uns hinweg aus dieser Welt gegangen sind und zu denen wir bestimmte Beziehungen haben. Denn das wird die schönste menschliche Errungenschaft gerade anthroposophischer Vertiefung sein, daß sie die beiden großen Mysterien des irdischen Lebens, die Geburt und den Tod, durchschauen lehrt, eine Brücke schafft zwischen dem Sinnlichen und dem Übersinnlichen, zwischen den sogenannten Lebendigen und den sogenannten Toten, so daß das Tote wie ein Lebendiges unter uns wird und wir von dem Lebendigen sagen können: Nichts anderes als eine andere Form des Seins ist dasjenige Leben, das im Übersinnlichen das unsere war vor der Geburt und das das unsere sein wird nach dem Tode. Es ist tot hier in der Sinnlichkeit, wie die Sinnlichkeit tot ist, indem wir das Übersinnliche durchleben. Die Dinge in der Welt sind relativ in Beziehung zueinander. Und wenn wir durchschauen diese zwei Seiten einer jeglichen Wirklichkeit, dann erst dringen wir in die Wirklichkeit selbst ein.

Das ist dasjenige, was ich Ihnen heute als eine Ergänzung, eine mehr esoterische Ergänzung derjenigen Fragen geben wollte, welche jetzt öffentlich zu erörtern so dringend notwendig ist, und an welcher Erörterung sich ganz besonders beteiligen sollten diejenigen, die der anthroposophischen Bewegung nahestehen.

Auf eine Frage, die nicht erhalten ist, bemerkte Rudolf Steiner noch:

Diese Dinge sind so, daß man wirklich sagen kann: Diese Anschauung vom sozialen Organismus ist eine feste Basis. Und man hat nur zu untersuchen, wie sie sich im einzelnen Falle einlebt in das Leben.

Wenn Sie den pythagoräischen Lehrsatz kennen, so werden Sie nicht fragen: wie rechtfertigt er sich in allen Einzelheiten? – Sie wissen, wenn Sie ihn kennen: Er wird überall richtig sein, wo er anwendbar ist, ebenso wie dreimal zehn dreißig ist, überall, wo Sie es anwenden: Sie werden nicht fragen müssen, ob es richtig ist und es beweisen müssen. Sie müssen diese Dinge in sich selber einsehen. So werden Sie auch finden, daß bei dieser Anschauung über das soziale Leben man von einer gewissen Basis ausgeht, die einfach sich als richtig erweist; die anderen Dinge, die kommen, schließen sich dann richtig daran. Das Steuersystem, das Besitz-System, alles schließt sich als eine Konsequenz an. Alles das wird sich ergeben, wenn man den lebendigen sozialen Organismus ergreift. Und so ergibt sich, daß die Leute zum Beispiel durchaus nicht anstehen werden, ihre Kinder auch in die Freie Schule zu schicken. Im Gegenteil: sie werden sie *schicken wollen,* weil sie ein Interesse daran haben werden.

Und wiederum auf dem Gebiete, wo sich ein Verhältnis eines jeden Menschen zu jedem Menschen entwickelt: Auf dem Gebiet des Rechtslebens urteilsfähig zu sein, ist notwendig, und niemand würde gewählt werden können in den Vertretungskörper des zweiten Gliedes des sozialen Organismus, der nicht urteilsfähig wäre. So etwas muß natürlich dann geprüft werden: Was sich von Mensch zu Mensch bezieht, dieses Interessenehmen, dieses bewußte Drinnenstehen im Leben, das wird ganz von selbst erhalten im freien Organismus, der schon gesund werden wird.

DRITTER VORTRAG

Zürich, 11. Februar 1919

Ich sagte schon heute vor acht Tagen, daß wir als an der anthroposophischen Bewegung interessierte Menschen wesentlich vertiefen können und auch vertieft auffassen können dasjenige über die brennenden Fragen der Gegenwart, was notwendig für die gegenwärtige Menschheit ist, um ein Urteil, um die Möglichkeit einer Stellungnahme zu gewinnen. Vertiefter können wir manches auffassen, als es möglich ist innerhalb der breiten Öffentlichkeit. Gewissermaßen können wir uns wie eine Art von Sauerteig, wenn ich das biblische Wort gebrauchen darf, betrachten, so daß ein jeder an seinem Orte versucht, auch noch aus einem tieferen Gefühl, aus einem tieferen Impuls heraus etwas beizutragen zu dem, was der Zeit ganz besonders nötig ist.

Wenn wir uns an dasjenige erinnern, was als der Grundton in den öffentlichen Vorträgen gesagt worden ist, so werden wir finden, es handelt sich für die Gegenwart darum, eine gewisse Gliederung des sozialen Organismus anzustreben. Ich sage immer anstreben, nicht etwa revolutionär von heute bis morgen durchführen wollen, sondern anstreben eine gewisse Gliederung desjenigen, was unter dem Einflusse gewisser neuzeitlicher Zeitströmungen zentralisiert worden ist. Anstreben, daß statt des sogenannten Einheitsstaates, in freier Selbständigkeit neben den anderen sich entwickelt ein besonderes Glied des sozialen Organismus, das alles umfaßt, was sich auf das geistige Leben bezieht: Erziehung der Menschen, Unterricht, Kunst, Literatur, aber auch, wie ich schon angedeutet habe und wie morgen noch im öffentlichen Vortrage berührt werden soll, dasjenige, was sich bezieht auf die Verwaltung des Privat- und Strafrechtes. Ein zweites Glied des sozialen Organismus soll dann im engeren Sinne dasjenige sein, was man bisher Staat genannt hat und dem man eigentlich in der neueren Zeit, eben aus den Strömungen der letzten vierhundert Jahre heraus, alles mögliche aufladen wollte: Staatsschulen, Staatserziehung und so weiter. Aber auch gerade unter dem Einfluß von sozialistischen und sozialen Gedanken versucht man heute, das wirtschaftliche Leben und das im eminentesten Sinne politische Rechtsleben zu einer Einheit zusammenzuschweißen. Beide müssen wieder auseinanderstreben. Selbständig müssen einander gegenüberstehen als zweites Glied des sozialen Organismus der politische Staat, und selbständig, relativ selbständig, alles dasjenige, was in sich schließt Warenzirkulation, Wirtschaftsleben, Ökonomie.

Nun wollen wir diese Sache einmal von einem Gesichtspunkte betrachten, der heute noch nicht so leicht dem zugänglich sein kann, der nicht innerhalb unserer Bewegung steht, und wollen das dann bringen bis zu einer gewissen Kulmination, so daß aus dieser Kulmination heraus ein tieferes Verständnis der Lebenslage der heutigen Menschheit überhaupt erquellen kann. Betrachten Sie einmal dasjenige, was man im irdischen Sinne Geistesleben nennt. Geistesleben im irdischen Sinne ist alles das, was uns in irgendeiner Weise über den einzelmenschlichen Egoismus hinaushebt und mit Gruppen von anderen Menschen zusammenführt. Nehmen Sie als für die Mehrzahl der Menschen heute noch bedeutsamstes irdisches Geistesleben dasjenige Geistesleben, das gerade den Zusammenhang mit dem überirdischen Geistesleben vermitteln soll, nehmen Sie das religiöse Leben, wie es sich für den Menschen in den einzelnen Religionsgemeinden abspielt. Der Mensch wird da in einer gewissen Weise durch seine seelischen Bedürfnisse mit anderen Menschen zusammengeführt, mit diesen anderen Menschen verbinden ihn dann gleichartige Seelenbedürfnisse. Durch die Erziehung sorgt ein Mensch für den anderen im Geistig-Seelischen. Wenn wir ein Buch lesen, werden wir auch über unser individuelles, egoistisches Leben hinausgeführt, indem wir die Gedanken des Autors nicht allein aufnehmen, sondern, wenn es ein nur halbwegs gelesenes Buch ist, mit zahlreichen anderen Menschen gleiche Gedanken aufnehmen, was wiederum uns in eine gewisse Menschengruppe hineinstellt, welche Gleichartiges in der Seele erlebt. Das ist doch eine wichtige Charaktereigenschaft des geistigen Lebens, daß dieses geistige Leben aus der vollen Freiheit erquillt, aus der individuellen Initiative des einzelnen Menschen, daß aber dieses irdische Geistesleben den Menschen zusammenführt mit anderen Menschen, Menschengruppen formt aus der Gesamtheit der Menschen heraus.

Damit aber ist eines schon für den, der tieferes Verständnis sucht, gesagt, etwas gesagt, was jegliche Art solchen Zusammenlebens dem Zentralereignisse der ganzen Erdenentwicklung, dem Mysterium von Golgatha, nahebringt. Denn seitdem das Mysterium von Golgatha in der Erdenentwicklung sich abgespielt hat, gehört alles dasjenige, was auf das Menschenzusammenleben sich bezieht, in einem gewissen Sinne zu diesem Christus-Impuls. Das ist das Wesentliche, daß der Christus-Impuls nicht dem einzelnen Menschen gehört, sondern dem menschlichen Zusammenleben. Es ist, im Sinne des Christus Jesus selber verstanden, ein großer Irrtum, wenn man glaubt, der einzelne Mensch könne eine unmittelbare Beziehung zu dem Christus haben. Das Wesentliche ist, daß der Christus gelebt hat, gestorben ist, auferstanden ist für die Menschheit, für dasjenige, was die Menschheit im Ganzen ist. Daher kommt das Mysterium von Golgatha, das Christus-Ereignis sofort in Betracht – wir werden später darauf zurückkommen –, wenn irgendeine Art menschlichen Zusammenlebens seit dem Mysterium von Golgatha entfaltet wird. Es rückt also auch das irdische Geistesleben, das erquillt aus dem Individuellsten heraus, aus den menschlichen persönlichen Anlagen und Begabungen, an das Christus-Ereignis für den wirklich die Welt Verstehenden heran.

Nun betrachten wir aber zunächst dieses irdische Geistesleben für sich: religiöses Leben, Schul- und Erziehungswesen, künstlerisches Wesen und so weiter. Wir gelangen durch dieses in eine gewisse Beziehung zu anderen Menschen. Da müssen wir unterscheiden zwischen dem, was uns mit anderen Menschen durch unser eigentliches Schicksal, durch unser Karma in Beziehung bringt, und dem, was nicht in diesem engsten Sinne mit unserem individuellen Karma zusammenhängt. Wir haben auf der einen Seite gewisse Beziehungen zu den Menschen, die sich einstellen in unserem Leben; wir knüpfen neue Beziehungen an zu einzelnen Menschen. Wir haben Beziehungen, die nichts anderes sind als die Wirkungen von anderen Verhältnissen, die in früheren Erdenleben sich angeknüpft haben. Wir knüpfen hier wiederum Verhältnisse an, die ihre karmische Entwicklung in späteren Erdenleben finden werden. Das gibt eine ganze Menge von individuellen Beziehungen der einzelnen Menschen zu anderen einzelnen Menschen. Diese Beziehungen, die im wesentlichen mit unserem Karma im engsten Sinne zusammenhängen, müssen wir unterscheiden von den weiteren Beziehungen, in die wir dadurch zu Menschen kommen, daß wir mit ihnen solche Gemeinschaften schließen, durch welche wir einer religiösen Gemeinde, einem Glaubensbekenntnis mit ihnen gemeinsam angehören, daß wir mit ihnen in gleichem Sinne erzogen werden, mit ihnen gemeinschaftlich ein Buch lesen und dergleichen, mit ihnen gemeinsam irgendeine Kunst genießen und so weiter. Diese Menschen, mit denen wir also in eine irdische Gemeinschaft kommen, müssen nicht immer durch eine karmische Beziehung aus einem früheren Erdenleben mit uns zusammen sein. Es gibt allerdings auch solche Gemeinschaften, die auf gemeinsame Schicksale in früheren Erdenleben hinweisen, aber mit diesen großen Gemeinschaften, von denen ich eben gesprochen habe, ist dieses in der Regel nicht der Fall. Doch führt es auf etwas anderes zurück. Es führt darauf zurück, daß wir gegen das Ende der Zeit, die wir in der übersinnlichen Welt zwischen dem Tode und einer neuen Geburt durchleben, wenn wir in dem Zeitraume ankommen, der nahe liegt unserer neuen Wiederverkörperung, geistige Beziehungen eingehen – weil wir bis zu einem gewissen Grade da reif werden für solche geistige Beziehungen – zu den Hierarchien der Angeloi, Archangeloi und Archai, also geistige Beziehungen zu den höheren Hierarchien überhaupt; aber daß wir in der geistig-übersinnlichen Welt vor unserer neuen Geburt auch anderen Menschenseelen nahekommen, die später verkörpert werden als wir, die in irgendeiner Weise noch länger auf ihre Verkörperung zu warten haben. Wir haben eine ganze Summe von übersinnlichen Begegnungen, die wir gerade durch unsere besondere Reife machen, bevor wir wiederum durch eine Geburt in das Erdenleben hereingezogen werden. Und diese Kräfte, die wir dabei aufnehmen, die stellen uns auf der Erde an denjenigen Platz hin, wo es uns möglich wird, solche

Gemeinschaften des irdisch-geistigen Lebens zu erleben, von denen ich eben gesprochen habe.

Es ist aus dem, was ich gesagt habe, vor allen Dingen herauszunehmen, daß unser irdisch-geistiges Leben, das wir erleben, indem wir religiöse Menschen sind, indem wir erzogen werden, geschult werden, indem wir gewisse Kunsteindrücke aufnehmen und dergleichen, nicht etwas ist, was nur seine Bestimmung erhält durch das, was auf der Erde ist, sondern bestimmt ist durch dasjenige, was wir übersinnlich erst erleben, bevor wir durch die Geburt zu diesem irdischen Geistesleben herunterkommen. Wie durch das Bild, das im Spiegel ist, hingewiesen wird auf den, der sich abspiegelt, so wird durch das irdische Geistesleben hingewiesen auf das, was der Mensch erlebte, bevor er in einen irdischen Leib eingezogen ist. In dieser Beziehung gibt es nichts auf der Erde, was in einem so innigen Bezug, in einem so realen, lebendigen Bezug zu der übersinnlichen Welt steht als dieses irdische Geistesleben, das ja gewisse Verirrungen, viele Verirrungen aufweist. Aber auch die Verirrungen haben einen sinnvollen Bezug zu dem, was wir im Übersinnlichen, in einer ganz anderen Weise allerdings, aber doch eben im Übersinnlichen erleben. Dadurch wird das irdische Geistesleben zu einer besonderen Stellung auf der Erde gebracht, daß es mit unserem vorgeburtlichen Leben zusammenhängt. Nichts anderes im irdischen Leben hängt mit unserem vorgeburtlichen Leben so zusammen wie dieses irdische Geistesleben. Das ist, worauf der Geistesforscher noch besonders hinweisen muß. Er trennt das irdische Geistesleben von den anderen Betätigungen ab, denen der Mensch hier auf der Erde unterliegt, weil er in seinen übersinnlichen Beobachtungen erfährt, daß dieses irdische Geistesleben im vorgeburtlichen, übersinnlichen Leben seine Ursprünge, seine Impulse hat. Dadurch gliedert sich für den Geisteswissenschafter dieses irdische Geistesleben von dem anderen Erleben des Menschen ab.

Anders steht es mit dem, was man im engeren Sinne das politische, das öffentliche Rechtsleben nennen kann, dasjenige Leben, welches staatliche Ordnung unter den Menschen bringt. Wieviel man auch mit den genauesten geisteswissenschaftlichen Methoden sich anstrengt zu erforschen, womit dieses Staatliche, das eigentlich Staatliche, das politische Rechtsleben, das öffentliche Rechtsleben zusammenhängt, man findet gar keinen Bezug dieses Lebens zu einem Übersinnlichen. Dieses Leben steht da als völlig irdisches. Wir müssen uns nur genau verständigen darüber, was hier gemeint ist. Was ist zum Beispiel ein im eminenten Sinne irdisches, irdisches politisches Rechtsverhältnis? Das Besitzverhältnis, das Eigentumsverhältnis. Wenn ich irgendwie Besitzer bin eines Grundstückes, so bin ich es nur dadurch, daß mir ein politischer Zusammenhang das ausschließliche Recht gibt, dieses Grundstück zu benützen, mir es möglich macht, alle anderen von der Benützung dieses Grundstükkes, der Bebauung und so weiter auszuschließen. So ist es mit alledem, was auf dem öffentlichen Recht beruht. Das, was die Summe der öffentlichen Rechte ist, auch die Summe alles dessen, was eine gewisse Gemeinschaft nach außen schützt, das alles ist das Staatsleben im engeren Sinne. Das ist das eigentlich irdische Leben, was nur mit den Impulsen, die beim Menschen zwischen Geburt und Tod verfließen, zusammenhängt. Mag sich der Staat manchmal noch so sehr dünken, er sei ein Gottgegebenes, im Sinne der tieferen Auffassung aller religiösen Bekenntnisse gilt folgendes. Erstens gilt dasjenige, was der Christus Jesus meinte, als er in der damaligen Sprache zu den Menschen sprach: «Gebet dem Cäsar, was des Cäsars ist, und Gott, was Gottes ist.» Er wollte insbesondere gegenüber den Aspirationen des römischen Imperiums alles, was äußerliches Staatsleben ist, scheiden von dem, was ein Spiegelbild des übersinnlichen Lebens ist. Aber alles das, was in das bloße irdische Staatsleben einen überirdischen Impuls hereinbringen will, zum Beispiel den Staat geradezu zum Träger des religiösen Lebens oder zum Träger des Erziehungswesens machen will – woran kein Mensch in der neueren Zeit zweifelt, daß es so sein soll, leider! –, all das bezeichneten die tieferen religiösen Naturen so, daß sie sagten: Wenn irgendwie sich mischen will dasjenige, was geistig-übersinnlich ist, mit dem, was äußerlich-staatlich ist, so regiert der widerrechtliche Fürst dieser Welt.

Sie wissen vielleicht, man müßte viel über die Bedeutung des widerrechtlichen Fürsten dieser Welt nachdenken, und man kriegt zuletzt nichts heraus. Man bekommt nur durch Geisteswissenschaft heraus, was damit gemeint ist. Dann regiert der widerrechtliche Fürst dieser Welt, wenn das, was sich bloß auf die Ordnung irdischer Verhältnisse beziehen soll, sich anmaßt, das geistige und, wie wir später sehen werden, auch das wirtschaftliche Leben in sich einbeziehen zu wollen. Der rechtliche Fürst dieser Welt ist nur der, der in die äußeren politischen Staatsverhältnisse bloß das einbezieht, was seine Impulse hat in dem Leben des Menschen zwischen Geburt und Tod. So haben wir das zweite Glied in dem sozialen Organismus geisteswissenschaftlich ergriffen. Es ist dasjenige, welches hingeordnet ist auf jene Impulse, die beim Menschen zwischen Geburt und Tod verfließen.

Nun kommen wir zu dem dritten, zu dem wirtschaftlichen Verhältnis. Denken Sie sich einmal, wie uns eigentlich das wirtschaftliche Leben hineinstellt in ein gewisses Verhältnis zu der Welt. Sie werden leicht darauf kommen, wie dieses Verhältnis ist, wenn Sie sich denken müßten, daß wir ganz aufgehen könnten im rein äußeren wirtschaftlichen Leben. Was wären wir dann, wenn wir nur im äußeren, rein wirtschaftlichen Leben aufgehen würden? Wir wären denkende Tiere, nichts anderes. Nur dadurch sind wir nicht denkende Tiere, daß wir außer dem wirtschaftlichen Leben noch ein Rechtsleben haben, ein politisches Leben, ein Staatsleben und eine Geisteswissenschaft, ein irdisches Geistesleben. Wir werden also durch das Wirtschaftsleben mehr oder weniger hinuntergedrängt ins Untermenschliche. Aber indem wir hinuntergedrängt werden ins Untermenschliche, können wir gerade auf diesem Gebiete des Untermenschlichen Interessen entwickeln, die im wahren Sinne des Wortes die brüderlichen Interessen unter den Menschen sind. Auf keinem anderen Gebiete können wir so leicht und so selbstverständlich die brüderlichen Verhältnisse unter den Menschen im vollsten Sinne des Wortes entwickeln wie gerade im Wirtschaftsleben.

Im geistigen Leben – was ist das eigentlich Regierende im irdischen Geistesleben? Im Grunde genommen das persönliche, wenn auch seelische, aber seelisch-egoistische Interesse. Von der Religion will der Mensch haben, daß sie ihn selig macht. Von der Erziehung will er haben, daß sie seine Anlagen entwickelt. Von irgendeiner künstlerischen oder sonstigen Erscheinung, die er genießt, will er Freude in sein Leben hinein haben oder auch eine Entfaltung seiner Lebenskräfte. Es ist überall so, daß ein gröberer oder feinerer Egoismus, wenn auch verständlicherweise, um seinetwillen den Menschen hinführt zu dem, was im irdischen Geistesleben lebt.

Wiederum im Rechtsleben, im politischen Leben haben wir es zu tun mit dem, was uns gewissermaßen zu gleichen Wesen vor dem Gesetze macht. Wir haben es zu tun mit dem Verhältnisse von Mensch zu Mensch. Wir haben es mit dem zu tun, was unser Recht sein soll. Recht besteht nicht unter Tieren! Das ist auch etwas, wodurch wir über die Tierheit schon im irdischen Leben hinausgehoben sind. Aber wir haben sowohl in dem Verhältnis, das wir in einer Religionsgemeinschaft, in einer Erziehungsgemeinschaft haben, wie auch in einer Rechtsgemeinschaft, in diesem allem etwas, was in einer gewissen Beziehung auf einem Anspruch von uns beruht, was wir gewissermaßen in selbstverständlicher Weise wollen. Auf dem Gebiete des Wirtschaftslebens, da kann sich etwas geltend machen, gerade wenn wir uns überwinden können, was wir nicht aus den Interessen heraus wollen: Brüderlichkeit, Berücksichtigung des anderen, so leben, daß der andere neben uns durch uns etwas erfährt.

Im geistigen Verhältnis nehmen wir etwas entgegen, weil wir es wollen. Im Rechtsverhältnis machen wir auf etwas Anspruch, worauf wir Anspruch machen müssen, wenn wir uns ein menschenwürdiges Leben als Gleicher unter Gleichen bewahren wollen. Und im wirtschaftlichen Leben entfaltet sich dasjenige, was die Gefühle des einen Menschen mit den Gefühlen des anderen Menschen verbindet: die Brüderlichkeit. Die Impulse des brüderlichen Lebens, die entspringen, indem wir ein gewisses Verhältnis herstellen, aus dem, was wir besitzen, zu dem, was der andere besitzt; dessen, was wir bedürfen, zu dem, was der andere bedarf; aus dem, was wir haben, zu dem, was der andere hat und so weiter. Entwickeln wir im wirtschaftlichen Leben immer mehr und mehr diese Brüderlichkeit, dann geht gewissermaßen aus diesem wirtschaftlichen Leben etwas heraus. Diese Brüderlichkeit im Wirtschaftsleben, dieses brüderliche Verhältnis unter den Menschen, das im Wirtschaftsleben strahlen muß, wenn Gesundung des Wirtschaftslebens da sein soll, das ist dasjenige, was, wenn ich so sagen soll, aus dem Wirtschaftsleben aufdampft, so daß, indem wir gerade aus dem Wirtschaftsleben heraus es uns anerziehen, wir es mitnehmen durch die Pforte des Todes und hineintragen in das übersinnliche Leben nach dem Tode.

So erscheint für das irdische Leben das Wirtschaftsleben als das niederste, aber in ihm entwickelt sich etwas, was gerade hineinpulst aus dem Irdischen durch die Pforte des Todes in das Überirdische. Da haben wir das dritte Gebiet des sozialen Organismus geisteswissenschaftlich betrachtet. Es entwickelt sich etwas, was uns Menschen gewissermaßen in das Untermenschliche hinunterstößt, aber wir werden dafür begnadet, daß gerade aus dem, was die Brüderlichkeit im wirtschaftlichen Leben entwickelt, wir etwas durch die Pforte des Todes mitnehmen, was uns bleibt, indem wir in die übersinnliche Welt hineintreten. So wie das irdische Geistesleben, das sich auf die Weise entwickelt, wie ich es vorhin beschrieben habe, hinweist durch das Spiegelbild auf das Abgespiegelte, auf das vorgeburtliche übersinnliche Geistesleben, so weist das Wirtschaftsleben mit dem, was sich unter dem Einfluß dieses Wirtschaftslebens im Menschen entwickelt – soziales Interesse, Gefühle für menschliche Gemeinschaft, Brüderlichkeit –, auf das übersinnliche Leben nach dem Tode hin.

Und so haben wir geisteswissenschaftlich die drei Gebiete getrennt: das Geistesleben mit seinem Hinweis auf das vorgeburtliche übersinnliche Leben; das eigentliche Staatsleben mit seiner Beziehung auf die Impulse, die zwischen der Geburt und dem Tode sich abspielen; das eigentliche Wirtschaftsleben, welches hinweist auf dasjenige, was wir erleben werden, nachdem wir durch die Pforte des Todes gegangen sind. Ebenso wahr, als es ist, daß der Mensch nicht nur ein irdisches, sondern ein überirdisches Wesen zugleich ist, daß er in sich trägt die Ergebnisse desjenigen, was er vorgeburtlich «vor»-gelebt hat im Übersinnlichen, daß er in sich entwickelt die Keime zu dem, *was* er erleben soll im nachtodlichen Leben, wenn ich das Bild gebrauchen darf, ebenso wahr, wie in dieser Beziehung das Menschenleben dreifach ist und der Mensch neben diesen zwei Spiegelungen des überirdischen Lebens noch sein besonderes irdisches zwischen Geburt und Tod erlebt, so wahr dieses Leben des Menschen in sich dreifach gegliedert ist, so wahr muß der soziale Organismus, in dem der Mensch drinnensteht, dreifach gegliedert sein, wenn seine Gesamtmenschenseele in diesem sozialen Organismus ihre Grundlage, ihre Basis haben soll. So gibt es für den, der des Menschen Stellung im Weltenall geisteswissenschaftlich erkennt, eben noch viel tiefere Gründe, einzusehen, daß der soziale Organismus ein dreigliedriger sein muß, daß gewissermaßen der Mensch verkümmern muß – wie er im neuzeitlichen Leben in einer gewissen Weise verkümmert ist, was dann zu der furchtbaren Katastrophe der letzten vier Jahre geführt hat –, wenn alles zentralisiert ist, wenn alles nur bezogen wird auf ein chaotisches, anarchisch durcheinander gewürfeltes äußeres soziales Leben. So das Menschenleben auffassen, sich auf diese Weise bewußt werden, daß jedes Gesamtmenschheitliche so drinnensteht in der allgemeinen Menschheit und in der Welt überhaupt, das ist, was aus der Vertiefung in die geisteswissenschaftlichen Erkenntnisse dem Menschen nach und nach werden soll. Das ist dasjenige, was zugleich die richtige Christus-Erkenntnis für unsere Zeit und für die nächste Zukunft ist. Das ist gewissermaßen, was uns geoffenbart wird, wenn wir heute den Christus hören wollen. Er selber hat gesagt – ich habe das oft betont –: «Ich bin bei euch alle Tage, bis ans Ende der Erdenzeiten.» Das heißt, er hat nicht nur gesprochen in den Zeiten, in denen er auf der Erde gewandelt ist, sondern er spricht weiter, und wir sollen ihn weiter hören. Wir sollen nicht nur die Evangelien lesen wollen, die wir allerdings immer wieder lesen sollen, sondern wir sollen das hören, was er in lebendiger Art durch sein fortdauerndes Bei-uns-Sein zu offenbaren hat. In diesem Zeitalter hat er uns zu offenbaren: Ändert den Sinn – wie sein Vorläufer, der Täufer Johannes, gesagt hat –, ändert aufs neue den Sinn, der euch eröffnet die Anschauung eurer dreifachen Menschheit, die da fordert, daß auch dasjenige, in dem ihr drinnen lebt als im irdischen Dasein, eine dreifache Gliederung braucht.

Man sagt mit Recht: Der Christus ist für die Gesamtmenschheit gestorben und auferstanden, das Mysterium von Golgatha ist ein gemeinsames Menschheitsereignis. – Es wird einem dies besonders in der heutigen Zeit bewußt, wo Völker gegen Völker aufgestanden sind und im wilden Kampf gegeneinander gewütet haben, wo jetzt doch wieder, nachdem die Ereignisse in eine Krisis eingetreten sind, nicht Besonnenheit, nicht das Bewußtsein der Menschengemeinsamkeit, sondern anstelle dessen vielfach ein wilder Siegestaumel herrscht! Verkenne man das nicht. All dasjenige, was wir erlebt haben in den letzten viereinhalb Jahren, was wir jetzt erleben, was wir noch erleben werden, zeigt dem Tieferblickenden, daß die Menschheit mit Bezug auf das Christus-Bewußtsein in eine Art von Krisis eingetreten ist. In eine Krisis ist die Menschheit eingetreten in bezug auf das Christus-Bewußtsein dadurch, daß der rechte Gemeinschaftssinn, der rechte Zusammenhang der Menschen untereinander abhanden gekommen ist. Und gar notwendig haben die Menschen, daß sie sich besinnen: Wie können wir in rechter Weise den Christus-Impuls wiederfinden?

Daß man ihn nicht immer wiederfindet, kann eine einfache Tatsache lehren. Bevor der Christus-Impuls durch das Mysterium von Golgatha in die Erdenentwicklung hereingewirkt hatte, betrachtete sich dasjenige Volk, aus dem gerade der Christus Jesus herausgeboren ist, als das auserwählte Volk, und es glaubte dieses auserwählte Volk, daß die Erde nur glücklich werden könne, wenn alles übrige abstirbt, und nur die Glieder dieses Volkes die ganze Erde erfüllen würden. Das war in gewissem Sinn ein fester Glaube, weil der Gott Jahve dieses Volk auserwählt hatte als sein Volk und weil der Gott Jahve als der Einheitsgott angesehen worden ist. Das war für die Zeit, bevor das Mysterium von Golgatha auf die Erde gekommen ist, aus dem Grunde eine berechtigte Anschauung des alten hebräischen Volkes, weil gerade aus diesem alten hebräischen Volke der Christus Jesus hervorgehen sollte. Aber mit der Erscheinung des Mysteriums von Golgatha auf Erden hätte dieses Bewußtsein aufhören sollen. Nachher war dieses Bewußtsein antiquiert, nachher hätte an die Stelle des Jehovabewußtseins das Christus-Bewußtsein treten müssen, welches ebensosehr vom Menschen spricht, wie das Jahvevolk von den Angehörigen nur eines Volkes gesprochen hat. Es ist das tragische Geschick des jüdischen Volkes, daß es nicht erkannt hat, daß die Sache so liegt. Aber heute erleben wir vielfach einen Rückfall. Heute erleben wir den Rückfall, daß die Völker langsam – wenn sie das auch anders ansehen, anders benennen –, alle eine Art Jahve, aber einen Spezial-Jahve, ihren Volksgott, anbeten wollen.

Gewiß man spricht nicht in religiösen Formeln wie früher, aber man spricht sozusagen in neuzeitlicher Denkweise. Denkweise oder Denkgewohnheit scheint mir ein gutes Wort zu sein. Die Leute haben sich jetzt ein anderes Wort angewöhnt. Man könnte auch die Konzession machen, um besser verstanden zu werden, diese Mode für eine Zeitlang mitzumachen, und statt der Worte Denkgewohnheit oder Denkweise, die in unserem Kreise von mir immer gebraucht worden sind, heute in der Öffentlichkeit «Mentalität» zu sagen. Aus der heutigen Mentalität heraus also macht sich geltend: Jedes Volk möchte gewissermaßen seinen besonderen Volksgott installieren, möchte nur im Sinne dieses Volkes da sein. – Das hat gerade dazu geführt, daß Volk gegen Volk so wütet. Wir erleben einen Rückfall in die Jahvereligion, nur daß die Jahvereligion spezialisiert in viele Jahvereligionen auseinanderfällt. Es ist wirklich heute alttestamentlicher Rückfall vorhanden, Atavismus, Rückfall in das Alte Testament! Die Menschheit will sich geradezu über die ganze Erde in einzelne Glieder spezialisieren, gegen den Christus Jesus, der für die ganze Menschheit gewest und gelebt hat. Die Menschheit will sich im Sinne der Volksgötter installieren, jahvemäßig installieren. Das war vor dem Mysterium von Golgatha gerechtfertigt, ist jetzt ein Rückfall. Das muß man nur richtig verstehen: Nationale Installierung ist heute ein Rückfall ins Alte Testament. Dieser Rückfall ins Alte Testament ist das, was schwere Prüfungen der modernen Menschheit auferlegen wird, und gegen das es nur das eine Heilmittel gibt: dem Christus auf geistigem Wege wiederum nahezukommen.

Dadurch entsteht für den, der sich geisteswissenschaftlich interessiert, ganz besonders die Frage: Wie finden wir in dieser unserer

Zeit aus unserem eigenen Herzen heraus, aus dem eigensten Impulse unserer Gegenwartsseelen heraus den Christus Jesus? Daß diese Frage sehr ernst ist – ich habe auch schon in diesem Zweige von anderen Gesichtspunkten aus öfter darüber gesprochen –, können Sie daraus entnehmen, daß gerade viele der offiziellen Träger des Christentums den Christus eigentlich doch verloren haben. Es gibt heute vielgenannte Pfarrer, Pastoren und so weiter, die sprechen von dem Christus. Sie sprechen davon, daß der Mensch durch eine gewisse innere Vertiefung, durch ein gewisses inneres Erleben einen Zusammenhang mit dem Christus gewinnen kann. Geht man näher dem nach, was diese Leute mit dem Christus meinen, da findet man, daß kein Unterschied besteht zwischen diesem Christus und dem Gott im allgemeinen, dem, was man den Vatergott nennt auch im Sinne des Evangeliums. Nicht wahr, ein berühmter Theologe zum Beispiel ist Harnack. Auch hier in der Schweiz eifern ihm viele nach. Harnack hat sogar ein Büchelchen «Das Wesen des Christentums» erscheinen lassen. Er spricht da viel von dem Christus. Aber was er über den Christus sagt, warum soll denn das überhaupt auf den Christus bezogen werden? Es ist gar kein Grund, das auf den Christus zu beziehen! Das kann ebensogut auf den Jahvegott bezogen werden. Daher ist das ganze Buch vom «Wesen des Christentums» innerlich eine Unwahrheit. Es wird zu einer Wahrheit erst, wenn man es hebräisiert, wenn man es übersetzt so, daß überall da, wo in den Sätzen «der Christus» steht, «Jahve» hingeschrieben wird. Damit spreche ich eine Wahrheit aus, von der die Leute in der Gegenwart kaum eine Ahnung haben, daß sie eine Wahrheit ist. Von unzähligen Kanzeln der Welt wird über den Christus gesprochen, und die Menschen glauben, daß mit Recht da über den Christus gesprochen wird, weil eben das Wort Christus dann gehört wird. Die Menschen überlegen sich nicht: Streiche ich von dem, was der Pastor sagt, das Wort «Christus» aus und setze «Jahve» dafür, dann erst paßt es! – Sehen Sie, mit den tiefsten Schäden unserer Zeit hängt eine gewisse Unwahrheit zusammen. Glauben Sie nicht, daß in dem Augenblicke, wo ich das ausspreche, ich irgend jemanden treffen will, so daß ich ihn beschuldige oder ihn kritisiere. Das ist gar nicht der Fall. Ich will nur eine Tatsache aussprechen. Denn diejenigen Menschen, die oftmals in der tiefsten inneren Unwahrheit, man kann schon sagen, inneren Lüge sind, die wissen das nicht, sind durchaus in ihrer Art guten Wollens. Die Menschheit hat es heute schwer, zur Wahrheit zu kommen, weil sich gerade dasjenige, was ich hier als eine innere Unwahrheit bezeichnet habe, traditionell ungemein stark festgelegt hat. Und von dieser inneren Unwahrheit, die namentlich mit Bezug auf solche Dinge in unermeßlich großem Kreis herrscht, strahlt jene andere Unwahrheit aus, die heute die verschiedensten Zweige des Lebens ergriffen hat, so daß man auf mancherlei Zweigen des Lebens die Frage schon einmal aufstellen kann: Was ist denn eigentlich noch wahr geblieben? Wo ist denn noch wirkliche Wahrheit? – Deshalb rückt, ganz besonders an den geisteswissenschaftlich Strebenden, ernst die Frage heran: Wie finde ich den wahren Weg, der zu Christus führt, zu diesem besonderen göttlichen Wesen, das mit Recht als der Christus bezeichnet wird? – Wenn wir bloß geboren werden und von der Geburt bis zum Tode hier auf Erden mit einem Seelenleben leben, das sich nun einmal nach der gebräuchlichen Anlage und Entwicklung der Anlagen zwischen Geburt und Tod ergibt, dann haben wir nämlich gar keine Veranlassung, zu dem Christus zu kommen. Dann mag in uns noch so viel Geistiges vorgehen, wir haben keine Veranlassung zu dem Christus zu kommen. Wenn wir uns gewissermaßen, ohne daß wir etwas Gewisses tun, was ich gleich bezeichnen werde, einfach zwischen Geburt und Tod entwickeln, wie das die meisten Menschen heute tun, dann bleiben wir dem Christus fern. – Wie aber kommen wir zu dem Christus? Die Initiative, wenn auch die manchmal aus dem Unterbewußten oder aus dem dunklen Gefühl heraus kommende Initiative, den Weg zum Christus einzuschlagen, muß aus uns selbst kommen. Zu dem Gott, der auch identisch ist mit dem Gott Jahve, kann man kommen, wenn man einfach gesund lebt. Den Jahve nicht zu finden, ist bloß eine Art von Krankheit des Menschen. Gottesleugner, Atheist sein, bedeutet in einer gewissen Weise krank zu sein. Ist man überhaupt vollständig gesund normal entwickelt, so ist man nicht Gottesleugner, weil es lächerlich ist, zu glauben, daß dasjenige, was wir als unseren gesunden Organismus an uns tragen, nicht göttlichen Ursprungs sein könnte. Das Ex deo nascimur ist etwas, was im sozialen Leben dem gesund entwickelten Menschen sich von selbst ergibt. Denn erkennt er das nicht an: Aus dem Göttlichen bin ich geboren – so muß er irgendwie einen Defekt haben, der sich eben in der Weise ausdrückt, daß er Atheist wird. Aber da kommen wir zu dem Göttlichen im allgemeinen, das aus einer inneren Lüge heraus moderne Pastoren Christus nennen, das aber nicht der Christus ist. Zu dem Christus kommen wir nur – und ich spreche hier mit Bezug auf unsere unmittelbare Gegenwart –, wenn wir noch weitergehen, als das gewöhnlich naturgemäß Gesunde anzuerkennen. Denn wir wissen, daß das Mysterium von Golgatha deshalb auf die Erde gekommen ist, weil fernerhin der Mensch nicht das Menschenwürdige ohne dieses Mysterium von Golgatha, das heißt, ohne den Christus-Impuls hätte finden können. Und so müssen wir gewissermaßen unseren Menschen zwischen Geburt und Tod nicht nur finden, sondern wir müssen ihn wiederfinden, wenn wir Christen sein wollen im rechten Sinne, wenn wir dem Christus nahekommen wollen. Wir müssen ihn in der folgenden Weise wiederfinden, diesen unseren Menschen. Wir müssen die innere Ehrlichkeit suchen, müssen uns aufraffen zu der inneren Ehrlichkeit, uns zu sagen: Wir werden mit Bezug auf unsere Gedankenwelt nach dem Mysterium von Golgatha nicht vorurteilslos geboren, wir werden alle mit gewissen Vorurteilen geboren.

In dem Augenblicke, wenn man in Rousseauscher oder in anderer Weise den Menschen von vornherein für vollkommen hält, kann man überhaupt nicht den Christus finden, sondern nur wenn man weiß, daß der Mensch in gewisser Weise als ein nach dem Mysterium von Golgatha Lebender einen Defekt hat, den er durch seine eigene Tätigkeit im Leben hier ausgleichen muß. Ich bin als ein vorurteilsvoller Mensch geboren und muß mir die Gedankenvorurteilslosigkeit im Leben erst erwerben. Und wodurch kann ich sie hier erwerben? Einzig und allein dadurch, daß ich nicht nur Interesse entwickele für dasjenige, was ich selber denke, was ich selber für richtig halte, sondern daß ich selbstloses Interesse entwickele für alles, was Menschen meinen und was an mich herantritt, und wenn ich es noch so sehr für Irrtum halte. Je mehr der Mensch auf seine eigenen eigensinnigen Meinungen pocht und sich nur für diese interessiert, desto mehr entfernt er sich in diesem Augenblicke der Weltentwicklung von dem Christus. Je mehr der Mensch soziales Interesse entwickelt für des anderen Menschen Meinungen, auch wenn er sie für Irrtümer hält, je mehr der Mensch seine eigenen Gedanken beleuchtet durch die Meinungen der anderen, je mehr er hinstellt neben seine eigenen Gedanken, die er vielleicht für Wahrheit hält, jene, welche andere entwickeln, die er für Irrtümer hält, aber sich dennoch dafür interessiert, desto mehr erfühlt er im Innersten seiner Seele ein Christus-Wort, das heute im Sinne der neuen Christus-Sprache gedeutet werden muß. Der Christus hat gesagt: «Was ihr einem der geringsten meiner Brüder tut, das habt ihr mir getan.» Der Christus hört nicht auf, immer wieder und wieder sich den Menschen zu offenbaren, bis ans Ende der Erdentage. Und so spricht er heute zu denjenigen, die ihn hören wollen: Was einer der geringsten eurer Brüder denkt, das habt ihr so anzusehen, daß ich in ihm denke, und daß ich mit euch fühle, indem ihr des anderen Gedanken an euren Gedanken abmesset, soziales Interesse habt für dasjenige, was in der anderen Seele vorgeht. Was ihr findet als Meinung, als Lebensanschauung in einem der geringsten eurer Brüder, darin suchet ihr mich selber. – So spricht in unser Gedankenleben hinein der Christus, der sich gerade auf eine neue Weise – wir nähern uns der Zeit – den Menschen des 20. Jahrhunderts offenbaren will. Nicht dadurch, daß man in Harnackscher Weise spricht von dem Gotte, der auch der Jahvegott sein kann und es in Wirklichkeit ist, sondern dadurch, daß man weiß, Christus ist der Gott für alle Menschen. Wir finden ihn aber nicht, wenn wir egoistisch in uns bleiben mit unseren Gedanken, sondern nur, wenn wir unsere Gedanken messen mit den Gedanken der anderen Menschen, wenn wir unser Interesse erweitern in innerer Toleranz für alles Menschliche, wenn wir uns sagen: Durch die Geburt bin ich ein vorurteilsvoller Mensch, durch meine Wiedergeburt aus den Gedanken aller Menschen heraus in einem umfassenden sozialen Gedankengefühl werde ich denjenigen Impuls in mir finden, der der Christus-Impuls ist. Wenn ich mich nicht, als den Quell alles dessen, was ich denke, nur selbst betrachte, sondern wenn ich mich als ein Glied der Menschheit bis in das Innerste meiner Seele hinein betrachte, dann ist ein Weg zu dem Christus gefunden. – Das ist der Weg, der heute als der Gedankenweg zu dem Christus bezeichnet werden muß. Ernste Selbsterziehung dadurch, daß wir uns einen Sinn für das Rechnen auf die Gedanken der anderen aneignen, daß wir dasjenige korrigieren, was wir als unsere eigene Richtung von selbst in uns tragen, an Unterhaltungen mit den anderen, es muß das eine ernste Lebensaufgabe werden. Denn würde unter den Menschen diese Lebensaufgabe nicht Platz greifen, so würden die Menschen den Weg zu dem Christus verlieren. Das ist der Weg der Gedanken heute.

Und der andere Weg geht durch das Wollen. Auch da haben die Menschen sich sehr auf den Abweg begeben, der nicht zu dem Christus hinführt, der von dem Christus wegführt. Und wiederfinden müssen wir auf diesem anderen Gebiete den Weg zu dem Christus. Die Jugend hat von selbst noch etwas Idealismus, aber die heutige Menschheit ist trocken und nüchtern. Und die heutige Menschheit ist hochmütig auf dasjenige, was man oftmals Praxis nennt, was aber nur ein gewisser enger Sinn ist. Die heutige Menschheit hält nichts von Idealen, die aus dem Quell des Geistigen herausgeholt sind. Die Jugend hat sie noch, diese Ideale. In keiner Zeit war das Leben der Alten so sehr verschieden von dem Leben der Jugend, wie das heute ist. Nichtverstehen des Menschen ist überhaupt dasjenige, was unserer heutigen Zeit eignet.

Ich habe gestern hingewiesen auf die tiefe Kluft, welche zwischen Proletariat und Bürgertum herrscht. Auch das Alter und die Jugend – wie schlecht verstehen sie sich heute! Das ist dasjenige, was wir auch sehr, sehr berücksichtigen sollen. Versuchen wir, die Jugend mit Bezug auf ihren Idealismus zu verstehen. Sehr schön, aber man will ihn heute der Jugend austreiben. Man will ihn dadurch heute austreiben, daß man der Jugend eine gewisse Phantasieerziehung, Phantasiebildung durch das Märchen, durch die Legende, durch alles dasjenige, was von dem trockenen äußeren Sinnlichen hinwegführt, entzieht. Dennoch wird es sogar schwierig sein, der Jugend dasjenige auszutreiben, was jugendlicher, natürlicher, elementarer Idealismus ist. Aber was ist das? Schön ist es, groß ist es, aber es darf nicht das Alleinige im Menschen sein. Denn dieser jugendliche Idealismus ist doch nur der Idealismus des Ex deo nascimur, des Göttlichen, das auch mit dem Jahvegöttlichen identisch ist, das aber nicht allein bleiben darf, nachdem das Mysterium von Golgatha über die Erde hingegangen ist. Es muß daneben noch etwas anderes geben, es muß eine Erziehung, eine Selbsterziehung zum Idealismus geben. Neben dem angeborenen Idealismus der Jugend muß darauf gesehen werden, daß in der menschlichen Gemeinschaft etwas erworben wird, was eben erworbener Idealismus ist, was nicht bloß Idealismus aus Blut und Jugendfeuer heraus ist, sondern was anerzogen ist, was man sich selbst erst aus irgendeiner Initiative erwirbt. Anerzogener, namentlich selbstanerzogener Idealismus, der auch dann nicht verlorengehen kann mit der Jugend, das ist etwas, was den Weg zu dem Christus eröffnet, weil es wieder etwas ist, was im Leben zwischen Geburt und Tod eben erworben wird. Fühlen Sie den großen Unterschied zwischen Blutidealismus und dem anerzogenen, dem erworbenen Idealismus. Fühlen Sie den großen Unterschied zwischen Jugendfeuer und demjenigen Feuer, das aus dem Ergreifen des Geisteslebens kommt und immer von neuem und neuem entfacht werden kann, weil wir es in unserer Seele, unabhängig von unserer leiblichen Entwicklung, uns angeeignet haben, dann haben Sie ergriffen den zweiten Idealismus, welcher der erworbene Idealismus ist, der Idealismus der Wiedergeburt, nicht der des Angeborenseins. Das ist der Willensweg zu dem Christus. Der andere ist der Gedankenweg. Fragen Sie heute nicht nach abstrakten Wegen zu dem Christus, fragen Sie nach diesen konkreten Wegen. Fragen Sie, wie der Gedankenweg ist, der darin besteht, daß wir innerlich tolerant werden für Meinungen der Gesamtmenschheit, daß wir soziales Interesse für die Gedanken der anderen Menschen gewinnen. Fragen Sie, wie der Willensweg ist, so werden Sie nicht irgend etwas Abstraktes finden, sondern die Notwendigkeit, einen Idealismus sich anzuerziehen. Dann aber, wenn Sie sich diesen Idealismus anerziehen, oder wenn Sie ihn der Jugend, der aufwachsenden Jugend anerziehen, was insbesondere notwendig ist, dann finden Sie in dem, was da als Idealismus heranerzogen wird, daß in dem Menschen der Sinn erwacht, nicht nur dasjenige zu tun, wozu die äußere Welt stößt. Sondern aus diesem Idealismus heraus quellen die Impulse, mehr zu tun, als wozu die Sinneswelt stößt, quillt der Sinn auf, aus dem Geiste heraus zu handeln. In dem, was wir aus anerzogenem Idealismus tun, verwirklichen wir dasjenige, was der Christus wollte, der nicht deshalb aus außerirdischen Welten auf die Erde herabgekommen ist, um bloß irdische Ziele hier zu verwirklichen, sondern aus der außerirdischen in die irdische Welt herabgekommen ist, um Überirdisches zu verwirklichen. Wir wachsen aber nur mit ihm zusammen, wenn wir uns Idealismus anerziehen, so daß Christus, der überirdisch im Irdischen ist, in uns wirken kann. Nur im anerzogenen Idealismus verwirklicht sich das, was das Paulinische Wort über den Christus sagen will: «Nicht ich, sondern der Christus in mir.» Wer nicht versuchen will, den in innerer moralischer Wiedergeburt anerzogenen Idealismus zu entwickeln, der kann nichts anderes sagen als: Nicht ich, sondern der Jahve in mir. – Wer aber denjenigen Idealismus eben erwirbt, der anerzogen werden muß, der erworben werden muß, der kann sagen: «Nicht ich, sondern der Christus in mir.» Das sind die zwei Wege, durch die wir den Christus wirklich finden. Wandeln wir sie, dann werden wir nicht mehr so sprechen, daß unser Sprechen eine innere Lüge ist. Dann werden wir von dem Christus sprechen als dem Gotte unserer inneren Wiedergeburt, während der Jahve der Gott unserer Geburt ist.

Dieser Unterschied muß gefunden werden von dem neueren Menschen, denn dieser Unterschied allein ist zugleich das, was uns zu wahren sozialen Gefühlen, zu wahren sozialen Interessen bringt. Wer anerzogenen Idealismus in sich entwickelt, der hat auch Liebe für die Menschen. Predigen Sie, wieviel Sie wollen von den Kanzeln, die Menschen sollen sich lieben. Sie reden wie zum Ofen. Wenn Sie ihm gut zureden, er wird doch nicht das Zimmer heizen, er wird das Zimmer heizen, wenn Sie Kohle hinein tun. Sie brauchen ihm dann gar nicht zuzureden, daß es seine Ofenpflicht ist, das Zimmer zu wärmen. So können Sie der Menschheit immer predigen: Liebe und Liebe und Liebe. Das ist eine bloße Rederei, das ist ein bloßes Wort. Arbeiten Sie dahin, daß die Menschen in bezug auf den Idealismus eine Wiedergeburt erleben, daß sie neben dem Blutidealismus einen seelisch anerzogenen Idealismus haben, der durchhält durch das Leben, dann heizen Sie auch in der Seele des Menschen Menschenliebe. Denn so viel Sie an Idealismus sich selber anerziehen, so viel führt Sie Ihre Seele von Ihrem Egoismus hinaus zu einem selbständigen Gefühlsinteresse für die anderen Menschen. Eines werden Sie allerdings erleben, wenn Sie diesen zweifachen Weg gehen, den Gedankenweg und den Willensweg, den ich mit Bezug auf die Erneuerung des Christentums Ihnen angedeutet habe. Aus den innerlich toleranten und sich für andere Gedanken interessierenden eigenen Gedanken heraus und aus dem wiedergeborenen Willen, in anerzogenem Idealismus wiedergeborenen Willen, da entwickelt sich etwas, das nicht anders bezeichnet werden kann als ein für alle Dinge, die man tut und denkt, erhöhtes Verantwortlichkeitsgefühl. Der Mensch, der Neigung hat, hinzusehen auf die Entwicklung seiner Seele, wird, wenn er die beiden Wege geht, in sich fühlen – anders als im gewöhnlichen Leben, das nicht diese Wege geht – das erhöhte, verfeinert sich äußernde innere Verantwortlichkeitsgefühl gegenüber den Dingen, die man denkt, die man tut. Stößt so das Verantwortlichkeitsgefühl auf, daß man sich sagt: Kann ich denn das auch rechtfertigen, nicht bloß für den nächsten Kreis meines Lebens und der unmittelbaren Umgebung, kann ich es denn rechtfertigen, indem ich mich weiß angehörig einer übersinnlich-geistigen Welt? Kann ich es denn rechtfertigen, indem ich weiß, daß alles das, was ich hier auf Erden tue, eingeschrieben wird in eine Akasha-Chronik ewiger Bedeutung, wo es weiter wirkt? – Oh, das fühlt man stark, diese übersinnliche Verantwortlichkeit gegenüber allem! Das ist etwas, das wie ein Mahner an einen herantritt, wenn man den zweifachen Christus-Weg sucht, wie ein Wesen, das hinter einem steht, einem über die Schulter blickt, einem immer sagt: Du bist nicht nur vor der Welt, du bist vor dem Göttlich-Geistigen verantwortlich für das, was du denkst und tust.

Aber dieses Wesen, das uns so über die Schulter blickt, unser Verantwortlichkeitsgefühl erhöht, verfeinert, auf ganz andere Wege bringt, als es vorher war, ist doch dasjenige, welches uns erst recht nahe hinführt zu dem Christus, der durch das Mysterium von Golgatha gegangen ist. Von diesem Christus-Wege, wie er gefunden wird und wie er sich in dem zuletzt charakterisierten Wesen zeigt, wollte ich Ihnen heute sprechen. Denn dieser Christus-Weg hängt innig zusammen gerade mit den tiefsten sozialen Impulsen und Aufgaben unserer Zeit.

Das wollte ich Ihnen bei diesem unserem Zusammensein nahebringen.

VIERTER VORTRAG

Zürich, 9. März 1919

Es ist wirklich recht bedeutungsvoll, in welcher Weise heute einige derjenigen Menschen über die gegenwärtige Menschenlage zu sprechen sich gedrängt fühlen, die mit ihren Gefühlen und Empfindungen wenigstens versuchen zu durchschauen, wie gegenwärtig die sozialen Dinge in der Welt stehen. Mit Bezug auf dieses Bedeutungsvolle möchte ich heute ausgehen von einigen Sätzen in der Rede, die kurz vor seinem Tode Kurt Eisner in einer Versammlung von Basler Studenten gehalten hat. Vielleicht kennen einige von Ihnen diese Sätze schon, aber sie sind außerordentlich bedeutungsvoll, wenn man gewisse Dinge heute symptomatisch ins Auge fassen will. «Höre ich nicht», sagt er, auf früher Ausgesprochenes anspielend, «oder sehe ich doch klar, daß tief in unserem Leben jene Sehnsucht lebt und nach Leben drängt, die erkennt, daß unser Leben, wie wir›s heute leben müssen, doch nur die deutliche Erfindung irgendeines bösen Geistes ist. Stellen Sie sich einen großen Denker vor, der nichts von unserer Zeit wüßte und der ungefähr vor zweitausend Jahren gelebt und geträumt hätte, wie etwa in zweitausend Jahren die Welt aussehen würde, er hätte nicht mit blühendster Phantasie wohl eine Welt sich ausdenken können wie die, in der wir zu leben verurteilt sind. Das Bestehende ist doch in Wahrheit die einzige Utopie in der Welt, und das, was wir wollen, was als Sehnsucht in unserem Geiste lebt, ist die tiefste und letzte Wirklichkeit, und alles andere ist schauderbar. Wir verwechseln nur Traum und Wachen. Diesen alten Traum unseres heutigen sozialen Daseins abzuschütteln, ist unsere Aufgabe. Ein Blick in den Krieg: Läßt sich eine menschliche Vernunft denken, die dergleichen ersinnen könnte? Wenn dieser Krieg nicht das gewesen ist, was man *wirklich* nennt, so haben wir vielleicht geträumt, und wir wachen nun.» Also denken Sie, dieser Mann hatte nötig, um den Versuch zu machen, die Gegenwart zu verstehen, zu dem Begriff des Traumes seine Zuflucht zu nehmen, sich die Frage vorzulegen: Kann man denn dasjenige, was uns jetzt wirklich umgibt, nicht viel mehr einen bösen Traum nennen als eine wahre Wirklichkeit?

Es tritt der merkwürdige Fall ein – bedenken Sie nur das ganz Charakteristische dieses Falles –, daß ein ganz moderner Mensch, ein Mensch, der sich selbst als Herold einer neuen Zeit fühlt, nicht im allgemeinen die äußere, sinnliche Wirklichkeit als eine Maja, als einen Traum, ansieht – wie etwa die indische Weltanschauung das tut –, sondern daß ein solcher moderner Geist sich gezwungen fühlt, durch die besonderen Ereignisse der Gegenwart, die Frage, in welchem Sinne es auch sein mag, aber immerhin die Frage aufzuwerfen, ob nicht diese Wirklichkeit eigentlich geträumt sei! Man muß doch aus dem ganzen Zusammenhang der Rede Eisners entnehmen, daß er mehr als eine bloße Phrase sagen wollte, als er den Satz aussprach, daß diese gegenwärtige Wirklichkeit nichts anderes sein kann als etwas, was über die Menschheit gebracht worden ist durch einen bösen Geist.

Nun, nehmen wir mancherlei von dem, was im Verlauf unserer anthroposophischen Bemühungen durch unsere Seele gezogen ist, nehmen wir vor allen Dingen die Tatsache, daß wir im allgemeinen den Versuch machen, die äußere, sinnliche Wirklichkeit nicht als die ganze Wirklichkeit anzusehen, und dieser äußeren sinnlichen Wirklichkeit gegenüberzustellen die übersinnliche, die erst diese sinnliche Wirklichkeit zur wahren, zur vollkommenen Wirklichkeit abschließt. Aber bedenken wir gegenüber dieser Anschauung, die eigentlich nur ein kleines Fünklein in den Gedankenströmungen des gegenwärtigen Zeitalters ist, während materialistisches Denken dieses gegenwärtige Zeitalter in weitem Umfange ausfüllt, daß auf der anderen Seite gerade solch ein Mann wie Kurt Eisner – der von seinem Standpunkte aus ganz gewiß nichts hält, wenigstens in seinem physischen Leben nichts von diesem kleinen Fünklein gehalten hat –, wie gebändigt durch die Tatsachen der Gegenwart zu keinem anderen Vergleich greifen kann als zu dem, die äußere Wirklichkeit, wie sie wenigstens gegenwärtig vorliegt, sei ein Traum. Also wenigstens der gegenwärtigen Wirklichkeit gegenüber muß solch ein Mann ein Geständnis ablegen, das sich nur ausdrücken läßt durch einen Vergleich mit der allgemeinen Wahrheit von dem Majacharakter, von dem Charakter der Unwirklichkeit der bloß äußeren, sinnlichen Wirklichkeit.

Wollen wir einmal manches von dem, was durch unsere Betrachtungen auch der sozialen Frage in den letzten Wochen durch unsere Seele gezogen ist, nun auch etwas tiefer betrachten. Wollen wir doch unser Augenmerk darauf richten, wie die Entwicklung der letzten Jahrhunderte sich so gestaltet hat, daß die Menschen immer mehr und mehr zum Ableugnen der eigentlichen geistigen oder übersinnlichen Welt gekommen sind, daß sie in weitestem Umfange sich, man möchte sagen, gewissermaßen einsetzen für dieses Ableugnen der übersinnlichen Welt. Gewiß, es wird von gewissen Seiten aus – das werden Sie einwenden können – noch viel über die übersinnliche Welt gesprochen. Die Kirchen sind noch immer reichlich, wenn vielleicht auch nicht gefüllt, so doch wenigstens von Worten, die vom Geiste künden sollen, durchhallt. Schließlich konnte man heute und auch gestern abend fast die ganze Zeit über auch hier die Glocken läuten hören, die auch ein Ausdruck sein sollen für dasjenige, was sich als Geistesleben in der Welt geltend macht. Aber daneben erleben wir doch auch etwas anderes. Wir erleben, daß, wenn heute in der unmittelbaren Gegenwart der Versuch gemacht wird, auf den Christus hinzuhören, was Er für die Gegenwart sagt, dann sich gerade die Bekenner der alten Religionsgemeinschaften am allerheftigsten gegen ein solches Wort des Geistes wenden. Wirkliches Geistesleben, nicht bloß ein solches, das auf den Glauben einer alten Tradition geht, sondern das auf die unmittelbare Geistesproduktion der Gegenwart geht, wollen doch heute recht, recht wenige Menschen.

Ist es demgegenüber nicht eigentlich doch so, als wenn vielleicht nicht von einem bösen Weltengeiste, aber von einem guten Weltengeiste aus diese moderne Menschheit gezwungen werden sollte, an die Geistigkeit des Daseins dadurch wiederum zu denken, daß einmal über diese moderne Menschheit eine solche äußere sinnliche Wirklichkeit verhängt worden ist, von der ein so moderner Geist sagen muß, sie nähme sich aus wie ein Traum, und selbst ein großer Denker vor zweitausend Jahren hätte nicht auszudenken vermocht dasjenige, was heute eine scheinbare äußere Wirklichkeit geworden ist?

Jedenfalls zwingt ein solches Bekenntnis eines modernen Geistes dazu, noch andere Vorstellungen über die Wirklichkeit sich zu bilden, als heute gangbar sind. Ich weiß, daß eine große Anzahl unserer anthroposophischen Freunde gerade diese Vorstellungen von der wahren Wirklichkeit, auf die ich heute als wichtige hingewiesen habe, etwas schwer gefunden hat. Aber man kommt heute nicht aus mit dem Leben, wenn man nicht den guten Willen hat, sich zu solchen schweren Vorstellungen zu wenden. Wie denken denn auf einem gewissen Gebiete heute die Leute? Sie bekommen einen Kristall in die Hand: das ist ein wirklicher Gegenstand. Sie bekommen eine Rose in die Hand, die vom Rosenstock abgepflückt ist, und sie sagen auch, das ist ein wirklicher Gegenstand. Beides nennen sie in gleichem Sinne einen wirklichen Gegenstand. Aber sind beide Gegenstände in gleichem Sinne wirklich? Die Naturforscher auf allen Lehrkanzeln und in allen Laboratorien und Kliniken reden so über die Wirklichkeit, indem sie nur dasjenige wirklich nennen, was in gleichem Sinne wirklich ist wie der Kristall und wie die Rose, die vom Rosenstock abgepflückt ist. Aber ist denn nicht ein beträchtlicher, gewaltiger Unterschied dadurch da, daß der Kristall durch lange Zeiten hin die Formen durch sich selbst beibehält, die er hat? Die Rose wird nach verhältnismäßig kurzer Zeit, wenn sie vom Rosenstock abgepflückt ist, ihre Form verlieren, sie stirbt ab. Sie hat nicht in sich denselben Grad von Wirklichkeit, den der Kristall in sich hat. Und selbst der Rosenstock, wenn wir ihn aus der Erde herausreißen, hat nicht mehr denselben Grad von Wirklichkeit, den er hat, wenn er in der Erde drinnen ist. Das leitet uns an, die Dinge in der Welt doch anders zu betrachten, als es die heutige äußerliche Betrachtungsweise tut. Wir dürfen nicht von Wirklichkeit sprechen, wenn wir von einer Rose oder von einem Rosenstock sprechen. Wir dürfen höchstens von Wirklichkeit sprechen, indem wir die ganze Erde ins Auge fassen; und den Rosenstock wie auch jede Pflanze darauf wie ein aus dieser Wirklichkeit herauswachsendes Haar.

Sie sehen daraus, es kann in der äußeren, sinnlichen Wirklichkeit Dinge geben, die nicht im wahren Sinne des Wortes, wenn sie von ihrer Grundlage entfernt sind, noch wirklich sind. Das heißt, wir müssen in der scheinbaren äußeren Wirklichkeit, in dieser großen Täuschung erst nach den wahren Wirklichkeiten suchen. Die Menschheit, sie macht heute schon bei der Naturbetrachtung solche Fehler in bezug auf die Wirklichkeit. Aber wer solche Fehler in bezug auf die Wirklichkeit macht und sich im Laufe von langen Jahrhunderten daran gewöhnt hat, sie zu machen, wie die heutige Menschheit, der wird außerordentlich schwer zu einem wirklichkeitsgemäßen sozialen Denken kommen. Denn sehen Sie, das ist der große Unterschied des menschlichen Lebens von der Natur, daß die Natur dasjenige absterben läßt, was nicht mehr seine volle Wirklichkeit hat: die vom Rosenstock abgepflückte Rose. Einen äußeren Schein von Wirklichkeit kann auch etwas haben, was keine Wirklichkeit ist, was für sich eine Lüge ist. So etwas, was für sich keine Wirklichkeit hat, können wir aber im sozialen Leben wie eine Wirklichkeit realisieren. Dann braucht es nicht gleich abzusterben, aber es wird allmählich zum Schmerz und zur Qual der Menschheit, während nur dasjenige zum Heile der Menschheit ausschlagen kann, was aus einer ganzen Wirklichkeit heraus empfunden, gedacht und dem menschlichen sozialen Organismus eingepflanzt ist. Es ist nicht bloß eine Sünde wider die soziale Ordnung, sondern es ist eine Sünde wider die Wahrheit selbst, wenn zum Beispiel unsere heutige Lebensauffassung noch davon ausgeht, daß menschliche Arbeitskraft – ich habe das jetzt öfter hier gesagt – eine Ware sein kann. Man kann sie in der äußeren scheinbaren Wirklichkeit dazu machen, aber eine solche äußere scheinbare Wirklichkeit wird dann zum Schmerz, zum Leid der menschlichen sozialen Ordnung und gibt den Anlaß zu den Erschütterungen, zu den Revolutionen des gesellschaftlichen Organismus.

Kurz, dasjenige, was die Menschheit gegenwärtig nötig hat in ihre Denkgewohnheiten aufzunehmen, ist, daß nicht alles, was in der äußeren scheinbaren Wirklichkeit sich offenbart, so wie es sich innerhalb gewisser Grenzen offenbart, auch eine wahre Wirklichkeit zu sein braucht, sondern eine Lebenslüge sein kann. Und dieser Unterschied der Lebenswahrheit und der Lebenslüge ist es, der sich ganz tief in das Gemüt des heutigen Menschen eingraben sollte. Denn in je mehr Menschen sich dieser Unterschied ganz tief eingräbt, in je mehr Menschen das Gefühl erwacht, man muß nach dem suchen, was keine Lebenslüge, sondern was eine Lebenswahrheit ist, um so eher werden wir zu einer Gesundung des sozialen Organismus kommen können. Was muß aber dazu eintreten?

Ohne weiteres werden Sie ja nicht zu der Erkenntnis von der wahren oder nur scheinbaren Wirklichkeit eines äußeren Gegenstandes kommen können. Denken Sie sich, es würde ein Wesen von einem Planeten kommen, auf dem die Verhältnisse nicht so lägen wie auf unserer Erde, so daß das Wesen niemals den Unterschied bemerkt hätte zwischen einer Rose, die auf einem Rosenstock wächst, und einem Kristall, so könnte ein solches Wesen, wenn man ihm nebeneinandergelegt nun einen Kristall und eine Rose darböte, glauben, die beiden wären von gleicher Wirklichkeit. Und es könnte dann nur überrascht sein, daß die Rose so schnell verwelkt, während der Kristall bestehen bleibt. Der Mensch auf der Erde weiß sich nur gegenüber dieser Wirklichkeit zurechtzufinden, weil er eben die Dinge durch längere Zeiten verfolgt hat. Aber nicht alles kann man so verfolgen, daß man schon in der äußeren Wirklichkeit sieht, was wahre Wirklichkeit ist oder nicht, wie bei der Rose, sondern es liegen uns im Leben Dinge vor, welche notwendig machen, daß wir uns erst eine Grundlage schaffen, um die wahre Wirklichkeit überhaupt ins Auge fassen zu können. Welches kann eine solche Grundlage sein, namentlich für das soziale Zusammenleben der Menschen?

Nun, ich habe Ihnen einzelnes über diese Grundlage im letzten und im vorletzten Zweigvortrage hier auseinandergesetzt. Heute will ich noch einiges hinzufügen. Sie kennen aus meinen Schriften die Schilderungen, die ich über die geistige Welt gegeben habe, über jene Welt, die der Mensch durchlebt zwischen dem Tode und einer neuen Geburt. Sie wissen, wenn man auf dieses Leben in der übersinnlichen, in der geistigen Welt hinweist, hat man nötig, die Beziehungen festzustellen, die da herrschen von Seele zu Seele. Da ist der

Mensch leibfrei, da ist der Mensch nicht den physischen Gesetzen dieser unserer Welt unterworfen, die wir zwischen der Geburt und dem Tode durchleben. Da redet man daher von dem, was als Kraft oder als Kräfte spielt von Seele zu Seele. Lesen Sie nach in meiner «Theosophie», wie da in bezug auf das Leben zwischen Tod und neuer Geburt gesprochen werden muß von den Sympathie- und Antipathiekräften, die von Seele zu Seele in der Seelenwelt spielen. Da spielen die Kräfte ganz innerlich von Seele zu Seele. Antipathie bringt eine Seele der anderen entgegen, durch Sympathien wird sie gemildert. Es entstehen Harmonien und Disharmonien zwischen Innerlichstem, was die Seelen erleben. Und dieses Erleben des Innerlichsten einer Seele im Verhältnis zu dem Erleben des Innerlichsten einer anderen Seele ist dasjenige, was das wahre Verhältnis der übersinnlichen Welt ausmacht. Und nur ein Abglanz von diesem Übersinnlichen ist dasjenige, was, gewissermaßen wie die Reste davon, durch das physische Leben hindurch hier in der physischen Welt eine Seele mit der anderen erleben kann.

Aber dieser Abglanz wiederum muß im rechten Lichte beurteilt werden. Man kann die Frage aufwerfen: Wie stellt sich, sozial betrachtet, dasjenige, was wir hier durchleben zwischen Geburt und Tod, zu dem übersinnlichen Leben? – Da werden wir jetzt, wo wir die notwendige Dreigliederung des sozialen Organismus schon öfter ins Auge gefaßt haben, zunächst auf das mittlere Glied gelenkt, das öfter beschrieben worden ist, auf den eigentlichen politischen Staat. Die Menschen, die in unserer Gegenwart über den politischen Staat nachgedacht haben, haben immer versucht zu erkennen, was eigentlich der politische Staat ist. Aber sehen Sie, die Menschen der Gegenwart mit ihren materialistischen Vorstellungen haben wirklich keine rechte Unterlage, so etwas zu betrachten. Außerdem ist nach den Interessen der verschiedenen Menschenklassen in der neueren Zeit alles mögliche zusammengeschmolzen worden mit dem modernen Staate, so daß man gar nicht ohne weiteres voraussetzen kann, dieser Staat sei eine Wirklichkeit und nicht eine Lebenslüge. Es ist ein weiter Abstand von der Anschauung des deutschen Philosophen Hegel zu der anderen Anschauung, die Fritz Mauthner, der philosophische

Wörterbuchschreiber, in der neueren Zeit dargetan hat. Hegel sieht den Staat mehr oder weniger wie den verwirklichten Gott auf der Erde an. Fritz Mauthner sagt, der Staat sei ein notwendiges Übel. Also er sieht ihn als ein Übel an, allerdings als ein solches, das man nicht entbehren kann, das notwendig ist zum menschlichen Zusammenleben. Das sind so entgegengesetzte Empfindungen zweier neuerer Geister.

Die mannigfaltigsten Menschen haben sich, da jetzt vieles, was früher instinktiv sich gestaltet hat, in das menschliche Bewußtsein hereingestellt wird, Vorstellungen darüber zu bilden versucht, wie der Staat beschaffen sein soll, wie der Staat werden soll. Wiederum sind die mannigfaltigsten Abstufungen in diesen Menschenvorstellungen zutagegetreten. Da haben wir auf der einen Seite die lammfrommen Schilderer des Staates, die nicht recht eindringen wollen in das, was er eigentlich ist, aber ihn doch so gestalten wollen, daß die Menschen, welche viel darüber zu klagen haben, möglichst nicht viel darüber zu reden haben. Und da sind die anderen, die den Staat radikal umändern wollen, damit sich aus ihm heraus ein die Menschen befriedigendes Dasein entwickeln könne. Es fragt sich: Wie kann man aber überhaupt eine Anschauung gewinnen über dasjenige, was der Staat eigentlich ist?

Wenn man unbefangen ins Auge faßt, was sich nun spinnen kann von Mensch zu Mensch im Staatsverhältnis, und dies mit dem vergleicht, was sich spinnt, wie ich eben charakterisiert habe, von Seele zu Seele im übersinnlichen Leben, dann erst bekommt man eine Anschauung über die Wirklichkeit des Staates, über die mögliche Wirklichkeit des Staates. Denn so, wie jenes Verhältnis, das auf die Grundkräfte der menschlichen Seele von Sympathien und Antipathien im übersinnlichen Leben aufgebaut ist, ein Innerlichstes ist in der menschlichen Seele, so ist dasjenige, was sich von Mensch zu Mensch im bloßen Leben des politischen Staates begründen kann, ein Äußerlichstes, auf das Recht Basiertes, auf dasjenige, wo der Mensch in der äußerlichsten Weise dem anderen Menschen gegenübersteht. Wenn Sie diesen Gedanken durchdenken, dann kommen Sie dazu einzusehen, daß der Staat das genaue Gegenteil des übersinnlichen

Lebens ist. Und er ist um so vollkommener in seinem Wesen, dieser Staat, je mehr er das volle Gegenteil des übersinnlichen Lebens ist, je weniger er sich irgendwie anmaßt, irgend etwas von übersinnlichem Leben in seine Struktur hineinzubringen, je mehr er nur dasjenige ins Auge faßt, was das äußerlichste Rechtsverhältnis des Verhaltens von Mensch zu Mensch betrifft, worinnen alle Menschen gleich sind, gleich vor dem äußeren Rechtsgesetze. Immer tiefer und tiefer wird man von der Wahrheit durchdrungen, daß die Vollkommenheit des Staates gerade darinnen besteht, daß in ihm nichts gesucht werde als dasjenige, was angehört unserem Leben zwischen Geburt und Tod, was unserem alleräußerlichsten Verhältnis angehört.

Dann aber muß man fragen: Wenn der Staat nur ein Abglanz des übersinnlichen Lebens ist dadurch, daß er das Gegenteil dieses übersinnlichen Lebens darstellt, wie ragt denn in unser übriges sinnliches Leben das Übersinnliche herein? – Von einem anderen Gesichtspunkte aus habe ich es Ihnen letzthin dargestellt. Heute aber will ich Ihnen noch mitteilen, daß von den Antipathien, die sich in der übersinnlichen Welt zwischen dem Tode und der Geburt entwickeln, gewisse Reste zurückbleiben, Rest-Antipathien, mit denen wir durch die Geburt ins physische Dasein schreiten. Denen wird im physischen Leben entgegengewirkt durch alles das, was sich im sogenannten geistigen Leben, in der geistigen Kultur auslebt. Da werden die Menschen in religiösen Gemeinschaften, da werden sie in anderen gemeinsamen Geistesgütern zusammengebracht; da sollen sie den Ausgleich für gewisse Antipathien schaffen, die als Rest aus dem vorgeburtlichen Leben geblieben sind. All unsere geistige Kultur soll eine Einrichtung für sich hier sein, weil sie ein Abglanz ist unseres vorgeburtlichen Lebens, weil sie gewissermaßen den Menschen hier in die Sinneswelt herausstellt, damit begabt, eine Art Heilmittel für die restlichen Antipathien zu bilden, die aus der übersinnlichen Welt geblieben sind. Daher ist es so schauderhaft, wenn die Menschen im geistigen Leben Spaltungen hervorrufen, statt sich gerade im geistigen Leben recht zu vereinen. Die restlichen Antipathien, die uns aus dem geistigen Leben vor der Geburt bleiben, sind wühlend in den Untergründen der menschlichen Seele und lassen nicht dasjenige, was eigentlich angestrebt werden sollte, zur Wahrheit werden: wirkliche geistige Harmonie, wirkliches geistiges Zusammenwirken. Wo solches sein sollte, entwickeln sich gleich Sekten. Diese Sektenbildungen und Sektenspaltungen sind noch das hier auf der Erde befindliche Abglanzzeichen für die Antipathien, aus denen alles geistige Leben hervorgeht, und für die es eigentlich als ein Heilmittel sich entwickeln soll. Wir haben das geistige Leben als etwas aufzufassen, was in inniger Beziehung steht zu unserem vorgeburtlichen Leben, was in gewisser Beziehung schon verwandt ist mit dem übersinnlichen Leben. Wir sollen daher nicht in die Versuchung kommen, dieses geistige Kulturleben anders aufzurichten als ein freies Leben außerhalb des Staates, der nicht ein Abglanz in diesem Sinne, sondern ein Gegenbild sein soll für das übersinnliche Leben. Und wir bekommen nur eine Vorstellung über das, was wirklich ist am Staate und wirklich ist an dem geistigen Kulturleben, wenn wir zu unserem sinnlichen Leben das übersinnliche Leben hinzufügen. Beides zusammen macht erst die wahre Wirklichkeit aus, während das bloße sinnliche Leben eben durchaus ein Traum ist.

Das wirtschaftliche Leben ist wiederum ganz anders geartet. Im wirtschaftlichen Leben arbeitet der eine Mensch für den anderen. Der eine Mensch arbeitet in der Regel für den anderen, weil er ebenso wie der andere seine Vorteile dabei findet. Das wirtschaftliche Leben geht aus den Bedürfnissen hervor und besteht in der Befriedigung der Bedürfnisse, in dem Herausarbeiten alles dessen auf dem physischen Plane, was die dumpfen Naturbedürfnisse des Menschen befriedigen kann oder auch wohl die feineren, aber doch mehr instinktiven Seelenbedürfnisse. Da entwickelt sich innerhalb dieses wirtschaftlichen Lebens unbewußt dasjenige, was nun wiederum hinauswirkt bis jenseits des Todes. Dasjenige, was die Menschen aus den egoistischen Bedürfnissen des Wirtschaftslebens für einander arbeiten, entwickelt in seinen Untergründen die Keime für gewisse Sympathien, die sich im nachtodlichen Leben in unserer Seele ausbilden müssen. So wie das geistige Kulturleben eine Art Heilmittel ist gegen den Rest der Antipathien, die wir mitbringen aus unserem vorgeburtlichen Leben in dieses nachgeburtliche, so ist dasjenige, was in den Untergründen des Wirtschaftslebens spielt, von Keimen durchsetzt für die Sympathien, die sich nach dem Tode entwickeln sollen. Das ist wiederum ein anderer Gesichtspunkt für die Art, wie wir aus der übersinnlichen Welt heraus die notwendige Dreigliederung des sozialen Organismus erkennen können. Solch einen Gesichtspunkt kann allerdings derjenige nicht erringen, der sich nicht bestrebt, die geisteswissenschaftlichen Grundlagen der Welterkenntnis sich anzueignen. Aber für denjenigen, der sich diese geisteswissenschaftliche Grundlage aneignet, wird immer mehr und mehr zur Selbstverständlichkeit die Forderung, daß der gesunde soziale Organismus in diese drei Glieder geteilt sein muß, weil diese drei Glieder in untereinander ganz verschiedener Art ihre Beziehungen zur übersinnlichen Wirklichkeit haben, die, wie gesagt, erst mit der sinnlichen zusammen die wahre Wirklichkeit ausmacht.

Aber von solchen Zusammenhängen des äußeren physischen Daseins, wie es sich entfaltet im geistigen Kulturleben, im Staatsleben, im Wirtschaftsleben, hat die Menschheit in den letzten Jahrhunderten nicht mehr geredet. Sie hat die alten Traditionen fortgesponnen, die aber unverstandene geblieben sind. Sie hat sich abgewöhnt, in unmittelbarem tätigem Seelenleben den Weg ins Geistesland hinein zu gehen, um im Geistesland das Licht zu suchen, das die physische Wirklichkeit beleuchten kann, so daß man diese physische Wirklichkeit erst in der richtigen Weise erkennt. Die führenden Kreise der Menschheit, sie haben ja den Ton angegeben in diesem ungeistigen Leben. Dadurch ist jene tiefe Kluft zwischen den Menschenklassen entstanden, die heute auf dem Untergrunde alles Lebens zu suchen ist, die wirklich von den Menschen nicht verschlafen werden sollte. Ich darf vielleicht immer wieder daran erinnern, wie, bevor Juli und August 1914 eingetreten ist, die Menschen, insofern sie den führenden, den bisher führenden Klassen angehört haben, dasjenige gelobt haben, wozu es unsere Zivilisation, wie sie das nannten, nun endlich gebracht hat. Sie wiesen darauf hin, wie der Gedanke pfeilschnell über weite Strecken hin durch Telegraphen und Telephon befördert werden kann, wie andere märchenhafte Errungenschaften der neueren Technik das Kultur-, das Zivilisationsleben so vorwärtsgebracht haben. Aber dieses Kultur-, dieses Zivilisationsleben ruhte eben auf dem Untergrunde, der die heutigen furchtbaren Katastrophen herbeigeführt hat. Vor dem Juli und August 1914 haben die europäischen Staatsmänner, besonders diejenigen in den mitteleuropäischen Staaten – man kann das dokumentarisch nachweisen –, unzählige Male betont: So wie die Verhältnisse liegen, ist der Friede in Europa für lange Zeit gesichert. – Wörtlich mit solchen Redensarten haben insbesondere die Staatsmänner Mitteleuropas zu ihren Parteien gesprochen. Ich könnte Ihnen noch von Mai 1914 solche Reden zeigen, wo gesagt worden ist: So wie die Verhältnisse der Staaten jetzt untereinander durch unsere diplomatischen Beziehungen geordnet sind, haben wir die Möglichkeit, an einen länger dauernden Frieden zu glauben. – Im Mai 1914! Aber derjenige, der die Verhältnisse dazumal durchschaute, mußte eben anders reden. Ich habe dazumal in den Vorträgen in Wien, vor dem Kriege, dasjenige ausgesprochen, was ich öfter im Verlauf der letzten Jahre gesagt habe: Wir leben in etwas darinnen, das man nur nennen kann eine menschliche soziale Krebskrankheit, ein Karzinom der gesellschaftlichen Ordnung. Dieses Karzinom, dieses Geschwür ist aufgebrochen und ist zu dem geworden, was man den Weltkrieg nennt.

Dazumal war natürlich der Ausspruch: Wir leben in einem Karzinom, wir leben in einem sozialen Geschwür – für die Leute eine Redensart, eine Phrase, weil der Weltkrieg erst danach kam. Denn die Leute hatten keine Ahnung, daß sie auf einem Vulkan tanzten. Für viele ist es heute wieder so, wenn man auf den anderen Vulkan hinweist, der wahrhaftig auch einer ist, und der da liegt in dem, was erst heraufkommt für die Ausgestaltung desjenigen, was man seit langem die soziale Frage nennt. Weil die Menschen so gern schlafen gegenüber der Wirklichkeit, kommen sie nicht darauf, in dieser Wirklichkeit die wahren Kräfte, die diese Wirklichkeit selbst erst zur wahren Wirklichkeit machen, zu erkennen.

Sehen Sie, deshalb ist es so schwierig, für den heutigen Menschen eindringlich zu machen, was so notwendig wäre: die Sache von den drei Gliedern des gesunden sozialen Organismus, von der Notwendigkeit des Hinarbeitens auf diese Dreigliederung. Wie unterscheidet sich denn diese Denkungsart, die da in der Forderung dieser Dreigliederung zum Ausdrucke kommt, von anderen Denkungsarten? Sehen Sie, andere Denkungsarten gehen eigentlich davon aus, auszudenken, welches die beste soziale Weltordnung sein könnte, wie man es eigentlich machen müsse, damit die Menschen zu der besten sozialen Weltordnung kommen. Merken Sie den Unterschied von der Denkart, die dieser Dreigliederung des sozialen Organismus zugrunde liegt. Diese Dreigliederung geht gar nicht davon aus, zu fragen: Welches ist die beste Anordnung im sozialen Organismus? – Sondern sie geht auf die Wirklichkeit los: Wie soll man die Menschen selber gliedern, daß sie in den sozialen Organismus frei hineingestellt sind und zusammen wirken können, so daß das Richtige wird? – Diese Denkungsweise appelliert nicht an Prinzipien, appelliert nicht an Theorien, nicht an soziale Dogmen, sondern sie appelliert an die Menschen. Sie sagt: Stellt die Menschen hinein in die drei Glieder des sozialen Organismus, dann werden diese Menschen sagen, was soziale Ordnung sein soll. – An den wirklichen Menschen appelliert diese Denkungsweise und nicht an abstrakte Theorien oder abstrakte soziale Dogmen.

Wenn ein Mensch allein leben würde, würde er niemals die menschliche Sprache entwickeln. Die menschliche Sprache kann nur in der sozialen Gemeinschaft entstehen. Der Mensch, der allein lebt, entwickelt auch keine soziale Denkungsart, keine soziale Empfindung und keine sozialen Instinkte. Nur in der richtigen Gemeinschaft kann das soziale Leben entwickelt werden.

Daß das heute geschehe, dem widerspricht aber sehr vieles. Dadurch nämlich, daß der Materialismus in den letzten Jahrhunderten heraufgezogen ist, hat sich der Mensch von der wahren Wirklichkeit entfernt. Er ist der wahren Wirklichkeit fremd geworden. Er ist einsam geworden in seinem Inneren. Und am einsamsten sind diejenigen geworden, die aus dem Leben herausgerissen sind und mit nichts zusammenhängen als mit der öden Maschine, mit der Fabrik auf der einen Seite und dem seelenlosen Kapitalismus auf der anderen Seite. Öde ist es in den menschlichen Seelen geworden. Aber aus dieser Seelenöde ringt sich dann los dasjenige, was eben aus dem einzelnen, individuellen, persönlichen Menschen heraus kommen kann. Was aus diesem einzelnen, individuellen, persönlichen Menschen heraus kommen kann, sind innerliche Gedanken, sind innerliche Schauungen von der übersinnlichen Welt, sind auch Schauungen, die uns die äußere sinnliche Naturwelt erklären. Aber gerade dann, wenn wir recht einsam werden, wenn wir recht auf uns selber nur gestellt sind, ist das die beste Seelenverfassung für all dasjenige, was die Erkenntnis für den einzelnen Menschen in seinen Zusammenhängen mit Natur- und Geisteswelt entwickeln soll. Dem steht entgegen dasjenige, was sich als soziales Denken entwickeln soll. Nur wer dies bedenkt, kann richtig über den bedeutungsvollen geschichtlichen Augenblick urteilen, in welchem wir jetzt stehen. Die Menschen mußten einmal in der Weltentwicklung so einsam werden, damit sie aus der Einsamkeit ihrer Seele heraus geistiges Leben entwickeln wollen. Die einsamsten waren die großen Denker, die in scheinbar ganz abstrakten Höhen gelebt haben und die in ihren Abstraktionen nur den Weg suchten zu der übersinnlichen Welt.

Aber natürlich muß der Mensch nicht nur den Weg suchen zu der übersinnlichen Welt und zu der Natur, er muß den Weg suchen aus seinen Gedanken heraus zu dem sozialen Leben. Da aber das soziale Leben nicht in der Einsamkeit entwickelt werden kann, sondern nur in dem wirklichen Miterleben der anderen Menschen, so war der einsame Mensch der neueren Zeit nicht recht geeignet, ein soziales Denken zu entwickeln. Gerade wenn er so recht sein Inneres nur zur Geltung bringen wollte, wurde das, was er aus seinem Inneren heraus spann, antisozial, wurde kein soziales Denken. So leben wir in den widersprüchlichsten Erscheinungen. Die neueren Neigungen und Sehnsuchten der Menschen sind die Entfaltung von Geisteskräften, die auf Einsamkeit angelegt sind und die durch den überflutenden ahrimanischen Materialismus auf falsche Bahnen gebracht werden.

Man merkt das Gewicht dieser Tatsache so recht, wenn man sich etwas fragt, was heute für viele Menschen schreckhaft ist. Man kann die Menschen fragen: Was nennt ihr bolschewistisch? – Lenin, Trotzkij, sagen dann die Leute. Nun, ich kenne noch einen dritten

Bolschewik, der allerdings nicht in der unmittelbaren Gegenwart lebt, und dieser dritte ist kein anderer als der deutsche Philosoph Johann Gottlieb Fichte. Sie werden mancherlei schon gehört haben, mancherlei aufgenommen haben über die ideale spirituelle Denkungsart Johann Gottlieb Fichtes. Sie werden dabei weniger daran gedacht haben, als welcher Mensch sich Fichte auslebt, und werden die Anschauungen kennen, die er in seinem «Geschlossenen Handelsstaat», den sich jeder in der Reclam-Bibliothek für billigstes Geld kaufen kann, niedergelegt hat. Lesen Sie die Art und Weise, wie sich Fichte die Güter der Menschen, deren gesellschaftliche Ordnung verteilt denkt, und vergleichen Sie dann dasjenige, was Fichte da aufstellt, mit dem, was Trotzkij oder Lenin schreiben, so werden Sie eine merkwürdige Übereinstimmung entdecken. Dann werden Sie doch bedenklich werden in dem bloßen äußerlichen Hinstellen und Verurteilen, und Sie werden versucht sein zu fragen: Was liegt denn da eigentlich zugrunde? – Wenn Sie dann näher darauf eingehen, wenn Sie versuchen sich klarzumachen, was da zugrunde liegt, so kommen Sie zu folgendem: Sie untersuchen die besondere geistige Richtung, die sich bei den radikalsten Menschen heute findet, Sie lassen sich darauf ein, vielleicht gerade Trotzkijs und Lenins Seele zu untersuchen, die besondere Art zu denken, die Gedankenformen, und Sie fragen sich dann: Wie sind solche Menschen denkbar geworden? – Sie bekommen zur Antwort: Sie sind denkbar auf der einen Seite in einer anderen sozialen Ordnung und denkbar in unserer sozialen Ordnung, die sich unter dem Lichte oder eigentlich unter der Dunkelheit, der Finsternis des Materialismus seit Jahrhunderten entwickelt hat. – Nehmen Sie an, in einer anderen sozialen Ordnung hätten sich Lenin und Trotzkij entwickelt. Was wären sie vielleicht geworden, indem sie ihre Geisteskräfte in ganz anderer Weise entwickelt hätten? Tiefe Mystiker! Denn dasjenige, was in solchen Seelen lebt, könnte in einer religiösen Atmosphäre zum Beispiel tiefste Mystik werden. In der Atmosphäre des neueren Materialismus wird es das, als was es sich einem darstellt.

Nehmen Sie Johann Gottlieb Fichtes «Geschlossenen Handelsstaat», so ist es das soziale Ideal eines Menschen, der nun wahrhaftig in intensivster Art höchste Erkenntnispfade zu beschreiten versuchte, der ein Denken ausbildete, das immerzu hingeneigt war auf die übersinnliche Welt. Als er aber aus sich selbst herausspinnen wollte ein soziales Ideal, so war es zwar ein reines Gebilde des menschlichen Herzens, aber gerade dasjenige, was uns geeignet macht, auf innerlichem Wege höchste Ideale der Erkenntnis zu erringen, das macht uns, wenn wir es auf das soziale Leben anwenden wollen, ungeeignet, soziale Denkungsart zu entwickeln. In einem solchen geistigen Wesen, wie Fichte es entwickelt hat, kann nur der Mensch allein seine Wege machen. Das soziale Denken muß in der menschlichen Gemeinschaft entwickelt werden. Und der Denker hat dann hauptsächlich die Aufgabe, darauf hinzuweisen, wie der soziale Organismus gestaltet sein mag, damit die Menschen in der richtigen Weise zusammenwirken, um im Sozialen selbst das Soziale zu begründen. Deshalb gebe ich Ihnen nicht an, oder gebe ich den gegenwärtigen Menschen nicht an, man soll so und so einrichten Privateigentum an Produktionsmitteln oder Gemeineigentum an Produktionsmitteln, sondern ich muß sagen: Versucht hinzuarbeiten darauf, daß der soziale Organismus gegliedert werde in seine drei Glieder, dann wird auch dasjenige, was unter der Wirksamkeit des Kapitals steht, von dem geistigen Gebiete aus verwaltet werden und ihm sein Rechtsleben eingeflößt werden von dem politischen Staate. Dann wird Rechtsleben und Geistesleben mit dem Wirtschaftsleben in ordentlicher Weise zusammenfließen. Und dann wird jene Sozialisierung eintreten, die immerzu wieder überleiten wird aus gewissen Rechtsbegriffen heraus dasjenige, was man über seinen eigenen Verbrauch hinaus erworben hat, in die geistige Organisation hinein. Es geht wieder zurück an die geistige Organisation.

Heute hat man diese Einrichtung nur auf dem Gebiete des geistigen Eigentums, wo es niemandem auffällt. Sein geistiges Eigentum kann man nicht länger wahren für seine Nachkommen, als höchstens eine gewisse Zeit hindurch, dreißig Jahre nach dem Tode, dann wird es Gemeineigentum. Man sollte nur daran denken, daß dies ein Muster sein kann für die Zurückleitung desjenigen, was allerdings durch menschlich-individuelle Kräfte erarbeitet wird, wie auch desjenigen, was in der kapitalistischen Ordnung steht, die Zurückleitung wiederum in den sozialen Organismus. Es fragt sich dann nur in welche Teile? In denjenigen Teil, der geistige individuelle und auch sonstige individuelle Kräfte des Menschen in der richtigen Weise verwalten kann: in den geistigen Organismus. Die Menschen werden das so machen, wenn sie in der richtigen Weise im sozialen Organismus stehen. Das setzt diese Denkungsart voraus.

Ich könnte mir denken, daß diese Dinge in jedem Jahrhundert anders gemacht werden: Absolute Festsetzungen für diese Dinge gibt es nicht. Aber unsere Zeit hat sich angewöhnt, alles vom materialistischen Gesichtspunkte aus zu beurteilen, und daher sieht man gar nichts mehr in seinem rechten Lichte. Ich habe jetzt öfter auseinandergesetzt, wie in der modernen Zeit Arbeitskraft Ware geworden ist. Dagegen hilft nicht der gewöhnliche Arbeitsvertrag, denn der geht davon aus, daß Arbeitskraft Ware ist, und er wird geschlossen über die Arbeit, die der Arbeiter dem Unternehmer leisten soll. Ein gesundes Verhältnis kann nur dadurch zustande kommen, daß der Vertrag gar nicht über die Arbeit geschlossen wird, daß die Arbeit als Rechtsverhältnis festgesetzt wird vom politischen Staate und daß der Vertrag geschlossen wird über die Verteilung des erzeugten Produkts zwischen dem körperlich Arbeitenden und dem geistig Arbeitenden. Über die erzeugten Waren aber nur kann der Vertrag geschlossen werden, nicht über das Verhältnis der Arbeitskraft zum Unternehmer. Dadurch allein kann die Sache auf eine gesunde Basis gestellt werden.

Aber die Menschen fragen nun: Woher kommen die Schäden im sozialen Leben, die dem Kapitalismus anhaften? – Sie sagen: Die kommen von der wirtschaftlichen Ordnung des Kapitalismus. – Aber von dieser wirtschaftlichen Ordnung können keine Schäden kommen, sondern davon kommen die Schäden, daß wir erstens kein wirkliches Arbeitsrecht haben, welches die Arbeit in der entsprechenden Weise schützt, und zweitens, daß wir nicht bemerken, wie wir in der Lebenslüge leben, wie dem Arbeiter sein Teil abgenommen wird. Aber worauf beruht denn das Abnehmen? Nicht auf der Wirtschaftsordnung, sondern darauf, daß eigentlich durch die gesellschaftliche Ordnung selber die Möglichkeit geboten ist, daß sich die individuellen Fähigkeiten des Unternehmers nicht in der richtigen Weise teilen mit dem Arbeiter. Bei Waren muß man teilen, denn sie werden gemeinsam produziert von dem geistigen und körperlichen Arbeiter. Was heißt es denn aber, durch seine individuellen Fähigkeiten jemandem anderen etwas abnehmen, was man ihm nicht abnehmen soll? Das heißt, ihn betrügen, ihn übervorteilen! Diesen Verhältnissen muß man nur gesund und unbefangen ins Auge schauen, dann kommt man darauf: nicht in dem Kapitalismus liegt es, sondern in dem Mißbrauch der geistigen Fähigkeiten. Da haben Sie den Zusammenhang mit der geistigen Welt. Machen Sie erst die geistige Organisation gesund, so daß die geistigen Fähigkeiten sich nicht mehr dahin entwickeln, daß sie denjenigen übervorteilen, der arbeiten muß, dann machen Sie den sozialen Organismus gesund. Es kommt darauf an, überall auf das Richtige hinsehen zu können.

Um auf das Richtige hinsehen zu können, dazu bedarf der Mensch einer Richtlinie. Heute ist die Zeit so weit gekommen, daß richtige Richtlinien nur aus dem geistigen Leben heraus kommen können. Daher muß die Hinlenkung zu diesem geistigen Leben eine ernste werden. Und es ist immer wieder und wiederum darauf aufmerksam zu machen, daß es heute nicht genügt, immer wieder und wiederum darauf hinzuweisen, die Menschen sollen wiederum an den Geist glauben. Oh, es fangen jetzt viele Propheten an, von der Notwendigkeit des Glaubens an den Geist zu reden! Aber darauf kommt es nicht an, daß die Menschen nur sagen: Um zu einer Heilung zu kommen aus den jetzigen ungesunden Verhältnissen heraus, ist es notwendig, daß sich die Menschen vom Materialismus wiederum zum Geist wenden. – Nein, der bloße Glaube an den Geist bringt heute keine Heilung. Es können noch so gefeierte Propheten in den Ländern herumgehen und immer wieder und wiederum sagen: Das neuere Leben hat die Menschen veräußerlicht, sie müssen innerlicher werden. – Es können noch so viele Propheten sagen: Der Christus war bisher nur zum Privatleben da, er soll jetzt in das Staatsleben einziehen. – Mit solchen Dingen ist heute absolut nichts getan. Denn heute kommt es nicht darauf an, bloß an den Geist zu glauben, sondern heute kommt es darauf an, daß man vom Geiste sich so erfüllt, daß der Geist gerade durch uns in die äußere materielle Wirklichkeit übergeführt werde. Nicht darauf kommt es an, heute den Menschen zu sagen: Glaubt an den Geist –, sondern von einem solchen Geiste ist notwendig heute zu sprechen, der die materielle Wirklichkeit wirklich bezwingt, der wirklich sagt, wie man den sozialen Organismus gliedern soll. Denn nicht darauf beruht heute die Ungeistigkeit, daß die Menschen nicht an den Geist glauben, sondern darauf, daß sie nicht mit dem Geiste in einem solchen Zusammenhang stehen können, daß der Geist in die Materie im wirklichen Leben einzugreifen vermag. Der Unglaube an den Geist beruht nicht darauf, daß man bloß den Glauben an den Geist leugnet, sondern er kann auch darauf beruhen, daß man eine bloße Materie annimmt, die ungeistig ist. Wie viele Menschen gibt es heute, die gerade darinnen etwas außerordentlich Vornehmes sehen, daß sie sagen: Ach, das ist das bloße äußerliche materielle Leben, das hat nichts Geistiges, aus dem muß man sich zurückziehen, man muß sich hinwenden von dem äußeren materiellen Leben zu dem abgezogenen Leben des Geistes. – Da ist die materielle Wirklichkeit, da schneidet man seine Coupons ab, dann setzt man sich ins Meditationszimmer und geht weg in die geistige Welt. Schöne doppelte Lebensströmungen, fein voneinander getrennt! Darauf kommt es heute nicht an. Heute kommt es darauf an, daß der Geist so stark in den menschlichen Gemütern werde, daß dieser Geist nicht nur redet von der Art, wie der Mensch geistig begnadet oder erlöst wird, sondern daß der Geist eindringt in dasjenige, was wir tun wollen in der äußeren materiellen Wirklichkeit, daß wir den Geist einführen, einfließen lassen in diese äußere materielle Wirklichkeit. Gewohnheitsmäßig reden über den Geist, das liegt den Menschen sehr nahe. Und in dieser Beziehung können manche Menschen in einem sonderbaren Selbstwiderspruch sein. Die Anzengrubersche dramatische Figur des Menschen, der den Gott leugnet, und dies besonders dadurch bekräftigt, daß er sagt: «So wahr ein Gott im Himmel ist, bin ich ein Atheist», – diese Figur des sich so widersprechenden Menschen, die ist heute vorhanden, wenn auch nicht so kraß wie diese Anzengrubersche dramatische

Figur, aber sie ist durchaus keine Seltenheit. Denn in diesem Stile wird heute sehr häufig geredet: So wahr ein Gott im Himmel ist, bin ich ein Atheist!

Das alles schließt eben die Mahnung ein, nicht auf bloßen Glauben an den Geist zu sehen, sondern vor allen Dingen zu versuchen, den Geist so zu finden, daß der Geist uns stark macht, um auch die äußere materielle Wirklichkeit zu durchschauen. Dann wird in der Tat der Mensch aufhören, in jedem Satze das Wort Geist, Geist, Geist zu sprechen. Dann wird aber der Mensch durch die Art, wie er die Dinge anschaut, beweisen, daß er sie mit Geist betrachtet. Darauf kommt es heute an, daß man die Dinge mit Geist betrachtet, nicht daß man immer nur vom Geiste spricht. Das wird durchschaut werden müssen, damit nicht immer wiederum anthroposophische Geisteswissenschaft mit all dem Gerede vom Geiste, das heute noch so beliebt ist, verwechselt werden könne. Immer wieder und wieder hört man es, wenn nur in einem besseren Stile da oder dort ein Sonntagnachmittagsprediger weltlicher Sorte spricht, daß gesagt wird, der redet ja ganz im Sinne der Anthroposophie. Er redet dann meistens das Gegenteil! Darauf muß man gerade sein Augenmerk lenken. Das ist es, worauf es ankommt.

Wer dies erkennt, wird dann durchaus nicht weit von der Einsicht sein, daß gerade ein so gut gemeinter, ich möchte sagen, wie aus einer Vorempfindung eines tragischen Todes heraus gesprochener Satz wie der, den ich Ihnen vorgelesen habe von Kurt Eisner, deshalb besonders wertvoll ist, weil er einem vorkommt wie das Geständnis eines Menschen: An Übersinnliches glaube ich eigentlich doch im Ernste nicht, wenigstens will ich mich nicht lebendig an Übersinnliches wenden. Doch haben diejenigen, die vom Übersinnlichen geredet haben, immer gesagt: Die sinnliche Wirklichkeit hier ist nur die halbe Wirklichkeit, sie ist wie ein Traum. Und ich muß hineinschauen in die Gestalt, welche diese sinnliche Wirklichkeit im sozialen Leben der Gegenwart angenommen hat, und da kommt sie mir gar sehr als ein Traum vor. Da ist es so, daß man sagen muß, daß diese Wirklichkeit die deutliche Erfindung irgendeines bösen Geistes ist. –

Gewiß ein bemerkenswertes Geständnis. Könnte es aber nicht auch anders sein? Könnte nicht dasjenige, was in so tragischer, in so furchtbarer Weise die gegenwärtige Wirklichkeit den Menschen zeigt, die Erziehung eines guten Geistes sein, um aus dem, was wie ein böser Alptraum erscheint, die wahre Wirklichkeit zu suchen, die aus Sinnlichem und Übersinnlichem zusammengefügt ist? Man muß nicht durchaus pessimistisch diese Gegenwart ansehen, man kann auch aus ihr die Kraft schöpfen für eine Art von Rechtfertigung dieses Daseins. Dann wird man aber nimmermehr bei dem Sinnlichen stehenbleiben dürfen, dann wird man den Weg aus dem Sinnlichen heraus in das Übersinnliche finden müssen. Derjenige, der diesen Weg nicht suchen will, müßte eigentlich heute wirklich kurzdenkig sein, wenn er sich nicht sagen würde: Diese Wirklichkeit ist wie die Erfindung eines bösen Geistes! – Derjenige aber, der den Willen in sich entwickelt, von dieser Wirklichkeit aufzusteigen zu einer geistigen Wirklichkeit, wird auch von einer Erziehung durch einen guten Geist sprechen können. Und trotz alledem, was wir heute schauen, dürfen wir doch überzeugt sein, daß die Menschen einen Ausweg aus dem tragischen Geschick der Gegenwart finden werden. Aber freilich, der deutliche Wink muß beobachtet werden: mitzuwirken an der sozialen Gesundung.

Das wollte ich heute zu dem, was ich letzthin sagte, doch noch hinzufügen.

FÜNFTER VORTRAG

Heidenheim, 12. Juni 1919

Wir leben in einer Zeit, in der bemerkt werden könnte, was eigentlich seit Jahren die sogenannte anthroposophische Geisteswissenschaft anstrebt. Und es wäre wohl die schönste Frucht gerade des anthroposophischen Strebens, wenn dieses als Überzeugung sich ergeben würde in den Herzen und Seelen der an dieser Bewegung sich Beteiligenden, daß gewissermaßen die Feuerzeichen unserer Zeit dasjenige sind, was wie ein Beweis gelten kann für die Notwendigkeit, aus der heraus sich diese geisteswissenschaftliche Bewegung nun schon seit Jahren in die Zeit hineingestellt hat. Mag heute äußerlich in der Welt dies oder jenes stürmisch vor sich gehen, mag das, was sich herausarbeiten will aus tiefen Untergründen der menschlichen Entwicklung, so oder so aussehen, die eigentliche Natur und Wesenheit desjenigen, was geschieht, vernimmt man eigentlich doch nur, wenn man auf diejenigen Ereignisse hinschaut, die dem gewöhnlichen, heute noch üblichen menschlichen Anschauen entgehen, und die eigentlich nur dann wahrnehmbar sind, wenn man die Welt von einem geistigen Gesichtspunkte aus betrachtet.

Ich möchte ausgehen von einer solchen Erscheinung, die heute unter den mannigfachen stürmischen Ereignissen kaum bemerkt wird. Sie wird als etwas Unbedeutendes und Unbeträchtliches angesehen, aber sie ist da für denjenigen, der sich aus geistigen Untergründen heraus die Möglichkeit erworben hat, das Leben wirklichkeitsgemäß zu betrachten.

Es sind jetzt etwa sieben, acht, zehn Jahre her – es mag paradox klingen, aber es ist wahr –, seit für den wirklichen Beobachter des Lebens die Kinder, die geboren werden, mit einem ganz anderen Antlitz geboren werden als früher. Gewiß, man bemerkt es nicht, weil man auf solche Dinge nicht achtet, weil man heute überhaupt auf die wichtigsten Dinge des Lebens nicht acht gibt. Aber wer sich einen Blick für solche Dinge erworben hat, der weiß, daß über dem

Antlitz der vielen, seit sieben bis acht oder zehn Jahren geborenen Kinder etwas lagert wie Trübe, wie Zurückhaltung gegenüber der Welt. Man möchte sagen, schon von den ersten Tagen, von den ersten Wochen an merkt man es an der Physiognomie der Kindergesichter: da ist etwas anders, als es früher war. Und geht man dieser merkwürdigen, dem heutigen Menschen noch paradox klingenden Tatsache nach, dann bemerkt man, daß die Kinderseelen, die sich durch die Geburt in die Welt bringen, bereits, indem sie durch Empfängnis und Geburt durchgehen, schon dasjenige in sich tragen, was dann ihrem Antlitz fast von der Geburt ab den melancholischen, vielleicht oftmals hinter allem Lächeln verborgenen melancholischen Ausdruck gibt, der früher nicht so auf den Kindergesichtern lagerte. Und in den Seelen, ganz unbewußt selbstverständlich, lebt etwas von der Stimmung des Nichthereinwollens ins Leben. Die Seelen, die heute durch die Geburt gehen – wie gesagt, es ist das schon seit fast zehn Jahren –, fühlen etwas wie ein Hindernis und Hemmnis, in diese physische Welt hereinzukommen.

Es ist ja so, daß der Mensch, bevor er durch Empfängnis und Geburt in die physische Welt hereinkommt, in der geistigen Welt ein wichtiges Ereignis durchmacht, das dann seine Strahlen wirft, seine Wirkungen betätigt in dem kommenden Leben. Die Menschen sterben hier auf der Erde, sie gehen durch die Todespforte, sie legen den physischen Leib ab, bringen ihre Seele hinein in die geistige Welt. Diese Seele trägt in sich noch die Wirkungen alles desjenigen, was sie hier in der physischen Welt durchlebt und erfahren hat. Sie sieht im Grunde genommen aus, indem sie durch die Todespforte gegangen ist, wie die Wirkungen selbst, desjenigen, was unmittelbar hier im Erdenleben durchgemacht wird. Solche Seelen, welche nun durch die Todespforte gegangen sind, begegnen – das ist ein Ereignis, das eben Tatsache ist, ich kann es Ihnen nur erzählen, weil diese Dinge ja nur durch Erfahrung aus der geistigen Welt herausgeholt werden können –, sie begegnen jenen Seelen, die sich anschicken, in der kommenden Zeit herunterzusteigen in einen physischen Leib. Und das ist ein wichtiges Ereignis, diese Begegnung der Seelen, die eben durch die Todespforte gegangen sind, mit jenen Seelen, die demnächst durch die Geburtspforte in die physische Welt hereintreten werden. Dieses Ereignis hat etwas Ausschlaggebendes. Es ist gewissermaßen da, um den heruntersteigenden Seelen so etwas einzuimpfen wie eine Vorstellung von dem, was sie hier antreffen werden. Und von dieser Begegnung her stammt der Impuls, welcher die eigentümliche Melancholie den Kindern aufdrückt, die heute in die Welt hereingehen. Sie wollen in diese Welt nicht herein, von der sie durch diese Begegnung erfahren haben. Denn sie wissen, wie ihnen gewissermaßen das «geistige Gefieder» zerzaust wird durch dasjenige, was die in materialistische Gesinnung und materialistische Weltanschauung und auch in materialistisches Tun getauchte Menschheit auf der Erde heute durchmacht. Dieses Ereignis, das natürlich nur geistig konstatierbar ist, wirft neben anderem eine stark wirkende Beleuchtung auf unsere ganze Gegenwart, die man aus solchen Untergründen heraus nur verstehen kann, aber auch verstehen sollte.

Ich ging von einem Ereignis aus, das selbstverständlich nur aus geistigem Schauen erfaßt werden kann. Aber andere Ereignisse in der Gegenwart sprechen laut und deutlich zu uns, und die könnten auch ohne geistiges Schauen unmittelbar auffällig werden für jeden nicht schläfrig durch das Leben gehenden Menschen. Wir sehen, wie sich zum großen Unheil der Welt ausgebreitet hat seit den letzten vier bis fünf Jahren die große Weltkriegskatastrophe. Wir blicken immer wieder und wieder – ich denke, das muß jede wache Seele tun – zurück nach dem, was äußerlich sichtbar zu dieser furchtbaren Menschheitskatastrophe geführt hat. Wir blicken auf den Verlauf dieser Katastrophe und blicken zuletzt auf das, was heute als Ereignisse aus dieser Katastrophe über weiteste Gebiete der Welt hin hervorgegangen ist. Eines müßte auffällig sein für jede wache Seele. Nehmen Sie doch die eigentümliche Tatsache, daß diese Weltkriegskatastrophe zum Beispiel über Mitteleuropa hereingebrochen ist, und daß eigentlich – es ist ja doch so – niemand wissen möchte, wie die Dinge eigentlich gekommen sind. Die Leute fragen sich, wie die Dinge gekommen sind, geben dem einen oder anderen die Schuld, sagen sich aber doch zuletzt immer wieder, wenn sie dann glauben, ergründet zu haben, daß das eine oder andere schuld war:

Es kann doch nicht so sein, es muß da doch noch etwas anderes im Spiele sein.

Die Leute sagen sich: Die große soziale Bewegung hat sich herausergeben aus dieser Weltkriegskatastrophe. Die Menschen – seien sie nun Parteileute, seien sie nicht Parteileute – versuchen zu verstehen, was eigentlich geschehen soll innerhalb dieser sozialen Katastrophe. Alles, was sich die Menschen darüber an Gedanken machen, sind ja eigentlich gegenüber den Ereignissen Gedankenmumien, sind Gedanken, die der Wucht der Ereignisse und dem eigentlichen Charakter durchaus nicht gewachsen sind. Und sieht man noch genauer zu, gerade jetzt, wo von einer Reihe von scheinbar recht unmittelbar an dem Entstehen der Weltkatastrophe beteiligten Personen allerlei Memoiren erscheinen, so muß man sich sagen nach dem, was diese Leute schreiben: Standen sie denn vor vier bis fünf Jahren wirklich in den Ereignissen drinnen? Haben sie eigentlich gewußt, was sie tun? Haben sie eine Ahnung gehabt von der Tragweite dessen, was ihr Verstand ausgeheckt hat? Immer mehr müßten sich die Menschen heute gestehen so etwas, wie das Geständnis des russischen Ministers Suchomlinoff, der mit Bezug auf die drei bis vier Stunden, wo es darauf ankam, daß er seine wichtigsten Entschlüsse faßte, vor Gericht gesagt hat: Da muß ich den Verstand nicht gehabt haben, da muß ich ja verrückt gewesen sein!

Solche Ereignisse sind tief sprechend. Und sie weisen darauf hin, daß eine Verwirrung des Geistes durch die weitesten Kreise der Beteiligten gegangen ist. Und wer nun wirklich das Zeug dazu hat, in das Furchtbare der gegenwärtigen Weltereignisse hineinzublikken, der kommt schon darauf – und die Leute werden immer mehr darauf kommen –: Moralisch ist nicht so sehr viel verfehlt worden, aber um so mehr intellektuell durch die Unfähigkeit, die Weltereignisse irgendwie zu durchschauen. Und heute ist es nicht anders. Wie hilflos steht im Grunde genommen die große Mehrheit der Menschheit da gegenüber den hereingebrochenen Weltereignissen. Da müßte die ernsteste Frage auftauchen: Was liegt denn da eigentlich zugrunde? – Es liegt etwas zugrunde, was gerade für unsere von materialistischer Gesinnung durchdrungene Zeit außerordentlich schwer zu begreifen ist: daß gerade seit jenem weltgeschichtlichen Zeitpunkt, in dem die materialistische Weltanschauungswoge besonders hoch gegangen ist, in Wahrheit die stärkste geistige Kraft, die jemals in das Menschenleben aus der geistigen Welt herein wollte, in dieses Menschenleben jetzt herein will. Das ist das Charakteristische in unserer Zeit. Der Geist, die geistige Welt will sich seit dem Beginn des letzten Drittels des 19. Jahrhunderts mit aller Macht den Menschen offenbaren. Doch die Menschen sind allmählich an einem Punkte ihrer Entwicklung angekommen, wo sie zum Aufnehmen von irgend etwas in der Welt als Werkzeug nur ihren physischen Leib benutzen wollen. Sie haben sich aus der materialistischen Weltanschauungsgesinnung heraus gewöhnt, sogar theoretisch zu vertreten, daß das physische Gehirn das Werkzeug sei für das Denken, sogar für das Fühlen und sogar für das Wollen. Sie haben sich eingeredet, daß der physische Leib das Werkzeug sei für alles geistige Leben. Sie haben sich das nicht grundlos eingeredet. Sie hatten guten Grund dazu, nämlich den Grund, daß innerhalb der Menschheitsentwicklung die Menschen allmählich nur den physischen Leib noch benutzen konnten, daß es wirklich nach und nach so gekommen ist, daß nur der physische Leib für die geistige Betätigung als Werkzeug benutzt werden konnte. Und so stehen wir heute in dem unendlich wichtigen Knoten der Menschheitsentwicklung, wo auf der einen Seite wie im Sturme sich offenbaren will die geistige Welt, und wo auf der anderen Seite der Mensch die Kraft finden muß, aus seinem stärksten Eingesponnensein in das Materielle sich zum neuen Empfangen der Geistesoffenbarungen heraufzuarbeiten.

Es ist der Menschheit heute die stärkste Prüfung ihrer Kraft gestellt, die Prüfung der Kraft des freien Sich-Hinaufarbeitens zu dem Geiste, der ganz von selbst der Menschheit entgegenkommt, wenn der Mensch sich vor diesem Geiste nicht verschließt. Aber es ist die Zeit vorbei, in der in allerlei unterbewußten und unbewußten Prozessen sich der Geist offenbaren kann an den Menschen. Es ist die Zeit gekommen, wo der Mensch in freier innerer Tat das Geisteslicht empfangen muß. Und all die Verwirrung und alle die Unklarheit, in der die Menschen heute leben, kommt davon her, daß die Menschen heute etwas empfangen müssen, was sie eben eigentlich noch nicht empfangen wollen: ein ganz neues Verständnis der Dinge.

In diese furchtbare, schreckenerfüllte Weltkriegskatastrophe hinein hat sich das alte Denken, die alte Art, die Weltereignisse zu überblicken, ausgelebt und die unendlich bedeutsamen Sturmzeichen dieser Weltkriegskatastrophe bedeuten nichts anderes als den Hinweis darauf:

Versucht umzudenken, versucht eine neue Art, euch die Welt anzuschauen, denn die alte Art muß immer nur in Chaos und Verwirrung führen. Das muß endlich eingesehen werden: Die leitenden Persönlichkeiten des Jahres 1914 waren an dem Punkt angekommen, wo mit dem alten Verständnis nichts mehr zu erreichen war. Deshalb führten sie die Menschheit ins Unglück. Diese Tatsache muß der Mensch sich heute tief in die Seele schreiben, sonst wird er nicht den starken, den kräftigen Entschluß fassen, wirklich aus freier Innerlichkeit dem Geiste und seinem Leben entgegenzukommen. Es ist ja das Jammervolle gerade in unserer unmittelbaren Gegenwart, daß wir sehen, überall offenbaren sich Dinge, die mit den bisherigen Weltanschauungen und Lebensauffassungen nicht zu verstehen sind. Aber die Leute klammern sich an diese alten Weltanschauungen und Lebensauffassungen und wollen nicht – wollen nicht zu ganz neuen Arten, die Dinge anzuschauen, kommen. Anthroposophische Weltanschauung wollte die Menschheit vorbereiten, zu diesen neuen Arten, die Welt anzuschauen, zu kommen. Sie hatte eigentlich im Grunde genommen keine anderen wirklichen Gegner, diese anthroposophische Weltanschauung, als lediglich die Bequemlichkeit, die Trägheit des inneren Menschen, der sich nicht aufraffen kann, die innersten Kräfte seiner Seele entgegenzutragen der gerade in unserer Zeit so mächtig hereinbrechenden Geisteswelle.

Was ich vorhin sagte: die Menschen haben sich abgewöhnt, etwas anderes zum Denken zu gebrauchen als ihren physischen Leib, das hat endlich auch zur materialistischen Weltanschauung geführt. Nun gibt es eines, was unbedingt in der Gegenwart verstanden werden muß. Die Natur, so wie sie die heutige, zu ihren Triumphen gekommene Naturwissenschaft studiert, kann man verstehen mit dem

Instrument des physischen Gehirns, des physischen Leibes überhaupt. Nicht aber kann man das Menschenleben verstehen mit dem Instrument des physischen Leibes. Dieses Menschenleben ist nur zu verstehen, wenn man sich zu einem Denken aufschwingen kann, das nicht vom physischen Leibe allein hergeholt ist. Und dieses Denken ist es, was gepflegt werden sollte durch die anthroposophische Weltanschauung. Natürlich sagen die Leute: Ja, anthroposophische Weltanschauung, was da in den Büchern steht, was da gesprochen wird, man versteht es nicht. – Man glaubt es den Leuten, daß sie es nicht verstehen. Aber, was heißt es, sie verstehen es nicht? Es heißt nichts anderes als: Ich will mich nur des physischen Gehirns zum Verstehen bedienen, ich will nicht lernen ein anderes Denken als das, welches sich faul an das physische Gehirn anlehnen kann. Mit dem ist natürlich anthroposophische Weltanschauung nicht zu verstehen. Nicht als ob man hellsichtig sein müßte, um sie zu verstehen, aber man muß sich üben in einem solchen Denken, das nicht an das physische Gehirn gebunden ist. Und was in der anthroposophischen Literatur vorhanden ist, was mit dem gesunden Menschenverstand – und der ist nicht an das Gehirn gebunden, nur der kranke materialistische Verstand ist an das Gehirn gebunden –, was mit dem gesunden Menschenverstand erlernt werden kann, das trainiert allmählich ein solches Denken, ein solches Empfinden, ein solches Wollen, daß dieses Denken und Empfinden und Wollen den entsprechenden Ereignissen der Gegenwart gewachsen ist. Sie mögen das auffassen, wie Sie wollen, aber es ist so: Was die Gegenwart von uns fordert, ist nicht zu begreifen durch das Instrument des physischen Leibes: Das muß begriffen werden durch das Instrument des ätherischen Leibes, desjenigen Leibes, der als ein Bildekräfteleib dem physischen Leibe zugrunde liegt.

Die hereinbrechende geistige Welt, die sich der Menschheit offenbaren will, macht sich eigentlich nur in sehr unbewußten Gefühlen für die Menschen geltend. Die Menschen haben eine heillose Furcht davor. Es ist eigentlich nur eine Ausrede, wenn die Menschen sagen, sie verstünden die Geisteswissenschaft nicht. Die Wahrheit ist, daß sie Furcht haben vor der sich offenbarenden geistigen Welt. Nur weil die Menschen diese Furcht vor der geistigen Welt nicht gestehen wollen, sagen sie, sie verstehen die Geisteswissenschaft nicht, oder, sie sei nicht logisch, oder was sie sonst alles als Ausrede wählen. In Wahrheit haben sie Furcht davor, und daher wählen sie auch alles mögliche, um gerade den großen, mächtigen Problemen zu entschlüpfen. Wie sind die Leute froh, wenn sie den großen Aufgaben, den Rätseln des gegenwärtigen Lebens entschlüpfen können! Man hat vielleicht nach der einen oder anderen Richtung über wichtige Probleme der Gegenwart gesprochen, aber die Leute haben das unbequem gefunden. Dann jedoch haben sie sich die Ibsenschen Dramen angeschaut, darin ist etwas vorgekommen von den großen Problemen der Gegenwart. Aber die Leute brauchen nicht daran zu glauben, denn das war «bloß» Kunst. Das Hereinragen der geistigen Welt in die physische Welt war den Leuten unbequem, wenn man ihnen direkt davon sprach. Auch Björnson hat solches in seinen Dramen verarbeitet; doch da braucht man nicht daran zu glauben, das war «bloß» Kunst. Ernst zu machen mit diesen Dingen, davor hatten die Leute eine heillose Furcht. Und wieder: die Klassengegensätze, die Kluft zwischen den führenden Klassen und den proletarischen Klassen wurde immer größer. Rätsel gingen von der sozialen Frage aus. Man redete von diesen Rätseln, da war das unbequem. Aber die Leute gingen ins Theater und schauten sich Hauptmanns «Weber» an; da brauchte man keine ernsthafte Stellung dazu zu nehmen, sondern konnte sich ein bißchen innerlich aufregen an dem, was als Abgründe in der Menschheit vorhanden war, brauchte aber nicht Stellung dazu zu nehmen, denn es war ja «bloß» Kunst und so weiter. Die Leute flüchteten in etwas hinein, was sie nicht ernst zu nehmen brauchten. Das ist eine charakteristische Erscheinung für die Zeitpsychologie. Aber was verbirgt sich hinter dieser charakteristischen Erscheinung der Zeitpsychologie? Das verbirgt sich dahinter, daß die Menschen hätten streben sollen, aus der Tendenz der Offenbarung der geistigen Welt, gewisse Dinge ernst zu nehmen, die nicht begriffen werden können durch das Instrument des physischen Leibes, die nur begriffen werden können durch imaginative Kräfte, wie die Kunst selber nur durch imaginative Kräfte zu begreifen ist. Des

Menschen physischer Leib ist aufgebaut wie ein Naturprodukt, des Menschen ätherischer Leib ist aufgebaut wie ein Kunstprodukt, wie eine wirkliche Plastik, nur ist er in fortwährender Bewegung. Und was der Mensch sonst zu seinem Vergnügen hinnimmt in der Kunstauffassung, das muß sich verdichten, muß sich erhellen, muß ernste Anschauung werden: Imagination, Inspiration, Intuition. Dann versteht der Mensch das, was sich ihm heute offenbaren will. Denn hinter den heutigen Ereignissen lauert das, was nur geistig verstanden werden kann. Tief fühlen und empfinden sollte man, wie das, was als eine geistige Offenbarung herein will in die gegenwärtige Welt, nur begriffen werden kann durch Geisteswissenschaft selber, das heißt, durch jenes Denken und Empfinden und jene inneren Willensimpulse, die herantrainiert werden können durch die Geisteswissenschaft, die in derselben Region verlaufen, in der verläuft unernst, als bloßes Spiegelbild, das Künstlerische.

Ich habe seinerzeit versucht, auf einem Gebiete auf etwas hinzuweisen, was der Gegenwart dringend notwendig ist. Es ist natürlich aus dem Banausentum, aus der Philistrosität unserer Wissenschaft heraus, aus dem Schreckensungetüm dessen, was heute offizielle Universitätswissenschaft ist, nicht verstanden worden. Ich nannte in meiner 1894 erschienenen «Philosophie der Freiheit» ein Kapitel «Die moralische Phantasie». Geisteswissenschaftlich könnte man auch sagen: die imaginativen Moralimpulse. Ich wollte darauf hinweisen, daß dasjenige Gebiet, das sonst nur künstlerisch in der Phantasie ergriffen wird, nun notwendig im Ernst von der Menschheit ergriffen werden muß, weil das die Stufe ist, die der Mensch ersteigen muß, um das Übersinnliche in sich hereinzubekommen, das nicht durch das Gehirn ergriffen wird. Ich wollte wenigstens mit Bezug auf die Erfassung des Moralischen Anfang der neunziger Jahre darauf hinweisen, daß der Ernst kommt, das Übersinnliche aufzufassen. Diese Dinge sollte man heute empfinden. Man sollte eine Empfindung davon haben, daß die Gedanken, die inneren Seelenimpulse, die man herausgetragen hat bis in die Weltkriegskatastrophe und bis in die Zeit der sozialen Umwälzung hinein, weiterhin nicht mehr brauchbar sind, daß man neue Impulse braucht.

Kommt man heute mit einem neuen Impuls, dann wird gerade dieser neue Impuls am allerwenigsten verstanden. Denn man kommt mit einem Impuls, der lebendig herausgeholt ist aus der geistigen Welt als Heilmittel gegen die Schäden unserer Zeit. Da quieksen die Leute links, und da quieksen die Leute rechts, und alles quiekst zusammen in einem Chor von der äußersten Rechten bis zur äußersten Linken und findet, daß das alles etwas ist, was man nicht versteht. Selbstverständlich versteht man es nicht, wenn man bei den alten Denkformen stehenbleiben will. Aber heute ist eben notwendig, daß wir nicht stehenbleiben bei alten Denkformen, sondern daß man die ganze Seele innerlich umformt und umgestaltet. Alle äußeren Revolutionen – und sie können noch so sehr nach dem Wunsche der einen oder der anderen Partei oder Klasse sein – werden in die schlimmste Sackgasse verlaufen und das schlimmste Elend über die Menschheit bringen, wenn nicht diese äußeren revolutionären Bewegungen von heute durchleuchtet werden durch die innere Revolution der Seele, die sich da abspielt in dem Hinweggehen von dem Versenktsein in die rein materialistische Weltanschauung und die entgegengeht dem Aufnehmen der geistigen Welle, die als eine neue Offenbarung in die Menschheitsentwicklung hereinbrechen will. Die Revolution von der Materie zum Geist, das ist die einzig heilsame Revolution, und alle anderen Revolutionen sind nur die Kinderkrankheiten – das ist Scharlach, das sind Masern von dem Vorläufer desjenigen, was sich als Gesundes in dem Heraufkommen des Geistes in der Gegenwart gebären will.

Es ist eben ein starker innerer Entschluß heute notwendig, um dem, was die Gegenwart vom Menschen fordert, gewachsen zu sein. Und bedenken wir in allem Ernst, daß es eine geistige Welt ist, die in die unsrige hereinbrechen will, daß von uns gefordert wird: geistige Kräfte seien da, von denen wir unsere Entschließungen, unsere Handlungen, unser ganzes Denken abhängig machen sollen. Das wird von uns gefordert! In einer solchen Zeit ändert sich vieles. Da darf ich wieder auf ein Symptom hinweisen, das ausgesprochen, wiederum paradox klingen wird, das aber, innerlich geistig angeschaut, von der allergrößten Wichtigkeit ist. Wir haben, das wissen wir aus der Geisteswissenschaft, außer unserem physischen Leib und unserem ätherischen Leib – von dem ich Ihnen eben gesprochen habe als von einem Instrument, das uns notwendig wird für eine gewisse geistige Auffassung dessen, was sonst bloß Spiegelbild in der Kunst zu sein braucht –, wir haben weiter das eigentliche Seelische in uns. Sie können sagen astralischer Leib, oder wie Sie es nennen wollen. Das ist das, was noch wesentlich geistiger ist als der ätherische Leib, das ist das, dem der Mensch natürlich in der Zeit seiner physischen Entwicklung noch ferner gestanden hat als seinem ätherischen Leib. Denn der ätherische Leib hat, als dem physischen Leibe zugrunde liegend, eine Art Bildgestalt, wenn es auch ein Bild ist, das in fortwährender Bewegung ist; aber der astralische Leib ist eigentlich gestaltlos. Und redet man von ihm, so redet man nur von einem Bilde, von dem man weiß, daß das Bild ihn nur darstellen soll, denn in Wahrheit ist er gestaltlos. Dieser astralische Leib hat sich – dieser Prozeß spielt sich seit drei bis vier Jahrhunderten ab – beim neueren Menschen recht sehr verändert. Die Menschen der Vergangenheit hatten einen verhältnismäßig noch von Geistigkeit, von allerlei geistigen Kräften durchspülten, durchdrungenen astralischen Leib; und was die Menschen an spirituellen, an geistigen Empfindungen und geistigen Impulsen im Leben hatten, das kam von diesem Geistigen, das im astralischen Leibe war. Jetzt sind die astralischen Leiber eigentlich leer geworden. Sie sind merkwürdig leer. Und sie sind leer, weil in der Zeit, in der gewissermaßen von außen sich offenbaren will mit Macht die geistige Welt, der Mensch diese äußere geistige Welt aufnehmen soll. Daher ist sein astralischer Leib nach und nach leer geworden. Er soll sich wieder erfüllen mit dem, was äußerlich sich offenbart. Das hat eine ganz bestimmte Wirkung auf den Menschen. Und jetzt komme ich zu der Tatsache, die – wie ich schon sagte –, wenn man sie ausspricht, recht paradox scheinen wird, geradeso wie das melancholische Antlitz des Kindes. Aber sie ist doch eine Tatsache.

Die wichtigste Tatsache in der Entstehungsgeschichte der Weltkriegskatastrophe, insofern sich diese Entstehungsgeschichte in Berlin abgespielt hat, fällt auf den 1. August zwischen nachmittags und abends, etwa zwischen ein Viertel vier Uhr nachmittags und elf bis zwölf Uhr nachts. Verschiedene Menschen waren daran beteiligt, selbstverständlich Menschen der materialistischen Gegenwart. Dies ist der ungünstigste Augenblick, den es heute für eine Menschenseele, wenn sie Entschlüsse fassen soll, geben kann, wenn diese Menschenseele aus materialistischer Gesinnung heraus diese Entschlüsse faßt. Denn wir sind in einen sehr, sehr wichtigen Zeitpunkt der Menschheitsentwicklung eingetreten. Der heutige Mensch kann überhaupt keine vernünftigen Entschlüsse fassen, wenn er – so sonderbar es klingen mag, aber das ist eine Wahrheit, und die Menschheit wird das aus äußeren Tatsachen sogar immer mehr als eine Wahrheit erkennen –, wenn er nicht morgens früh schon mit ihnen aufwacht. Er braucht sie nicht dann im Bewußtsein zu haben. Aber im Unterbewußten macht der Mensch in der Nacht dasjenige durch, was er am nächsten Tage erleben kann. Er ist noch nicht so weit, daß er es prophetisch überschauen kann, aber darauf kommt es nicht an. Wenn Sie aber um ein halb vier Uhr, um sechs Uhr einen Gedanken hegen – Sie haben ihn schon in der Nacht gehabt, er steht wieder auf in Ihnen. Steht dagegen ein Gedanke auf, der nicht schon in der Nacht gefaßt ist, der herausgeholt ist aus den Ereignissen des Tages, dann wird er für den heutigen Menschen kein vernünftiger mehr sein können. Der heutige Mensch ist gerade angewiesen, seine wichtigsten Impulse aus der geistigen Welt zu holen. Die wichtigsten Impulse für den Menschen kommen gar nicht aus der physischen Welt. Wir sind gewissermaßen heute darauf angewiesen, unvernünftig zu sein, wenn wir nicht die Entschlüsse schon mitbringen, wenn wir nicht appellieren an dieses Zusammensein mit der geistigen Welt. Wenn unser astralischer Leib des Nachts, wenn er frei, außerhalb des physischen und des ätherischen Leibes mit der geistigen Welt zusammen ist, da geht in ihm das Wesentlichste vor, dann wird er mehr als bei unseren Vorfahren vorbereitet für die Vernunft des Tages. Heilig sollte daher für den heutigen Menschen der Moment des Aufwachens sein, weil er empfinden sollte: Ich komme heraus aus der geistigen Welt, ich trete in die physische Welt ein. Und alles Gute, alles, was mich fähig macht, ein vernünftiger Mensch zu sein, habe ich durch den Verkehr mit der geistigen Welt vom Einschlafen bis zum Aufwachen, habe ich durch den Verkehr mit den Toten, die ich im Leben gekannt habe, die vor mir hingestorben sind, kurz, durch den Verkehr mit denen, die jetzt nicht in einem physischen Leibe sind, dann erfahren, wenn ich mit ihnen in der rein geistigen Welt zusammen bin. Und aus diesem Erleben im Geistigen sollte ich mir herausbringen die Grundempfindung von der Heiligkeit des Momentes des Aufwachens. Dann wird diese Grundempfindung mir über den Tag ausgießen die Möglichkeit, mir bei dem einen zu sagen: Da hilft mir ein geistiger Impuls – und beim anderen: Da hilft mir nichts, da bleibt alles unentschieden, das darf erst morgen entschieden werden.

Das ist so eine Art, geistig das Leben zu führen, wenn man wirklich mit den geistigen Faktoren rechnet. Natürlich, mit geistigen Faktoren rechnen die Menschen im materialistischen Zeitalter nicht, denn sie sind immer «gescheit». Sie glauben, daß mit dem Instrument des physischen Leibes alles da ist, was sie zum Gescheitsein brauchen. Sie appellieren nicht an das, was ihnen werden kann, wenn sie getrennt sind vom physischen Leib und in ihrem astralischen Leib mit der geistigen Welt zusammen sind. Einzig und allein der Wille, das Leben geistig zu führen, der Wille, geistige Entschließungen, geistige Impulse mitspielen zu lassen in dem, was wir im Physischen tun, kann die Menschheit wiederum wahrhaftig gesund machen.

Das ist das, was heute der Mensch wirklich gründlich bedenken sollte. Denn anthroposophische Weltanschauung kann nicht darin bestehen, daß wir eine Summe von abstrakten Begriffen aufnehmen, diese als eine Art Katechismus betrachten ihren abstrakten Inhalten nach, und dann zufrieden sind, daß wir eine andere Weltanschauung haben als die anderen. Nein, anthroposophische Weltanschauung muß darin bestehen, daß unser ganzes Denken ein anderes wird, daß unser ganzes Fühlen ein anderes wird, daß innerlich jener große Moment des Erwachens im Geiste in uns eintritt, so daß wir wissen: Wir müssen unser Leben vom Geiste durchleuchten lassen. Und das Unglück der gegenwärtigen Menschheit ist dadurch gekommen, daß die Ablehnung des Willens, Geistiges aufzunehmen, aufs Höchste getrieben worden ist. Niemals ist aus so äußerlichen Gründen, aus so rein materiellen Gründen ein Ereignis entstanden wie diese Weltkriegskatastrophe. Und sie ist deshalb auch die Fürchterlichste geworden. Aus ihr sollte der Mensch lernen, daß er durch sein früheres Denken, Empfinden und Wollen in diese Katastrophe hineingetrieben worden ist und nicht wieder aus ihr herauskommen wird – wenn sie auch andere Formen annehmen wird –, ehe er nicht die innere Umwandlung, die innere Metamorphose seiner Seele mit kühner Entschlußkraft vornimmt.

Die Tatsachen, die ich Ihnen vorgeführt habe, sind Tatsachen: die melancholische Trübe in den Kindergesichtern, die Notwendigkeit, unseren ätherischen Leib zu gebrauchen für das Verständnis der Welt, und die Notwendigkeit, für unsere Willensimpulse zu appellieren an den Moment des Aufwachens, an dasjenige, was in uns gleichsam glüht als ein Rest dessen, was uns vom vorhergehenden Schlafe bleibt. Dieses Mitsprechenlassen des Geistes ist es, was notwendig und immer notwendiger wird für die Menschheitsentwicklung der Zukunft. Daß man begreife, daß anthroposophische Weltanschauung nicht eine Sensation sein soll für Seelenmüßiggänger – und heutige Mystiker sind oftmals nichts anderes als Seelenmüßiggänger –, daß sie nicht etwas ist, was so ein Dessert des Lebens bietet, einen äußeren physischen Lebensgenuß, sondern daß sie etwas ist, was mit den tiefsten Impulsen unserer Kultur zusammenhängt. Das sollte man einsehen. Und auch, daß diese unsere Kultur nicht gesunden kann, wenn sie nicht von anthroposophischer Weltanschauung befruchtet wird. Das sollte man sich heute tief in die Seele schreiben, wenn man anthroposophische Weltanschauung kennengelernt hat.

Damit habe ich Ihnen von einem gewissen Gesichtspunkte aus kennzeichnen wollen, in welchem entscheidungsvollen Augenblick der Weltentwicklung der Menschheit wir eigentlich stehen. Gewiß, es liegt nahe, diejenigen Dinge, die heute als die notwendigsten gesagt werden müssen, als Narretei zu verurteilen, wenn man aus den Gedanken der Zeit heraus urteilt. Die Menschen glauben Christen zu sein und haben nicht einmal das Wort verstanden, daß dasjenige, was Weisheit vor den Menschen ist, oftmals Torheit ist vor

Gott, und daß alle Torheit und vielleicht Narrheit und Tollheit vor den Menschen doch Weisheit vor Gott sein könnte, wie ja sonst auch die Menschen heute die innerlichen Impulse der Dinge leicht vergessen und sich an das Äußere der Phrase gerne halten. Wenn man heute zu den Menschen spricht und nach jedem fünften Wort das Wort «Christ» oder «Christus» oder «Jesus» sagt, dann redet man «christlich», wenn man sonst auch etwas sehr Unchristliches sagt. Wenn man aber vermeint, dasjenige zu verkünden, was der Christus heute uns in die Seele legt und dabei das auch schließlich ins Christentum übernommene Wort betrachtet: «Du sollst den Namen deines Gottes nicht eitel aussprechen», so halten das die Leute für nicht christlich. Denn die Leute plappern die Zehn Gebote ab, sprechen den Namen ihres Gottes alle Augenblicke eitel aus und halten sich gerade durch das Aussprechen dieses Namens für ganz besonders christlich. Ebenso wird man für nicht gut «deutsch» gehalten, wenn man das Wort «deutsch» nicht immer auf der Zunge führt. Heute ist es das Wichtigste, daß man einsieht, wie des deutschen Volkstums tiefste Kräfte in den letzten dreißig Jahren wie mit Füßen getreten worden sind und wieder heraufgeholt werden müssen gerade durch eine geistige Vertiefung.

Wir blicken nach dem Westen und finden eine Kultur, welche sich vollständig vermaterialisieren will, eine Kultur, die allerdings eine gewisse innere Sicherheit des Instinktes hat und dadurch im Materialismus nicht ertrinken kann. Und wir blicken nach dem Osten und finden eine Kultur, die alles Westliche und auch uns verachtet, weil diese östliche Kultur bei einer alten Spiritualität, bei einer alten Geistigkeit noch steht und diese alte Geistigkeit in einer gewissen Weise erneuert. Und wir stehen mitten darinnen und sind berufen, zwischen westlichem Materialismus und östlichem, aber für uns nicht zuträglichem Spiritualismus den rechten Weg zu finden. Und wir sollten uns in der Mitte Europas des großen Verantwortlichkeitsgefühles bewußt werden – und auch bewußt werden, wie sehr uns dieses Verantwortlichkeitsgefühl in den letzten Jahrzehnten abhanden gekommen ist. Das geistige Leben, was ist es denn geworden? Ein Anhängsel des Staatslebens, ein Anhängsel des Wirtschaftslebens.

Der Staat als Verwalter des Geisteslebens, insbesondere des Schulwesens, hat uns das geistige Leben ruiniert. Das Wirtschaftsleben als der Brotherr hat es uns weiter ruiniert. Wir brauchen ein freies geistiges Leben, denn nur dem freien geistigen Leben können wir wirklich dasjenige einimpfen, was die geistige Welt der Menschheit offenbaren will. Diese Welle des geistigen Lebens, die muß herunter! Dem Staatsdiener, dem Staatsprofessor und dem, der im geistigen Leben der Kuli des Wirtschaftslebens ist, wird sie sich nimmermehr offenbaren; allein dem, der mit dem geistigen Leben täglich zu ringen hat, der im freien Geistesleben drinnensteht. Die Zeitentwicklung selber fordert die Befreiung des Geisteslebens aus Staats- und Wirtschaftsbanden.

Diese Dinge, die heute auch in einer anderen Form durch das Programm der «Dreigliederung des sozialen Organismus» verkündet werden, die sind heute das Christentum, die sind heute in äußerliche Formen gekleidete geistige Offenbarungen. Die sind das, was die Menschen brauchen, was einzig und allein die reale Grundlage und reale Möglichkeit bietet zum Umdenken und Umlernen, was der Menschheit so notwendig ist. Wir haben Krieg führen müssen mit einem Lande, das ein instinktives politisches Leben von hoher Vollendung hat und das seit langem viele Kolonien und seinen Industrialismus in Verbindung mit den Kolonien hat. Wir haben Krieg geführt als ein Land, welches einen erst aufstrebenden Industrialismus hatte, welches erst Kolonien haben wollte. Wir hätten zu diesem Streben Geist gebraucht, und niemand hat mehr die Sünde wider den Geist begangen als dasjenige, was führend im Wirtschaftsleben in den letzten drei Jahrzehnten in Deutschland war. Denn das Programm war da: die Ablehnung des geistigen Lebens, das Sich-Überlassen dem bloßen Zufall, dem ungeistigen Zufall. Wie wenn der Weltengeist gerade dem deutschen Volke hätte die größte Lehre geben wollen durch die Auferlegung der größten Prüfung, so ist es. Diesem Volke sollte gezeigt werden, daß es ohne den Geist nicht geht. Und dieses Volk wird einsehen müssen, daß es ohne den Geist nicht geht. Aber es scheint, als ob es schwer dazu käme einzusehen, daß es ohne den Geist nicht geht, denn es ist noch immer geneigt, alles andere eher zu verurteilen, als das Nichtsichbewußtsein einer Verantwortung gegenüber dem Geist. Die Dinge, die sich in unseren Tagen auf diesem Gebiete so jammervoll abspielen, das Sich-Garnichtbewußtwerden, wie wenig geeignet die Menschen sind, das Schicksal des deutschen Volkes zu führen, die gegenwärtig es gegenüber dem Westen aufgetragen bekommen haben, wie unsinnig diese ganze Expedition durch die daran beteiligten Menschen ist, und der Wille, nicht zu prüfen, nicht hinzuschauen auf das, was geschieht, das ist noch immer ein Zeugnis für das Schlafen der Seelen, die sich längst hätten sagen müssen: Was da in Versailles aufgetreten ist, von uns hingeschickt, das ist ungeeignet, so ungeeignet als möglich, um den heutigen weltgeschichtlichen Augenblick zu begreifen. Aber solche Dinge wird man erst in der richtigen Weise beurteilen, wenn man sich der Verantwortung gegenüber dem Geiste bewußt wird, wenn man erkennen wird, daß man in dem allergrößten weltgeschichtlichen Augenblicke lebt und daß man die Verpflichtung hat, die Dinge nicht im allgemeinen Sinne leicht zu nehmen, sondern sie ernst zu nehmen. Aber es kann auf gewissen Gebieten heute geredet und geredet werden, es nützt nichts und es ist ja bequemer zu sagen, die, welche auf ihre Posten gestellt sind, werden es schon machen. Die mit den alten Gedanken heute auf ihre Posten gestellt werden, ob sie alte Aristokraten, dekadente Aristokraten oder marxistische Sozialisten sind, die von aller Welt nichts wissen, höchstens von Marx› «Kapital» etwas aufgenommen haben, ob sie das oder jenes sind: wenn sie nicht den Willen finden, jene große Umkehr der Seelen zu vollziehen zu neuen Gedanken, dann entsteht kein Heil. Die Revolution vom 9. November 1918 war keine Revolution. Denn das, was sich geändert hat, ist nur der äußere Stuck. Dasjenige, was sich geändert hat, tritt am stärksten hervor bei denjenigen, die den äußeren Stuck an der Stelle derjenigen, die ihn früher an sich getragen haben, nunmehr an sich tragen. Diese Dinge wollen in ihren Fundamenten gesehen werden. Aber dazu braucht man Gedanken. Zu diesen Gedanken muß man den guten Willen haben, und dieser gute Wille wird nur kommen, wenn man ihn trainiert an der Beschäftigung mit der geistigen Welt. Deshalb ist diese Beschäftigung mit der geistigen Welt das, was heute der einzig wirkliche Balsam ist, den die Menschheit braucht.

Dies wollte ich einmal, nachdem uns die Möglichkeit dafür gegeben war, hier wiederum miteinander zu sprechen, in der Gestalt, in welcher es einem heute gegenüber den Ereignissen der Zeit erscheinen muß, vor Ihnen entwickeln, in Ihre Seelen bringen, damit innerhalb unserer anthroposophischen Bewegung immer mehr und mehr und in immer weiteren und weiteren Kreisen jenes Streben entsteht, das nicht nur dem einzelnen ein innerliches Seelenwohlbehagen geben kann, sondern das dem Kulturleben der ganzen Menschheit Früchte tragen kann.

Zu meiner innersten Befriedigung sehe ich, wieviel mehr Freunde unserer anthroposophischen Bewegung hier sitzen als vor Jahresfrist. Möge es der in der heutigen Welt- und Menschheitsentwicklung vibrierende Geist dahin bringen, daß in jedem Jahre wenigstens ein ebenso großer oder ein viel größerer Zustrom geschehe. Denn in je mehr Menschenseelen dieser Geist die Überzeugung legt von dem neuen Denken, Empfinden und Wollen und von dem neuen Verantwortlichkeitsgefühl, desto besser wird es sein.

SECHSTER VORTRAG

Berlin, 12. September 1919

Heute, wo ich zum ersten Male hier in diesem Raume zu Ihnen über Anthroposophisches zu sprechen habe, ist es vor allen Dingen das Gefühl der Dankbarkeit, dem ich Ausdruck geben möchte denjenigen lieben Freunden gegenüber, welche in der Zeit, in der ich selbst nicht hier in Berlin verweilen konnte, hingebungsvoll sich gewidmet haben der Einrichtung dieser Räume, die unseren anthroposophischen Betrachtungen und Arbeiten dienen sollen. Es ist ja heute eine Zeit, in der die Menschenseele in der Hauptsache großen, umfassenden Ereignissen im Weltengeschehen und in der Menschheitsentwicklung zugeneigt sein muß. So sehr nehmen diese großen, umfassenden Ereignisse und Umwälzungen der Gegenwart unser Wollen in Anspruch, wenn wir unsere Stellung als Menschen innerhalb des Weltgeschehens verstehen wollen, daß wir nicht, wie manchmal in früheren, ruhigeren, wenigstens scheinbar ruhigeren Zeiten, mit gleicher Aufmerksamkeit solchen schönen äußeren Ereignissen zugewendet sein können wie der Einrichtung einer solchen Räumlichkeit, die idealen Zielen, geistigen Zielen gewidmet sein soll, so gewidmet sein soll, daß in ihnen zusammenwirken Menschen als in ihrem sozialen Leben. Es ist aber, wenn man die Sache richtig bedenkt, doch ein gewisser Zusammenhang zwischen den großen Ereignissen, welche gegenwärtig die Welt durchpulsen, und einer solchen Einrichtung. Wird es doch durch die bedeutungsvollen Forderungen der geschichtlichen Entwicklung der Menschheit selbst so sein müssen, daß dasjenige, was die Menschen gesucht haben an Schönem bisher, an künstlerischer Ausgestaltung für ihr einzelnes Privatleben, immer mehr und mehr sich wird hinziehen müssen nach denjenigen Räumen, welche die Menschen nicht einzelegoistisch für sich haben, sondern in denen sie sozial zusammenwirken. Man würde schlecht verstehen, was sich als Zukunftsziele in die Menschheitsentwicklung hineinstellen will, wenn man es beurteilen wollte nach dem, was sich heute zuweilen anzukündigen scheint. Die soziale Bewegung der Gegenwart trägt nicht nur vielfach einen «demokratischeren» Charakter – dessen vorübergehende Wesenheit man nur im richtigen Sinne zu durchschauen braucht, um das, was in dieser Bewegung steckt, ob dieses demokratischeren Charakters nicht zu verkennen –, sondern diese soziale Bewegung trägt auch etwas an sich, das schon den Menschen in die Furcht jagen könnte: das Schöne, das, was als Künstlerisches unsere Erdenkultur durchzieht, das würde in der Zukunft nicht das gleiche Verständnis finden wie in der Vergangenheit, da materiell bevorzugte Kreise dieser Pflege des Schönen sich widmen konnten!

Eine Übergangszeit mag dazu führen, daß die Empfänglichkeit für das Schöne etwas zurücktritt. Aber gerade wenn im Ernste eine sozialere Gestaltung unseres Lebens Platz greifen wird, dann wird es unerläßlich sein, daß auch das äußere räumliche, das zeitliche Geschehen angepaßt werde dem Geschmack, dem Schönen; sonst würde ja die Menschheit im Banausentum und in der Philistrosität verkommen. So dürfen wir in gewissem Sinne gerade die einfache Schönheit, die unsere Freunde hier in dieser Räumlichkeit dem anzupassen versuchten, was an ernsten Dingen des Lebens hier gepflegt werden soll, wir dürfen gerade dieses ansehen wie etwas Symbolisches für die großen Ereignisse, die unsere Zeit durchpulsen. Und aus solchen Gefühlen heraus glaube ich im Einklange mit Ihnen allen zu sprechen, wenn ich in dieser ernsten Zeit für eine Arbeit, wie sie hier verrichtet worden ist, auch in diesem Zeitensinne unseren Freunden den allerherzlichsten Dank abstatte. Es wäre auch ein falscher Glaube, wenn man das, was in der Gegenwart sich vorbereiten will, so beurteilen wollte, als ob durch die sogenannten «objektiven Ereignisse» in der Welt der Wert der Persönlichkeit und der Wert dessen, was aus dem Persönlichen, aus dem Individuellen stammt, zurückgehen könnte. Das wird nicht der Fall sein. Nur die Jahrhunderte bis zum Ende des 19., die drei bis vier letzten Jahrhunderte, haben gewissermaßen so gewirkt, daß es in der Gesamtentwicklung der Menschheit gerechtfertigt scheint, den Menschen mehr als ein Rad in den allgemeinen Weltenmechanismus hineinzustellen.

Die Aufgabe für die nächste Zukunft schon wird sein, daß sich der Mensch aus diesem Weltenmechanismus herausarbeite. Deshalb darf schon gesagt werden: Zunächst trägt ja die große Bewegung der Gegenwart zumeist einen durch und durch egoistischen Charakter. Gewiß, man strebt Sozialismus an, aber aus lauter antisozialen Trieben und Instinkten heraus. Das darf man nicht verkennen, daß wir eigentlich heute aus dem Grunde Sozialismus anstreben, weil die Menschen so antisozial in ihrer Seelenentwicklung, in ihrer Seelenverfassung geworden sind. Wäre das soziale Fühlen selbstverständlicher, so brauchten nicht so viele sozialistische Programme zu existieren; die sind gewissermaßen nur durch die Reaktion auf das antisoziale Fühlen und Empfinden der Menschen hervorgerufen. Aber gerade in einer solchen Zeit, in welcher – weil die Dinge so ungeklärt sind – das Soziale aus dem Egoistischen und Antisozialen sich herausgebären will, gerade in einer solchen Zeit übt der Anblick desjenigen, was in edler, selbstloser Hingabe an eine ideale Sache zustande gebracht worden ist aus echten, wahren, unegoistischen Menschenempfindungen heraus, eine ganz besondere Wirkung aus. Und es wird gut sein, wenn wir nicht in einer äußerlichen Weise in dieser ernsten Zeit heute geradezu ein Fest feiern, sondern wenn wir unsere Gedanken zu solchem wenden, wie ich es eben ausgesprochen habe: wie wertvoll es ist, neben dem durchgreifenden egoistischen Streben in unserer Zeit die Möglichkeit zu finden, daß so etwas geschaffen werde, wie es hier geschaffen worden ist – wenn auch in sehr kleinem Maßstabe – für ideelle, spirituelle Arbeiten. Und so erscheint es mir auch heute das Allerfestlichste zu sein, hier Betrachtungen anzustellen, die auf der einen Seite zusammenhängen sollen mit dem Ernste der Zeit, damit wir aus diesem Ernste heraus diejenigen Empfindungen in unsere Seele hereinbekommen, die uns vielleicht begleiten können durch die Arbeiten, die hier in diesen Räumen gepflogen werden sollen, so lange wir sie in diesen Räumen durch die Zeitverhältnisse eben werden pflegen können, und wenn wir auf der anderen Seite Gedanken auf uns wirken lassen, die, weil mit der Menschheitsentwicklung innig zusammenhängend, wert und würdig sein können, wenn wir diese Räume betreten, aus den

Aufgaben heraus, denen diese Räume dienen sollen, oft und oft uns durch die Seele zu ziehen.

Wenn wir in einem kritischen Sinne – nicht böswillig kritisch, aber doch kritisch – unsere Zeit ansehen, dann würden wir ja nicht wahr sein, wenn wir uns täuschen wollten über die zahlreichen Niedergangsströmungen auf allen Gebieten des Lebens, die in dieser Zeit waltend sind. Wenn wir unsere heutige Zeit betrachten, dann dürfen wir, damit wir den Ernst des Lebens nicht verlieren, nicht vergessen, wie stark dasjenige, was der Mensch gewöhnlich in seinem Bewußtsein heute trägt – so trägt, daß er es in Worten ausspricht –, wie sehr entfernt dies zumeist steht von demjenigen, was innerlich wahr und wirklich ist. Sogar die Empfindung dafür, wie weit das Wort, das wir sprechen, sich heute oftmals entfernt von der Wahrheit, sogar die Empfindung dafür ist großen Kreisen unserer Zeitgenossen eigentlich verlorengegangen, und an die Stelle des elementaren Ausfließens der Wahrheit aus der Menschenseele ist getreten, wir dürfen sagen, die Weltenphrase. Denn worin charakterisiert sich am meisten die Phrase? Sie charakterisiert sich dadurch, daß die Menschen sprechen, ohne daß das Wort, welches aus ihrem Munde kommt, innerlich verbunden ist – nur innerlich kann es ja damit verbunden sein – mit dem Quell der Wahrheit. Wir brauchen nur auf das zu sehen, was im Laufe der letzten vier, fünf, sechs Jahre geleistet worden ist an Offenbarungen einer allgemeinen Unwahrheit durch die Welt hindurch, und wir werden nicht daran zweifeln können, daß dadurch jenes Entfernen der Welt von der wahrhaften Wirklichkeit groß geworden ist, zur Weltenphrase geführt hat und, würde nichts dagegen arbeiten, noch immer mehr und mehr führen würde. Und nichts hat eigentlich außer dem Großwerden der Phrase, der Unwahrhaftigkeit, so sehr in der neueren Zeit gedeihen können als die Nachsicht gegenüber dieser Unwahrhaftigkeit, als der Hang zur Unwahrhaftigkeit. Überall wo man heute der Phrase begegnet, trifft man auch auf diejenigen Menschen, die nachsichtig sind gegenüber dem Geltendmachen der Phrase, dieser Unwahrhaftigkeit. Denn diese Nachsichtigen fragen überall: Wie hat das der Betreffende gemeint? Hat er nicht überall die besten Absichten gehabt? Glaubte er nicht überall mit den besten Absichten vorzugehen? – Und wie wenig herrscht demgegenüber das gewissenhafte Wahrheitsgefühl, daß der, welcher den Mund aufmacht, dazu verpflichtet ist, die Gründe einer Behauptung ernst zu prüfen und zu unterlassen die Behauptung, ehe er geprüft hat. Die Zeit muß kommen, in der es nicht genügt, daß man von einem Menschen sagen kann: Er hat es gut gemeint –, wenn er eine Unwahrhaftigkeit gesagt hat. Die Zeit muß vielmehr kommen, in welcher die Menschen das intensivste Verantwortlichkeitsgefühl gegenüber der Prüfung der Wahrheit empfinden, und daß sie selbst auch dann, wenn sie entdekken würden, daß sie etwas in gutem Glauben ausgesprochen haben, was nicht den Tatsachen entspricht, daß sie dies sich nicht würden verzeihen können, sondern eingedenk wären der Tatsache, daß es für die objektive Welterkenntnis gleichgültig ist, ob wir subjektiv glauben, wir hätten die Wahrheit gesagt oder nicht, daß es aber für die objektive Welterkenntnis durchaus nicht gleich ist, ob wir in einem einzelnen Falle etwas sagen, was im objektiven Sinne wahr ist, das heißt, den Tatsachen entspricht, oder etwas, das nicht den Tatsachen entspricht. Gerade dem Ernste der Zeit gegenüber wird man es lernen müssen, was wirklich Phrase ist.

Heute haben viele Menschen eigentlich das Gefühl – sie sind sich dessen nicht klar bewußt –, daß man doch eigentlich das behaupten dürfe, was einem angenehm ist. Man hat das ganz besonders studieren können und kann es weiter studieren an der Stellung, die sehr viele Menschen zu den Zeitereignissen nehmen. Ernstes ist an uns vorübergegangen. Dieses Ernste beurteilen die Menschen doch nur so, wie es ihnen angenehm ist, nicht nach der Tragweite, welche dieses Ernste für die Gesamtentwicklung der Menschheit hat. Wir haben Menschen als Zeitgenossen gehabt, die im Mittelpunkte dessen standen, was in den letzten vier bis fünf Jahren geschehen ist, Menschen, welche durch die Verhältnisse hinaufgeschoben worden sind in erste Stellungen in bezug auf das Weltgeschehen. Diese Menschen, ihr Schicksal hat sie ereilt! Aber wie wenig Menschen sind geneigt, sich ein objektives Urteil anzueignen über das, was eigentlich geschehen ist. Wie wenig Menschen sind geneigt, danach zu fragen, durch welche Selektion, durch welche Auswahl in der entscheidenden Zeit gerade die führenden Persönlichkeiten in ihre führenden Stellungen zum Unheil der Menschen gekommen sind. Nichts anderes ist aber heute so notwendig, als sich gegenüber allen subjektiven Meinungen durchzuarbeiten zu einer gewissen Objektivität mit Bezug auf diese Dinge. Manche Menschen glauben, es sei heute leicht, die Wahrheit zu sagen. Es ist nicht leicht, die Wahrheit zu sagen, weil die Wahrheit heute so viele Feinde hat, und weil der, welcher die Wahrheit sagt, sich selbstverständlich heute sehr schnell abnutzt. Denn die Wahrheit wird heute vielfach übelgenommen.

Ich mußte in den letzten Monaten, da mir oftmals gesagt worden ist, daß das, was ich auf sozialem Gebiete geltend mache, so schwer zu verstehen sei, man könne es nicht begreifen, ich mußte demgegenüber immer wieder geltend machen, daß allerdings das Begreifen gerade dieses sozialen Impulses eine andere Seelenstimmung notwendig mache, als jene Seelenstimmung war, die in Mitteleuropa, namentlich in den letzten vier bis fünf Jahren und auch schon lange vorher, geherrscht hat, aber in den letzten vier bis fünf Jahren besonders zu ihrem Höhepunkte gekommen ist. Da haben die Leute in diesen letzten vier bis fünf Jahren viel begriffen; da haben sie Dinge begriffen, die ich wahrhaftig nicht begriffen habe. Man konnte bei vielen Leuten, eingerahmt in schönen Rahmen, allerlei Aussprüche finden; die Leute haben sie begriffen. Mit einem geraden Wahrheitssinn konnte man solche Aussprüche nicht begreifen, aber die Menschen haben sie begriffen. Denn es war ihnen befohlen, daß sie sie begreifen: es kam der Befehl dazu aus dem Großen Hauptquartier. Da begriffen sie alles. Jetzt aber sind die Dinge notwendig, die man nicht aus Gehorsam begreift, sondern aus seiner eigenen freien Seele heraus. Das müssen sich vielleicht die Menschen erst wieder aneignen. Die letzten vier bis fünf Jahre haben in ernster Weise gezeigt, daß die Menschen sich dies wieder aneignen müssen. Und gegenüber dem, was sich die Menschen in den letzten vier bis fünf Jahren angewöhnt haben, ist es wahrhaftig keine angenehme Pflicht, die Wahrheit zu sagen, erstens, weil die Wahrheit ernst ist, und dann, weil die Menschen die Wahrheit so sehr übelnehmen.

Es werden Zeiten kommen, die in ganz besonderer Art auf diese unsere Zeit sehen werden. Aber die Menschen haben in der Gegenwart noch manche andere Verpflichtung als in der jüngsten Vergangenheit. Daher muß man sich heute schon in gewissem Sinne eine Vorstellung machen, wie künftige Zeiten auf das sehen werden, was in unserer Zeit vorgeht.

Die Menschen werden lernen müssen, in unserer Zeit den Blick, den geistigen Blick, wieder hinaufzulenken zu den großen Umschichtungen, zu den großen Impulsen des Menschenwerdens auf der Erde. Ein solcher großer Umschwung hat begonnen in der Mitte des 15. Jahrhunderts in der christlichen Zeitrechnung. Wir nennen ihn in unserer anthroposophisch orientierten Geisteswissenschaft den Beginn des fünften nachatlantischen Kulturzeitraumes, und wir wissen, daß er gegenüber dem früheren, dem griechisch-lateinischen Kulturzeitraume, der im 8. vorchristlichen Jahrhundert begann und im 15. Jahrhundert unserer Zeitrechnung endete, einen ganz anderen Charakter trägt. Die Menschen schauen durch das, was sie heute als Fable convenue gegeben haben und das sie Geschichte nennen, nicht auf den gewaltigen Unterschied der menschlichen Seelenstimmungen etwa des 10. Jahrhunderts und derjenigen Jahrhunderte hin, die mit der Mitte des 15. begonnen haben. Neue Seelenstimmungen und Seelenverfassungen sind in die Menschheit hereingebrochen, und wir können nur verstehen, was eigentlich in die Menschheitsentwicklung hereingekommen ist, wenn wir den Seelenblick hinaufwenden zu den Kräften, die im Menschheitsgeschehen selber walten, zu den Kräften, wie sie zum Beispiel in dem Umschwung in der Mitte des 15. Jahrhunderts spielen. In unserer Zeit – es sind ja seit der Mitte des 15. Jahrhunderts wieder einige Jahrhunderte vergangen – kommt gewissermaßen das zu einer Krise, was in der Mitte des 15. Jahrhunderts über die zivilisierte Menschheit hereingebrochen ist, was sich langsam bis jetzt entwickelt hat und jetzt in einem entscheidenden Augenblicke steht, weil das menschliche Bewußtsein diesen entscheidenden Augenblick ergreifen muß.

Heute ist die Zeit, in welcher der Mensch – auf welche Weise er das macht, davon werden wir noch sprechen – in sein Bewußtsein aufnehmen muß: Hier stehe ich innerhalb des Erdengeschehens als Mensch, und außer mir sind die drei Reiche der Natur, das Tierreich, das Pflanzenreich, das Mineralreich. Wenn aber der Mensch heute diesen Satz ausspricht, so sagt er damit vom Standpunkte des gegenwärtigen Bewußtseins, des Bewußtseins des fünften nachatlantischen Zeitraumes, nur eine halbe Wahrheit. Der Mensch, der vor diesem Zeitraume lebte, konnte noch sagen: Außer mir sind das Tierreich, das Pflanzenreich und das Mineralreich, weil er etwas anderes darunter verstand als das Bewußtsein von heute. Der Mensch der Vorzeit verstand das Tierreich, das Pflanzenreich und das Mineralreich noch so, daß Geistiges in diesen Reichen waltete. Dem heutigen Menschen ist das Bewußtsein dafür abhanden gekommen. Er muß es sich erst wieder aneignen, indem er auf die drei Reiche hinschaut und weiß: So wie wir nach unten angegliedert sind an die drei Reiche, an das Tierreich, Pflanzenreich und Mineralreich, so sind wir nach oben angegliedert an die drei Reiche der Angeloi, Archangeloi und Archai. Und erst dann sagen wir nicht eine halbe, sondern eine volle Wahrheit, wenn wir nicht nur sagen, wir blicken nach unten auf das Tierreich, Pflanzenreich und Mineralreich, sondern wenn wir auch nach oben hinblicken können auf das Reich der Angeloi, der Archangeloi und der Archai. So wie unser physischer Leib ein gewisses Verhältnis hat zu dem Tierreich, Pflanzenreich und dem Mineralreich, so auch unser Geistig-Seelisches zu dem, was die drei Hierarchien über uns ausmacht. Aber gerade in unserer Zeit ist es so, daß, während wir auf der einen Seite das Verhältnis zu den drei Reichen der Natur sehr ändern, wir auch das Verhältnis zu den drei Reichen der Hierarchien, die über dem Menschen stehen, ändern. Auf diese ernste Angelegenheit der Menschheitsentwicklung möchte ich Sie heute hinweisen, und indem wir dies festhalten, begehen wir am besten das Weihefest für diesen Zweigraum.

Wenn wir auf das zurückblicken, was sich in der Menschheitsentwicklung in den früheren Zeiträumen zugetragen hat, die gewissermaßen mit der Mitte des 15. Jahrhunderts ihren Abschluß finden, so müssen wir sagen, wenn wir von den höheren Hierarchien noch absehen: Die Wesen der Angeloi, der Archangeloi und der

Archai haben sich immer mit dem Menschen beschäftigt, haben sich beschäftigt mit dem Menschen, insofern er sein Dasein durchmacht zwischen dem Tode und einer neuen Geburt, haben sich aber auch mit ihm beschäftigt, insofern er sein Dasein durchmacht hier auf dem irdischen Plan. Aber die Beschäftigung der Wesen dieser drei Hierarchien mit dem Menschen hat in gewisser Beziehung einen Abschluß gefunden in unserem Zeitalter. Unter den mannigfaltigen Tätigkeiten, denen die Wesen dieser drei Hierarchien obgelegen haben, ist diese: mitzuarbeiten an dem Bilde, das dem physischen Erdenmenschen, der physischen Organisation des Erdenmenschen zugrunde liegt. Wir treten durch die Geburt in unser physisches Dasein, wachsen heran in diesem physischen Dasein: das Bild der Menschheit prägt sich in uns aus. Dieses Bild war in uralten Zeiten der Menschheitsentwicklung ganz anders: Es hat manchen Wandel durchgemacht. Sie brauchen sich nur an das zu erinnern, was herauskommt, wenn wir in die alte atlantische Zeit oder auch in die Zeit der ägyptischen Kultur zurückblicken: die Menschen waren in ihrem äußeren Bau noch anders. Das Bild der Menschheit hat sich geändert, und an diesem Bilde zu arbeiten, oblag den Wesenheiten dieser drei höheren Hierarchien. Man kann schon sagen, es gehörte zu den Aufgaben dieser Wesenheiten, das Bild des Menschen auszuarbeiten, so daß es zuerst die Gestalt hatte, die es in der alten lemurischen Zeit zeigte, dann jene Gestalt, die es in der atlantischen Zeit hatte und dann die, welche es in den nachatlantischen Perioden hatte. Damit sind die Wesen dieser drei höheren Hierarchien allmählich dazu gekommen, das Bild, welches heute dem Menschen zugrunde liegt, durch Umwandlung älterer Bildformen hervorgebracht zu haben.

Aber nun liegt das Eigentümliche vor, und eine wirkliche geistige Beobachtung der Menschheitsentwicklung zeigt dies: mit der eigentlichen Ausbildung dieses Menschheitsbildes sind die Wesenheiten dieser drei Hierarchien in unserem Zeitalter im wesentlichen fertig. Dieses Menschheitsbild, insofern es der physischen Organisation des Menschen zugrunde liegt, ist eigentlich abgeschlossen. Fühlen Sie diese bedeutungsvolle Tatsache: Die Wesen der Hierarchien der

Angeloi, der Archangeloi und der Archai haben durch Jahrtausende und aber Jahrtausende an der Ausarbeitung eines Bildes gewirkt, und dieses Bild ist dasjenige, nach welchem die physische Menschenorganisation sich vollzogen hat. Und wir leben in dem Zeitalter, in dem diese Wesenheiten der drei höheren Hierarchien sich sagen: Wir haben gearbeitet an dem Menschheitsbilde, aber wir sind fertiggeworden. Wir haben den Menschen hineingestellt in diese Erdenwelt als physischen Menschen, und wir sind nun fertig!

Wer im geistigen Schauen diese Tatsache überblickt, der empfindet namentlich erschütternd die Tatsache, daß das Interesse der Wesenheiten dieser drei höheren Hierarchien in diesem Zeitalter nicht nur abgenommen hat, sondern geschwunden ist für die Herstellung des physischen Menschheitsbildes. Blickt man zurück noch in die griechisch-lateinische Zeit, so findet man bei den Wesen dieser höheren Hierarchien ein lebhaftes Interesse an dem Zustandebringen des physischen Menschheitsbildes auf der Erde. Heute haben diese Wesenheiten der höheren Hierarchien eigentlich dafür kein Interesse mehr. Sie haben das Gefühl, sie haben für den physischen Menschen auf der Erde das Ihrige getan. Ihr Interesse ist von diesem Gesichtspunkte aus geschwunden. Die Menschen könnten dies als eine besonders bedeutungsvolle, tief in die Menschennatur einschneidende Tatsache ansehen, wenn sie nur sich Zeit und Muße nehmen würden, heute auch die äußeren Tatsachen der Menschheitsentwicklung zu beobachten. Wir blicken zum Beispiel zurück auf frühere Zeiten. Aus manchem, was geschehen ist und was uns so überliefert ist, daß wir es beurteilen können, können wir uns sagen: In den Menschen der früheren Zeiten stiegen wie instinktiv gewisse Gedanken auf. Man bezeichnet ja gerade diejenigen Menschen als genial, in denen gewisse Gedanken instinktiv aufsteigen. Heute glaubt man höchstens, daß solche Gedanken in manchen Menschen aufsteigen. Heute ist wenig Geniales in den Menschen der Erde vorhanden. Denn es steigen nicht mehr aus der Leibesorganisation die Kräfte des Genialischen herauf, weil an dieser Leibesorganisation nicht mehr die Wesenheiten der drei höheren Hierarchien arbeiten. Sie haben ihr Interesse an der Leibesgestaltung des Menschen verloren.

Das macht den Menschen der Gegenwart gerade in gewisser Beziehung so hochmütig, daß er eigentlich in bezug auf seine Leibesgestaltung fertig ist. Den Rest der Erdenentwicklung wird er nicht mehr in der Vervollkommnung seiner physischen Erdengestalt durchmachen können. Es wird sich aus dem Leibe selbst keine Vervollkommnung seiner Organisation mehr ergeben. Was früher instinktiv genial in der Menschenseele aufgestiegen ist, das war aus dem Leibe und das hatte zu gleicher Zeit, weil es Götterarbeit war, eine organisierende Kraft an dem Leibe. Wenn zum Beispiel Homer dichtete, so dichtete er mit einer Kraft, die im Griechen zugleich eine organisierende Kraft war, die den Griechenleib gestaltete. Was mit einer so konkreten Kraft auftritt, auftreten kann, das hat zu gleicher Zeit leibbildende Kräfte. Was dagegen heute bei uns auftritt als die von uns aufgestellten Naturgesetze, auf die wir so stolz sind, das sind im großen und ganzen Abstraktionen, das hat keine leibbildende Kraft. Wir bilden deshalb abstrakte Gedanken aus, die das soziale Leben nicht zu beherrschen vermögen, und abstrakte Naturgesetze, weil nicht mehr die Wesen der drei höheren Hierarchien an uns arbeiten, weil wir keine Gedanken mehr in uns aufsteigend haben, die organisierend sind. Unser Seelenwesen ist abstrakt geworden. Unsere Seele ist in der Tat so in uns, daß sie verlassen ist durch den Leib selber von der Tätigkeit der Wesen der drei höheren Hierarchien.

Und das ist nun das Wichtige, daß wir jetzt wieder suchen müssen, von uns aus, die Anknüpfung an die Tätigkeit der Wesen der drei höheren Hierarchien. Bis jetzt sind uns als Menschen diese Wesenheiten entgegengekommen, sie haben an uns gearbeitet. Jetzt müssen wir an unserem Seelisch-Geistigen selber arbeiten. Und was wir seelisch-geistig arbeiten, was wir durch geisteswissenschaftliche Forschung aus der geistigen Welt heraus offenbaren, das wird in unserer Menschenseele etwas werden, was die Wesenheiten der drei höheren Hierarchien wieder interessieren wird. Sie werden in den Gedanken und Empfindungen sein, die wir aus der geistigen Welt herausholen. Dadurch werden wir wieder die Beziehungen zu den Wesen dieser Hierarchien anknüpfen. So bedeutsam ist das, was in unserem Zeitabschnitt geschieht, daß wir es darstellen müssen als eine Veränderung in der Stellung der Götterwelt zu der Menschenwelt. Götter haben bis in unsere Zeit gearbeitet an der Vervollkommnung des physischen Menschenbildes. Der Mensch muß an seinem Seeleninhalt anfangen zu arbeiten, damit er wieder den Weg zurückfindet zu den drei höheren Hierarchien. Deshalb hat unsere Zeit es so schwierig, weil die Menschen so stolz sind auf ein zu einem Abschluß gekommenes äußeres Leibesbild und unabhängig von diesem Leibesbild, das heißt unabhängig von jeglicher höheren Welt, abstrakte Gedanken entwickeln, die keinen Zusammenhang haben mit der geistigen Welt, und weil eigentlich unsere richtige Aufgabe die ist, aus uns selbst diesen Zusammenhang nun zu suchen durch Hingabe an geistiges Wissen und Empfindungen über geistiges Wissen, und zu wollen aus geistigem Wissen heraus. Nur wer ganz eindringlich diesen großen Umschwung, der allerdings durch Jahrhunderte dauert, fühlt und empfindet, nur der kann heute zu einer richtigen Stellung innerhalb seiner Zeit kommen. Heute kann man nicht durch äußere Betrachtungen eine richtige Stellung zur Zeit gewinnen, heute muß man die Möglichkeit haben, diese Stellung durch innerliche Arbeit dessen, was innerlich ist, zu bekommen. Wir sind eben eingetreten in das Zeitalter der Bewußtseinsseele, sind herausgetreten aus dem Zeitalter der Verstandes- oder Gemütsseele, welches das griechisch-lateinische Zeitalter war. Und diese Bewußtseinsseele muß sich auch immer mehr und mehr so entwikkeln, daß nicht mehr in den Menschen hereinarbeiten – das würde ja sein Bewußtsein trüben – die Wesenheiten der höheren Hierarchien, sondern er muß sich bewußt zu ihnen hinaufarbeiten. Das macht sein volles, helles, klares Tagesbewußtsein aus, daß er sich zu den Wesen der höheren Hierarchien hinaufarbeitet. Geisteswissenschaft ist der Beginn eines solchen Hinaufarbeitens, denn sie ist nicht aus irgendeiner Willkür entsprungen, sondern aus der Einsicht in diesen Umschwung in unserer Zeit.

Aber bewußt muß der Mensch auch manches andere entwickeln. Der Mensch hat immer leben müssen nach dem Karma, nach dem großen Schicksalsgesetz, aber er hat nicht immer sich ein Wissen von diesem großen Schicksalsgesetz angeeignet. Wie war es eigentlich überraschend, als durch Lessings «Erziehung des Menschengeschlechts» heraussprang aus der neueren Geistesentwicklung das Bewußtsein von den wiederholten Erdenleben. Heute beginnt die Zeit, wo man nicht mehr in derselben Weise von Mensch zu Mensch leben kann wie früher. Wir haben gesehen, wie man nicht mehr in derselben Weise zu den Wesen der drei höheren Hierarchien lebt. Aber auch zu den Menschen selbst kann man nicht mehr in derselben Weise leben wie früher. Ihr Leben ragt allerdings, wie es früher gepflegt worden ist, in unsere Zeit herein, aber wir versäumen unsere Verpflichtungen gegenüber der Gegenwart, wenn wir nicht darauf aufmerksam machen, daß auch ein neues Verhältnis von Mensch zu Mensch eintreten muß. Es hat bis jetzt nichts gemacht, kann man sagen, weil die menschliche Bewußtheit nicht verpflichtet war, in der vorherigen Zeit sich zu entwickeln. So daß man in der früheren Zeit dem Menschen entgegengetreten ist ohne Bewußtsein:

Du Mensch, in dir lebt eine Seele, die durchgemacht hat eine Zeit vor der Geburt und davor ein anderes Erdenleben. – Es wird eine Zeit kommen, und sie ist schon im Anbrechen, wo es ein Mangel der Seelenverfassung wäre, wenn wir bei einem anderen Menschen nicht wüßten, in seiner Seele lebt etwas, was sich herüberlebt aus einem früheren Erdenleben. Bisher hat es nichts gemacht, wenn man dies nicht wußte. Jetzt beginnt die Zeit, wo man das nicht außer acht lassen darf. Ich will das an einem konkreten Falle zeigen.

Unter den Dingen, die wir im sozialen Leben zu erarbeiten begonnen haben, haben wir versucht, eine Schule aus wirklich neuem Menschheitsgeist heraus ins Leben zu setzen, die Schule, die zunächst an die Firma Waldorf-Astoria Zigarettenfabrik angegliedert ist: die Waldorfschule. Wir haben sie am letzten Sonntag feierlich eröffnet. Vorausgegangen ist ein Seminarkursus für Lehrer, den ich mir zu halten erlaubte. Da kam es vor allen Dingen darauf an, solch eine Pädagogik, solch eine Erziehungs- und Unterrichtskunst zu begründen, welche mit der Tatsache rechnet: in dem Kinde wächst eine Seele heran, die aus einem anderen Erdenleben kommt. Bisher konnte der Lehrer sich sagen, auch wenn er pädagogisch sehr fortgeschritten sich glaubte: Du hast eine Kinderseele vor dir, aus der kommen gewisse Fähigkeiten, die du zu entwickeln die Verpflichtung hast. – Aber er konnte mehr oder weniger nur auf das sehen, was aus dem Leibe herauskommen konnte. Damit wird der künftige Erzieher seiner Aufgabe nicht genügen können. Er wird ein feines Gefühl haben müssen für das, was sich aus den früheren Erdenleben herüberentwickelt in dem werdenden Kinde, und das wird das große Ergebnis sein in der künftigen Erziehung, daß dies wird herausentwickelt werden müssen. In diesem Verkehr muß sich zuerst das soziale Verhältnis ausgestalten, das gebaut ist auf der spirituellen Beziehung zu anderen Menschen in dem Bewußtsein: hast du einen Menschen vor dir, so hast du die wiederauferstandene Seele aus der vorhergehenden Inkarnation vor dir. Dies als eine Theorie aus einer begriffenen Weltanschauung zu haben, als Lehre von den wiederholten Erdenleben, das ist nicht genug, sondern es muß diese Lehre praktisch werden, so praktisch werden, daß sie der Untergrund werden könnte für so etwas wie eine Erziehungs- und Unterrichtskunst.

Das ist es, was diese Lehre erst zur lebensfähigen macht. Es ist daher selbstverständlich, daß noch eine geringe Empfänglichkeit für solche Dinge herrscht, daß man diejenigen Menschen schief anschaut auf ihre geistige Verfassung, welche erkennen, was der heutigen Zeit not tut. Und not tut nicht bloß so, daß man es hinausplärrt in Form von irgendwelchen spirituellen Weltanschauungen, sondern daß man konkrete Verrichtungen des Lebens in die Sonne der Erkenntnis stellt, nicht bloß daß man sich bekennt zu dieser oder jener Formel, sondern diese Erkenntnis hineinträgt in das Leben der Menschheit selber. Dann merkt man gerade an einem solchen Punkte, wie es die Begründung einer neuen Pädagogik ist, wie die alte und die neue Zeit zusammenprallen in der Phrase.

Ich habe mich bemüht, viel kennenzulernen von dem, was von der einen oder anderen Seite heute pädagogisch zutage gefördert wird. Da wird oftmals – ich will nur ein Beispiel herausnehmen – die Frage erörtert: Soll man mehr formal oder mehr materiell erziehen? Soll man mehr darauf sehen, daß der Mensch erzogen werde für diesen oder jenen Beruf, so daß er sich richtig hineinstellt in das Staats- oder sonstige Leben, oder soll man mehr sehen auf das Wesen des Menschen, daß man heraushole, was das allgemein Menschliche ist im humanistischen Sinne? – Über diese Frage haben sich die Menschen des Erziehungswesens viel gestritten. Es ist eine Phrase in Wirklichkeit aus dem Grunde, weil der Unterschied so groß ist zwischen dem, was der Mensch sagt, und was innerlich erfaßte Wahrheit ist. Ist denn der Mensch etwas anderes als das, worin er hineinwächst? Nehmen Sie Menschen, die heute Berufe haben, die einem öffentlichen Leben hingegeben sind. Wodurch sind sie diesem Leben hingegeben? Dadurch sind sie es, daß die früheren Generationen dieses und jenes in die Welt gebracht haben. Das heutige öffentliche Leben ist nur das Ergebnis dessen, was die früheren Generationen gebracht haben. Haben daher die Lehrer der früheren Zeiten materiell erzogen, nicht formalistisch? Gewiß haben sie nicht formalistisch erzogen. Aber es ist ein und dasselbe! Man streitet sich über Dinge, die ein und dasselbe sind. Doch etwas anderes ist wichtig: daß wir in den Menschen, die heute als Kinder geboren werden, die Neigungen haben, welche in der nächsten und in der zweitnächsten Generation heranwachsen sollen, daß wir also prophetisch erziehen. Ob wir die Menschen materiell oder humanistisch erziehen, ist eine Phrase. Aber daß wir prophetisch erziehen müssen, daß wir voraussehen müssen, was die nächste Generation als Aufgaben hat, das ist ernst. Das steht in der Welt drinnen.

Die Menschen nennen so etwas heute noch schwer verständlich. Sie werden sich bequemen müssen, es zu verstehen, sonst werden sie immer mehr und mehr herausfallen aus der Zeitentwicklung. Das ist wichtig, das ist außerordentlich wichtig. Bewußt müssen wir werden im ernstesten Sinne des Wortes, sowohl weil wir den Anschluß finden müssen an die Tätigkeit der Wesen der höheren Hierarchien, als auch, weil ein neues Verhältnis von Mensch zu Mensch selbst auf dem Gebiete des Erziehungswesens notwendig ist, weil wir in dem Menschen, der vor uns steht, anregen müssen nicht die Seele, die jetzt vor uns steht, sondern die Seele, die aus früheren Erdenverhältnissen herüberkommt. Das werden wir in unserem Bewußtsein tragen müssen. Es ist so wichtig, daß wir zu dem Geist ein konkretes Verhältnis finden. Wenn man nur etwas weiß über Karma, über wiederholte Erdenleben, über die Konstitution des Menschen, und dies als Begriffe im Kopfe trägt, so ist das gewiß eine Weltanschauung, ein Theoretisches. Aber mit diesem Theoretischen kommt man heute nicht besonders weit. Erst wenn diese theoretische Weltanschauung Leben wird, ist sie das, was die Menschheit für die nächste Zukunft braucht.

Das wären Wahrheiten über das Verhältnis des Menschen zu den höheren Hierarchien, Wahrheiten über das Karma. Wir können noch ein drittes hinzufügen. Aus meiner Schilderung in dem Buche «Wie erlangt man Erkenntnisse der höheren Welten?» wissen Sie, daß der Mensch, wenn er hineinschauen wird in die geistige Welt, in einer gewissen Beziehung das Erlebnis haben muß, welches man das Überschreiten der Schwelle nennt. Ich habe dieses Überschreiten der Schwelle in diesem Buche geschildert, indem ich darauf hingewiesen habe, wie die drei Gemütskräfte des Menschen, die in diesem physischen Leben ziemlich chaotisch durcheinanderwirken, sich gliedern, wie die Denkkraft, die Fühlkraft und die Willenskraft selbständig werden. Indem der Mensch die Schwelle überschreitet, werden diese Kräfte selbständig.

In vieler Beziehung ist der ganze Lebensgang der Menschheitsentwicklung ähnlich dem Lebensgange des einzelnen Menschen. Nur verschoben sind die Dinge. Was der Mensch bewußt durchmacht, wenn er in der geistigen Welt zum Schauen kommen will, das Überschreiten der Schwelle, das muß in diesem fünften nachatlantischen Zeitraum die ganze Menschheit unbewußt durchmachen. Sie hat darin keine Wahl, sie macht es unbewußt durch. Nicht der einzelne Mensch, sondern die Menschheit und der einzelne Mensch mit der Menschheit. Was heißt das?

Was im Menschen zusammenwirkt im Denken, Fühlen und Wollen, das nimmt in der Zukunft einen getrennten Charakter an, macht sich auf verschiedenen Feldern geltend. Wir sind eben dabei, daß die Menschheit ein bedeutungsvolles Tor unbewußt durchschreitet, was die Seherkraft sehr gut wahrnehmen kann. Die Menschheit macht dieses Überschreiten der Schwelle so durch, daß die Gebiete des Denkens, Fühlens und Wollens auseinandergehen. Das aber legt uns Verpflichtungen auf, die Verpflichtung, das äußere Leben so zu gestalten, daß der Mensch diesen Umschwung seines Inneren auch im äußeren Leben durchmachen kann. Indem das Denken im Leben der Menschheit selbständiger wird, müssen wir einen Boden begründen, auf dem das Denken zu gesunderer Auswirkung kommen kann, müssen weiter einen Boden schaffen, auf dem das Fühlen selbständig zur Ausbildung kommen kann, und auch einen Boden, auf dem das Wollen zur besonderen Ausbildung kommen kann. Was bisher chaotisch im öffentlichen Leben durcheinanderwirkte, müssen wir jetzt in drei Gebiete gliedern. Diese drei Gebiete im öffentlichen Leben sind: das Wirtschaftsleben, das staatliche oder Rechtsleben und das Kulturleben oder geistige Leben. Diese Forderung der Dreigliederung hängt mit dem Geheimnis der Menschheitswerdung in diesem Zeitalter zusammen.

Glauben Sie nicht, daß das, was als dreigliedriger sozialer Organismus geltend gemacht wird, eine beliebige Erfindung sei. Es ist herausgeboren aus der intimsten Erkenntnis der Menschheitsentwicklung, aus dem, was geschehen muß, wenn nicht das Ziel dieser Menschheitsentwicklung verleugnet werden soll. Deshalb steckten wir in dieser furchtbaren Weltkriegskatastrophe der letzten Jahre darinnen, weil die Schwierigkeit bestand, ein Ziel zu erkennen, welches spiritueller Art ist und weil die Menschen sich so weit entfernten, Ziele dieser Art auch nur anzuerkennen. Aus diesem Chaos müssen wir uns herausarbeiten. Es diktiert uns der Gang der Menschheitsentwicklung selbst, daß wir aus diesem Chaos uns herausarbeiten. Daher glaube ich allerdings, daß die Notwendigkeit einer sozialen Dreigliederung so recht gründlich nur diejenigen werden einsehen können, die von anthroposophischen Empfindungen ausgehen, von der Erkenntnis dessen, was in der Menschheitsentwicklung tatsächlich geschieht. Aber man liebt es in der Gegenwart nicht, solche Dinge anzuerkennen. Die Gegenwart liebt es, sich Aufgaben von dem Allernächstliegenden zuzuwenden, nicht sich auf das einzulassen, was die tieferen Geheimnisse des Daseins sind.

Das ist das, was dem in diese Geheimnisse hineinschauenden Menschen das Herz so schwer macht, weil die Menschheit am allermeisten demjenigen abgeneigt ist, was ihr am allernotwendigsten ist. Aber unmöglich ist es, bei den eben geäußerten Gedanken etwa stehenbleiben zu wollen. Man kann sagen, jeder Pessimismus ist falsch. Richtig ist deshalb natürlich auch nicht jeder Optimismus. Aber richtig ist der Appell an das Wollen. Es kommt gar nicht in Frage, ob etwas so oder so geschieht, sondern daß wir wollen sollen, wie es in der Richtung der Menschheitsentwicklung liegt. Das müssen wir uns immer wieder und wieder klarmachen. Die alte Zeit ist vorüber, mit ihr müssen wir abrechnen. Wir können zu einem richtigen Verständnis in der Gegenwart nur kommen, wenn wir mit der alten Zeit richtig abrechnen. Aber die neue Zeit gestattet uns nicht, anders als spirituell mit ihr zu rechnen. Wir dürfen uns nur nicht täuschen, daß wir das, was uns in der alten Zeit lieb geworden ist, in die neue hinübertragen wollen, sondern wir müssen anfangen, uns im äußeren Leben den wirksamen neuen Gedanken zuzuwenden. Die Menschheit hat heute zwei Wege. Der eine geht durch die Mechanisierung des Geistes. Der Geist ist sehr mechanisch geworden in der neueren Zeit, insbesondere in den abstrakten Naturgesetzen, die man dann auch als herrschende Gesetze in das soziale Leben hineingetragen hat. Mechanisierung des Geistes – Vegetabilisierung der Seele! Die Vegetabilien schlafen, die Menschenseele neigt auch zum Schlafen. Die wichtigsten Ereignisse werden schlafend durchgemacht.

Die wichtigsten Ereignisse der letzten Jahre sind buchstäblich verschlafen worden. Auch heute werden wichtigste Ereignisse verschlafen.

Von der Stelle, wo ich heute hier zu reden habe, möchte ich sagen: Die Menschen haben sich in Mitteleuropa über führende Persönlichkeiten von Tag zu Tag das Falsche sagen lassen, und jetzt fahren sie fort in diesem Geschäft, ohne aufmerksam darauf zu sein. Die Menschen sehen heute aus dem Kurszettel: die Mark ist schon heruntergesunken bis zu 2,15 Centimes. Ich habe bis heute keinen Menschen gefunden, der das Sinken des Markkurses im Zusammenhang mit anderen auf der Hand liegenden Ereignissen durchschaut. Man braucht heute eigentlich nur auf drei Silben hinzuweisen – ich werde sie jetzt nicht verraten –, dann kann man die Antwort finden auf die Frage nach den Gründen dieses Sinkens des Markkurses. Aber die Seelen lieben zu schlafen, so sehr zu schlafen, daß uns in der Gegenwart in Mitteleuropa die große Enttäuschung hat kommen können, daß man sich, ich möchte sagen, schon vorher darauf freute – wir haben es erleben können –: Die Frauen werden teilnehmen an den öffentlichen Parlamentswahlen, verdoppelt wird der Verstand gegenüber den alten Zeiten. Und dann haben wir die Nationalversammlung erlebt. Aber verdoppelt war der Verstand gegenüber dem alten deutschen Reichstag nicht. Die Fortsetzung der alten Parteien haben wir erlebt, in der Zeit, wo die Parteien hätten mit Stumpf und Stil verschwinden müssen. Man ahnt gar nicht, was damit geschehen ist, denn die Seelen schlafen. Mechanisierung des Geistes – Vegetarisierung der Seelen!

Und blicken wir nach Osten, so sehen wir dort die Animalisierung der Leiber sehr stark im Aufgange. Geradeso wie man in der Amerikanisierung des Geistes eine Mechanisierung des Geisteslebens hat, so hat man in dem, was sich im Osten als Bolschewismus ausbreiten will, eine Animalisierung der Leiber. Aus ihren Emotionen heraus kritisieren diese Menschen dieses und jenes ab, aber sie wollen nicht das wahre Leben begreifen. Und so hat die Menschheit heute die Wahl: dort hinzugeben, wo sie auf der einen Seite die Mechanisierung des Geistes, die Vegetarisierung der Seelen, die Animalisierung der Leiber findet, oder sie kann auf der anderen Seite versuchen, den Weg zu finden zur Auferweckung des Geistes, diese Auferwekkung des Geistes zu finden in den Impulsen, die dem Zeitalter der Bewußtseinsseele entsprechen, in der Anknüpfung der Menschenseele an die Tätigkeit der höheren Hierarchien, in dem Anerkennen der aus früheren Erdenverhältnissen kommenden bewußten Menschenseele, in der Dreigliederung des sozialen Lebens. Diese Dinge gehören zusammen. Und die Menschen, welche sich vereinigen in der Bewegung, die wir die Bewegung der anthroposophisch orientierten Geisteswissenschaft nennen, sie sollten sich fühlen als einen Kern, von dem die Kraft zur sozialen Neugestaltung ausstrahlt. Denn was zur sozialen Umgestaltung von anderen Seiten her kommen kann, kann sehr nützlich sein. Aber es muß daran gearbeitet werden: Wahrhaftige soziale Umgestaltung kann nur aus spirituellen Impulsen kommen. Deshalb hätte man schon erwarten können, daß aus diesem Kreise, der dieser Bewegung angehört, das beste Verständnis für diese Bedingungen hätte erstehen können.

Ich habe Ihnen jetzt einige Momente dargestellt, die Ihnen etwas von den Notwendigkeiten unseres gegenwärtigen Lebens zeigen können heute, wo ich hier in diesen neuen Räumen zu sprechen habe. Ich möchte, daß unsere Feier darin bestanden hat, daß wir uns bei jeglichem Verweilen in diesen Räumen das Bewußtsein bewahren an diese für die Menschheitsentwicklung so wichtigen Wahrheiten. Denn je mehr wir in unsere anthroposophische Arbeit ein solches Bewußtsein hereintragen, eine desto stärkere Weihe verleihen wir dieser Arbeit. Und diese Räume werden am besten dadurch geweiht sein, daß wir sie einweihen durch unsere Empfindungen, die aus solchen Quellen herausgeholt sind.

SIEBENTER VORTRAG

Berlin, 13. September 1919

Aus den Betrachtungen des gestrigen Abends sollte Ihnen hervorgehen, wie notwendig es für den Menschen der Gegenwart ist, sein Seelenauge hinzuwenden zu geisteswissenschaftlichen Erkenntnissen, zu denjenigen Sphären des Daseins, der Wirklichkeit, in denen das Walten des Geistes innerhalb der Menschheitsentwicklung deutlich wahrnehmbar ist für den, der in diese Regionen der Wirklichkeit hineinzuschauen vermag.

Seit der Mitte des 15. Jahrhunderts – das habe ich Ihnen sagen müssen – lebt die zivilisierte Menschheit in einer Periode, in welcher die alte Beziehung der Menschenseele zu den übergeordneten Wesenheiten der drei nächsthöheren Hierarchien, der Angeloi, der Archangeloi, der Archai, eine völlig andere wird als sie vorher war. Vorher war diese Beziehung so, daß die Wesenheiten dieser drei Hierarchien wegen ihres eigenen Interesses, also aus ihren eigenen Impulsen heraus, an der Menschheitsentwicklung arbeiteten. Jetzt leben wir in einer Zeitepoche, in der diese Arbeit jener Wesen der höheren Hierarchien abgeschlossen ist. Diese Wesen haben zunächst kein Interesse daran, diese Arbeit an der Entwicklung der Menschheit, die sie bisher ausgeübt haben, fortzusetzen. Sie werden eine neue Beziehung zur Menschheit nur dadurch eingehen, daß die Menschen von sich aus, aus freiem Willen, aus freiem Antriebe beginnen, sich mit den geistigen Welten zu befassen. Würden wir uns in der nächsten Zeit als Menschen nicht aus freiem Willen heraus zur geistigen Welt hinwenden, so würden wir unseren Zusammenhang mit den geistigen Welten verlieren müssen, weil die zu uns gehörigen Wesen der geistigen Welten von sich aus kein Interesse haben, sich mit uns zu befassen. Wir erregen erst wieder ihr Interesse, wenn wir aus unserer Seele heraus uns wieder mit der geistigen Welt befassen, das heißt, Gedanken, Empfindungen, Willensimpulse hegen, in welche geistige Kräfte einfließen können.

Nun können Sie aber die Frage aufwerfen, und die muß im Anschluß an unsere gestrige Betrachtung aufgeworfen werden: Wie kommt der Mensch zunächst dazu, sich mit den geistigen Welten so zu befassen, daß er auch in der Zukunft der Erdenentwicklung seine Beziehungen zu den höheren Hierarchien aufrechterhalten kann? Da werde ich Ihnen Dinge zu sagen haben, die zunächst scheinbar mit dieser Frage nicht viel zu tun haben. Aber wir werden sehen, daß gerade diese Dinge uns die Grundlagen dafür schaffen, von der Gegenwart ab in die Zukunft hinein, unsere Beziehung zur geistigen Welt wieder neu herzustellen. Das erste, auf das wir da unseren Blick lenken müssen, ist die Wirksamkeit der verschiedenen Konfessionen, der verschiedenen konfessionellen Bekenntnisse, die es in der zivilisierten Menschheit gibt. Bis jetzt lag eine gewisse Notwendigkeit vor, daß die Konfessionen Herz und Sinn der Menschenseele so zur geistigen Welt hinlenkten, wie sie das getan haben. In Zukunft werden die Konfessionen entweder dazu beitragen, den Menschen von der geistigen Welt abzuschnüren, oder sie werden in ihre Bestrebungen etwas ganz Neues eintreten lassen müssen. Die Konfessionen der Gegenwart sind im Grunde genommen auf dem Egoismus der Menschen aufgebaut, und wir brauchen nur eine der allerwichtigsten Fragen vor unsere Seele hinzustellen, die das Leitmotiv für die konfessionellen Betrachtungen bildet und bilden muß: die Frage nach der Unsterblichkeit der Menschenseele – und wir können an der Art, wie diese Frage zumeist von den Konfessionen behandelt wird, ersehen, daß in dieser Behandlung stark auf den egoistischen Trieb der Menschen gerechnet wird. Reden doch die Konfessionen zumeist – allerdings aus tieferen Untergründen heraus, die wir heute nicht besprechen wollen –, indem sie über die Unsterblichkeit reden, von dem Fortleben der Seele nach dem Tode, das heißt, sie reden von der Fortsetzung des menschlichen Seelenlebens nach dem Tode. Man kann verhältnismäßig leicht zu den Menschen sprechen, wenn man von diesem Gesichtspunkte aus über die Unsterblichkeit spricht, denn der menschliche Egoismus macht sich in dieser Frage gerade im eminentesten Sinne geltend. Er kann es einfach nicht ertragen – jetzt ganz abgesehen von allen Wahrheiten auf diesem Gebiete –, nicht fortzuleben nach dem Tode, so daß wir immer eine gewisse verständnisvolle Seite in der menschlichen Seele finden, wenn wir vom Leben nach dem Tode sprechen. Und Sie können ganz sicher sein: diejenigen Menschen, welche der Unsterblichkeitsfrage, so wie sie heute zumeist behandelt wird, Interesse entgegenbringen, sie bringen ihr von diesem Gesichtspunkte aus ein egoistisches Interesse entgegen. Sie möchten nicht seelisch auch sterben. Selbstverständlich wird auch jede Zukunftsanschauung, die über die Unsterblichkeit der Seele sprechen wird, von dem Fortleben der Seele nach dem Tode zu sprechen haben, denn man hat es dabei, wie Sie alle aus der anthroposophisch orientierten Geisteswissenschaft wissen, mit einer Tatsache der Wirklichkeit zu tun. Aber die Art, wie in der anthroposophisch orientierten Geisteswissenschaft über das Fortleben der Seele nach dem physischen Tode des Menschen gesprochen wird, ist von den Konfessionen noch längst nicht angenommen.

Aber auch ein anderes ist wichtig: daß die Menschen der Gegenwart noch eine ganz andere Sprache über die Unsterblichkeit hören müssen, als sie bisher zu hören gewohnt gewesen sind. Nicht allein wird der, welcher die Unsterblichkeitsfrage besprechen wird, anführen dürfen das Leben nach dem Tode, sondern auch jenes Leben, welches hier in der physischen Welt gelebt wird von der Geburt bis zum Tode. Denn Sie wissen, dieses Leben ist ja auch eine Fortsetzung. Es ist die Fortsetzung desjenigen Lebens, welches wir zwischen unserem letzten Tode und jener Geburt zugebracht haben, durch die wir in dieses physische Dasein hereingetreten sind. Und die Menschheit wird dieses physische Leben zwischen Geburt und Tod anschauen lernen müssen als die Fortsetzung des geistigen Lebens vor der Geburt beziehungsweise vor der Empfängnis. Denn in jedem aufwachsenden Kinde werden wir von Tag zu Tag, von Woche zu Woche, von Jahr zu Jahr aus dem Inneren aufsteigen sehen müssen, was als Kräfte herauskommt aus den geistigen Welten, was durch die Geburt tritt und arbeitet an der allmählichen Ausgestaltung des Menschenwesens von der Geburt in die späteren Jahre hinein. Enträtseln werden wir gewissermaßen müssen den Gott im Menschen, indem wir in das Leben des Kindes entwickelnd eingreifen. Soziale Beziehungen zwischen den Menschen werden in gewisser Weise etwas aufnehmen müssen von einem religiösen Impuls, der unser ganzes soziales Leben auch im Verkehr von Mensch zu Mensch durchzieht. Aber das Wichtigste, das Wesentliche wird sein, daß wir in die Lage kommen, dieses physische Leben als Fortsetzung eines geistigen, vorgeburtlichen Lebens fühlend anzuschauen, daß wir nicht in jedem Augenblick vergessen, wie der Mensch in diesem physischen Leben eine Fortsetzung hat seines vorgeburtlichen geistig-seelischen Lebens.

Damit wird vieles andere verbunden sein. Damit wird verbunden sein, daß wir wieder erkennen, wie in den Tiefen unseres Wesens unsere eigentliche Menschlichkeit ruht und nach und nach herauskommt. Ich habe Sie einmal auf alte Zeiten der Menschheitsentwicklung hingewiesen, auf jene Zeiten, die wir vom anthroposophischen Standpunkte aus in der ersten, in der zweiten nachatlantischen Entwicklungsepoche der Menschheit und so weiter erkennen. Ich habe Sie darauf hingewiesen, wie damals die Menschen so entwicklungsfähig bis in ein höheres Alter hinein gewesen sind wie heute nur der ganz junge Mensch. Der ganz junge Mensch macht eine physische Entwicklung durch um das siebente Jahr, im Zahnwechsel. Er macht wieder eine in dem physischen Leben sich ausdrückende Metamorphose durch mit der Geschlechtsreife. Dann werden die Dinge, die in der Entwicklung vor sich gehen, im äußeren Leben weniger bemerkbar. So war es in alten Zeiten nicht. Da drückte sich das, was der Mensch geistig-seelisch durchmachte, bis in viel höhere Altersstufen hinauf aus. Jetzt ist das unbemerkbar. Jetzt werden wir einfach mit siebzehn, achtzehn Jahren schon alte Leute, und man erlebt es heute zu seinem Entsetzen, daß ganz junge Leute als alte Leute auftreten. Ein Beispiel: Wir haben in Stuttgart vor einiger Zeit eine Sitzung des Kulturrates gehabt, wo die Rede war über das Erziehungswesen der Gegenwart. Es wurde von den verschiedensten Gesichtspunkten aus gesprochen. Dann trat auch ein junger Mann auf, sagen wir, ein junger Mann, ich könnte auch sagen: ein älterer Knabe. Der sagte, er müsse die Gesellschaft belehren über die eigentlichen Erziehungsideale. Nun sprach er zunächst einige sehr phrasenhafte Worte, dann las er ein Programm einer gegenwärtigen Erziehungsgesellschaft vor, das nun allerdings so war, daß er fortwährend unterbrochen wurde. Er konnte nicht weiterreden, so daß er seine Rede abschloß, was er dann mit den Worten tat: Ich muß also konstatieren, daß jetzt das Alter seine eigene Jugend nicht mehr versteht. – Dann trat er ab. – Nun hatte ich darauf erwidert, daß ich ja allerdings begreife, daß man ihn nicht verstanden habe, aber aus dem einfachen Grunde, weil er viel zu senil geredet hat, weil er viel zu greisenhaft aufgetreten ist. Er ist nämlich aufgetreten mit Grundsätzen, die nun wirklich das Äußerste an Abstraktionen waren – greisenhaft! Denn was ist das Wesen des heutigen Greisenhaften? Das ist es, daß der Mensch gewöhnlich nur bis zu einem gewissen Lebensalter entwicklungsfähig ist; dann nimmt er allerlei auf, da schämt er sich auch noch nicht, sich zu entwickeln. Dann sind die Jahre da, wo es gegen die zwanzig Jahre hingeht, da schämt er sich, sich weiter zu entwickeln. Wir erleben es heute sehr selten, daß Menschen, die bereits graue Haare haben und Runzeln im Gesicht, sich freuen auf jedes kommende Jahr, aus dem Grunde, weil jedes kommende Jahr dem Organismus neue Entwicklungsmöglichkeiten bietet, so daß man in jedem neuen Jahr etwas Neues lernen könnte, was man früher einfach deshalb nicht lernen konnte, weil man den Organismus dazu nicht hatte. Aber die Menschen lassen heute nicht den Organismus sich entwickeln. Sie schämen sich, noch etwas zu lernen, sich entwicklungsfähig zu machen, wenn sie das jugendliche Alter von dreißig Jahren erreicht haben. Worauf es ankommt, das ist, daß der Mensch in der Tat die Möglichkeit behält, das ganze Leben hindurch sich auf jedes neue Jahr zu freuen, weil jedes Jahr die göttlich-geistigen Inhalte seines Inneren in neuen Gestalten hervorzaubert. Das ist etwas, was ich damit bezeichnen möchte, daß wir in Wahrheit und Wirklichkeit lernen müssen, nicht bloß unsere Jugend als entwicklungsfähig zu erleben, sondern das ganze Dasein zwischen Geburt und Tod. Dazu wird natürlich eine neue Erziehung notwendig sein. Indem unsere alten Leute an ihre Schuljahre zurückdenken, denken sie gewöhnlich an nichts Angenehmes zurück. Wir müssen in die Lage kommen, die Schuljahre so zu gestalten, daß sie, wenn wir uns an sie zurückerinnern, immer ein neuer Quell des Auflebens für uns sind. Sie sehen daraus, daß der Mensch sich auch in dieser Beziehung die Möglichkeit eröffnen kann, das Göttlich-Geistige in seinem Inneren wirklich wahrzunehmen, etwas in sich zu erleben, was über das von außen angeregte und erregte Leben hinausgeht.

Noch andere Dinge werden in der Gegenwart notwendig erkannt werden müssen. Die Menschen wissen heute noch nicht ein Geheimnis des Lebens, das mit dem gegenwärtigen Entwicklungszeitpunkt der Menschheit innig zusammenhängt. In älteren Zeiten, vor der Mitte des 15. Jahrhunderts, brauchte man auf dieses Geheimnis keine große Rücksicht zu nehmen. Heute ist es notwendig, darauf hinzuschauen. Dieses Geheimnis des Lebens besteht darin, daß der Mensch, wie er jetzt konstituiert ist – leiblich, seelisch, geistig –, in der Nacht in einer gewissen Weise jedesmal auf die Ereignisse des kommenden Tages blickt, aber so, daß er diese Ereignisse des kommenden Tages nicht immer braucht im vollen Tagesbewußtsein zu haben. Der es hat, das ist sein Angelos. Also, was in einer Nacht erlebt wird in der Gemeinschaft mit dem Wesen, das wir als Engel bezeichnen, ist eine Vorschau auf den kommenden Tag. Nun müssen Sie das nicht vom Standpunkte der menschlichen Neugier aus betrachten, das wäre ein ganz falscher Gesichtspunkt, sondern vom Standpunkt des praktischen Lebens aus. Nur dann, wenn der Mensch ganz innerlich durchdrungen ist von dieser Gesinnung, wird er in der richtigen Weise Entschlüsse fassen, wird er Gedanken herübernehmen in seinen Tageslauf hinein. Nehmen wir an, ganz konkret, der Mensch solle zu irgendeiner Tageszeit, zum Beispiel um zwölf Uhr, etwas tun. Über das, was er da tun soll, war schon Verhandlung zwischen ihm und seinem Angelos in der vorhergehenden Nacht. Das ist so mit dem Menschen seit der Mitte des 15. Jahrhunderts. Er braucht es nicht im Bewußtsein zu haben, es ist nicht auf seine Neugier abgesehen. Aber der Mensch sollte von dieser Gesinnung durchdrungen sein, daß er das, was er mit seinem Engelwesen in der vorhergehenden Nacht verhandelt hat, fruchtbar machen soll im Laufe des Tages.

Es gibt mancherlei in der Gegenwart, das in erschütternder Weise die Menschen auf dasjenige hinweisen kann, was ich jetzt zu Ihnen gesagt habe. Gerade die Schmerzensjahre, die letzten vier bis fünf Jahre, können diese große Lehre auch in die Menschheit hereinträufeln, daß dieses Bewußtsein von dem Verbundensein mit den höheren Wesenheiten an jedem Tag durch die Erlebnisse der vorhergehenden Nacht leider nicht vorhanden war. Was alles wäre anders geworden in den letzten vier bis fünf Jahren, wenn diese Gesinnung die Menschen durchdrungen hätte: Was du tust, das tust du im Einklange mit den Verhandlungen mit deinem Engelwesen im Laufe der letzten Nacht. – Das sind Dinge, von denen heute gesprochen werden muß. Es muß davon gesprochen werden, daß der Mensch wird lernen müssen, dieses Leben zwischen Geburt und Tod als eine Fortsetzung des geistig-seelischen Lebens anzusehen, das er vor der Geburt zugebracht hat. Davon muß gesprochen werden, daß der Mensch die Offenbarungen des Gottes in seinem Wesen durch sein ganzes Leben hindurch soll erfahren können. Und davon muß gesprochen werden, daß der Mensch ein starkes Bewußtsein durch das ganze Tagesleben tragen soll: Was du tust vom Morgen bis zum Abend, das hast du vorher in der Zeit vom Einschlafen bis zum Aufwachen mit deinem Engelwesen verhandelt.

Zu solchen Empfindungen, die viel konkretere Empfindungen gegenüber der geistigen Welt sind als die heutigen abstrakteren der Konfessionen, und die zu gleicher Zeit voraussetzen, daß nicht an die egoistischen, sondern an die unegoistischen Triebe der menschlichen Wesenheit appelliert werde, zu solchen Empfindungen müssen sich die Menschen wenden. Und aus solchen Empfindungen heraus wird das entstehen, was die notwendige Beziehung abgeben wird zu jenen Wesenheiten, die der Hierarchie der Angeloi angehören. Dann werden sich diese Wesenheiten wieder für den Menschen interessieren können. Die Gesinnung der Menschen gegenüber der geistigen Welt muß in dieser angegebenen Richtung sich bewegen.

Noch etwas muß durchschaut werden. Sie wissen, die gegenwärtigen Konfessionen reden viel von Gott und dem Göttlichen. Von was reden sie eigentlich? Sie reden natürlich nur von dem, wovon ein wenigstens ahnendes Bewußtsein in der Menschenseele vorhanden ist. Es kommt ja nicht darauf an, wie man eine Sache nennt, sondern was in der Menschenseele vorhanden ist. Die Menschen reden von Gott, sie reden von dem Christus, aber sie meinen immer nur den Engel. Denn das ist noch dasjenige, zu dem sich die Menschen wenden können, weil das noch einen verwandten Ton in ihren Seelen anschlägt. Gleichgültig, wovon heute die Konfessionen reden, ob von Gott oder Christus oder irgend etwas anderem, das Gedankenmaterial, aus dem heraus gesprochen wird, umfaßt nur die zu den Menschen gehörigen Engelwesen, die Angeloi. Höher kommt es heute nicht als bis in diese Hierarchie, weil die Menschen heute abgeneigt sind, in einer noch umfassenderen Weise als aus dem Egoismus heraus ihr Verhältnis zur geistigen Welt zu suchen. Das Verhältnis zu den Archangeloi, zu der Hierarchie der Erzengel, muß eben in anderer Weise gesucht werden. Die Interessen, welche die Menschen heute haben, müssen wesentlich erweitert werden. Ich will Ihnen eine Probe geben, wie die Interessen der Menschen erweitert werden müssen, so daß sie in ihren Empfindungen aufsteigen können von der Hinneigung zu den Angeloi bis hinauf zu den Archangeloi.

Da müssen die Menschen ungefähr folgendes in ihren Seelen durchmachen und sich sagen: Wir haben in den letzten vier bis fünf Jahren furchtbare Ereignisse über die ganze zivilisierte Welt hin erlebt. Viele Menschen haben nach den Gründen dieser Ereignisse gefragt, viele haben sich gegenseitig angeklagt. Von Schuld und Unschuld hat man viel gesprochen. Und dennoch, man braucht nur die alleräußerste Oberflächlichkeit abzulegen, so wird man nicht viel Interesse haben können für solches Gerede von Ursachen, von Schuld und Unschuld, aus dem einfachen Grunde, weil man doch sehen kann, daß das, was in den letzten vier bis fünf Jahren an die Oberfläche getragen worden ist, sich ausnimmt wie die Wogen des Meeres, welche durch die Kräfte des Meeres aus den Untergründen an die Oberfläche heraufgetragen werden. Es war ja so, daß von Jahr zu Jahr die Kräfte der Menschheit mehr aufgewühlt wurden. Ein Volk nach dem anderen nahm teil an der großen Menschentorheit der letzten Jahre, und man konnte nur sagen: Da wühlt etwas an elementaren Kräften, wird an die Oberfläche geworfen. Das Meer des Menschenlebens ist unruhig geworden. Was ist das?

Man wird nicht darüber zur Klarheit kommen, wenn man diese Tatsache, daß die Menschheit in eine solche Unruhe gekommen ist, nicht ausdehnt auf den Zeitraum, den man als Geschichte bezeichnet. Man wird sich sagen müssen: Was in den letzten vier bis fünf Jahren als Waffenkampf geschehen ist, das ist nur der Anfang von Ereignissen, die sich auf einem ganz anderen Gebiete abspielen werden, die aber in ihrer Art auch noch nicht in der Menschheit dagewesen sind. Wir stehen nicht am Ende – das sagt sich nur eine oberflächliche Betrachtung der Menschheitsentwicklung –, wir stehen am Ausgangspunkte der größten Kämpfe, der geistigen Kämpfe der zivilisierten Welt. Und alle Sorge müssen wir darauf wenden, diesen Kämpfen gewachsen zu sein. Orient und Okzident drohen immer mehr und mehr, in den nächsten Zeiten seelenhaft einander gegenüberzustehen. Denn Orient und Okzident haben sich nach zwei ganz verschiedenen Richtungen hin entwickelt. Will man in diese Dinge hineinschauen, dann muß man sich gewisse Erscheinungen der Gegenwart tief-gründlich als Rätsel vorlegen.

Seit Jahrzehnten schon konnte man in sozialistischen Kreisen aus der Marxistischen Weltanschauung heraus hören, daß alles, was die Menschen als Kunst, Religion, als Sitte, Recht, Wissenschaft erleben, Ideologie ist. Ich habe das ausführlicher dargestellt in dem ersten Kapitel der «Kernpunkte der sozialen Frage». Das heißt, was in den bürgerlich führenden Kreisen seit drei bis vier Jahrhunderten als eine Lebensauffassung sich entwickelt hat, was aber aus einer gewissen Feigheit die bürgerlichen Kreise sich nicht gestanden haben, das haben sich aus einer Wahrheit heraus die sozialistischen Kreise des letzten halben Jahrhunderts gestanden. Sie haben gesagt: Die wahre Wirklichkeit des sozialen Lebens besteht nur in dem, was wirklich vor sich geht, in den ökonomischen Kräften der Wirtschaft liegt allein das Reale. Was sich in der Menschheit ausbildete als Kunst, Religion, Sitte, als Wissenschaft, als Recht, als Moral, das ist nur etwas wie ein aufsteigender Rauch aus der wahren Wirklichkeit. Das ist bloß Ideologie, das hat keine Wirklichkeit, das hat nur eine Scheinwirklichkeit. – Damit hängt ja für das soziale Streben der sozialistischen Parteien in der neueren Zeit das zusammen, daß diese Parteien sagen: Wir brauchen nur das Wirtschaftsleben umzuändern, dann ändert sich mit dem Wirtschaftsleben auch alles andere. Denn das andere, Moral, Sitte, Recht, Religion und so weiter ist ja nur etwas, was als Rauch aufsteigt, als ein Unwirkliches, als Ideologie, aus dem einzig Wirklichen, aus dem wirtschaftlichen Geschehen.

Wer aber die Welt nicht im Kleinen, sondern im Großen betrachtet, der nimmt Stellung zu diesem Wort «Ideologie», das die bürgerlichen Kreise hätten sagen können seit drei bis vier Jahrhunderten. Sie waren nur zu feige dazu, sie haben gefühlt, daß das ökonomische Leben das einzig wirkliche ist und daß das, was als Wissenschaft, Kunst, Religion und so weiter herausgeholt ist, nur wie ein Rauch ist. Das ganze Leben war so, und nur die letzte Konsequenz ist von den Schülern dieser bürgerlichen Welt gezogen worden. Denn die Sozialisten sind nur die Schüler dieser bürgerlichen Welt, haben sie nur ins Extrem geführt. Was ich aber jetzt gesagt habe, ist die Anschauung, die sich im Okzident herausbildete, und die dort gerade in der zweiten Hälfte des 19. und im 20. Jahrhundert zu ihrem Gipfel gekommen ist.

Aus anderen Impulsen heraus stellt sich etwas hin im Orient, der eine Weltanschauung ausgebildet hat, die da sagt: Ich blicke hin auf das, was äußerlich in der Welt vorgeht. Ich sehe auf das, was meine Sinne mir als Eindrücke übermitteln, ich sehe auf das, was ich als Werkzeug benutze, um die Welt umzuändern, ich sehe auf das, was aus den Sternen herunterscheint zu mir, ich sehe auf das, was ich selbst leiblich bin. Was ist das alles? – Maja ist es. Was ist dagegen die wahre Wirklichkeit, was ist nicht Täuschung? Was im Inneren der menschlichen Seele erlebt wird, das ist die Wirklichkeit. – Wer nicht lexikographisch, wobei nichts herauskommt, sondern innerlich übersetzt, der weiß, dasselbe Wort, das im Orient Maja heißt, heißt im Okzident Ideologie. Der Orientale hat seit Jahrtausenden die Welt draußen, die auf unsere Sinne wirkt, auch die Wirtschaft, als Maja angesehen. Der Okzidentale dagegen sieht in dem, was äußerlich ist, was für den Orientalen Maja ist, die Wirklichkeit, und was in der Seele aufsteigt, das ist ihm Ideologie. Beide Weltanschauungen haben es bis zu einer gewissen Stufe gebracht. Fragen Sie heute noch die führenden Persönlichkeiten der sozialistischen Parteien, namentlich in denjenigen Gegenden, wo die erste Revolution noch nicht eingetreten ist – die man hier als die Novemberrevolution aufzufassen hat. Diese Revolution hat allerdings auch die Begriffe bei den sozialistischen Führern etwas umgeändert. Nicht die Empfindungen, aber die Begriffe –; bei ihnen hören Sie auch heute noch das, was man bis zur Kriegskatastrophe gehört hat, die Anschauung, daß man nicht aus dem Willen heraus etwas beizutragen brauche zur Umwandlung, zur Revolutionierung der Welt, sondern daß das von selbst eintreten werde. Etwas Fatalistisches war im Okzident eingetreten. Die Leute haben gesagt: Wir brauchen nur abzuwarten, bis sich die Produktionsmittel so entwickelt haben werden, daß das, was sich im Privatkapital konzentriert hat, von selbst in andere Formen übergehen wird. Das Denken war so geartet, daß man etwa sagte: Hier in diesem Zimmer ist schlechte Luft, ich kann nicht mehr atmen. Man könnte das Fenster aufmachen, aber ich mache es nicht auf. Ich warte ab, bis die Luft von selbst besser wird.

Fatalismus des Okzidents, Fatalismus des Orients, wir kennen ihn gut. Die Menschen verfielen im Osten – nicht gleich im Anfange –, als sich die Weltanschauung der Maja herausgestaltete, in einen vollständigen Fatalismus. Jede Weltanschauung hat aus ihrer inneren Gesetzmäßigkeit heraus den Trieb, einmal fatalistisch zu werden. Aber heute stehen wir an dem Punkt, wo wir uns sagen müssen: Aus dem Fatalismus muß herausgekommen werden. Von der bloßen Betrachtung, der Kontemplation, muß der Übergang gefunden werden zum Willen, zum Wollen. Wir müssen unser Wollen dadurch impulsieren, daß wir solche Impulse entwickeln, wie ich sie gerade angegeben habe: gegenüber dem Geborenwerden als Fortsetzung des vorgeburtlichen Lebens, gegenüber dem Jungbleiben, bis man weiße Haare und Runzeln bekommt, gegenüber dem Hereinspielen der nächtlichen Arbeit des Angelos in das Tagesleben. Das ist notwendig. Es ist notwendig, daß der Mensch dadurch Impulse aufnimmt für sein Willensleben, indem er dann seinen Interessenkreis erweitert, in dem er nicht nur das sieht, was in sein eigenes persönliches individuelles Leben hereinspielt, sondern sieht, was in der zivilisierten Welt differenziert sich abspielt. Blicken wir nach Westen, wozu wir selbst gehören: wir sehen Ideologie – die innere Welt. Wirklichkeit – die äußere Welt. Blicken wir nach Osten: Ideologie, Maja – die äußere Welt. Wirklichkeit – die innere Welt. Und wir haben in dem Aufeinanderprallen der Menschen der Gegenwart die Aufgabe, willentlich herauszufinden den Weg aus dem, was schon Fatalismus geworden ist in dieser Weltanschauung. Wir müssen diesen Weg suchen; wir werden ihn nur finden, wenn wir Ernst machen können mit etwas, was die Menschen heute noch furchtbar ärgert.

Es kam ein merkwürdiges Echo einmal, als ich in einer süddeutschen Stadt in einem Vortrage etwas sagte, was die Leute recht ärgerte, aber es war eine der gegenwärtig notwendigen Wahrheiten. Man kann nicht die Dinge, die man ausspricht, so sagen, daß es die Leute erfreut, sondern man muß es so sagen, daß es Wahrheit ist. Ich mußte im Zusammenhange sagen: Gerade die führende Klasse der Gegenwart habe ein dekadentes physisches Gehirn. Es ist unangenehm, wenn man das aussprechen muß, es ist nicht bloß unangenehm, dies zu hören. Aber es ist notwendig, daß der Mensch es erfährt. Gerade die Menschen, welche die heutige Zeitkonfiguration herbeigeführt haben, sind dabei angekommen, ein dekadentes physisches Gehirn zu haben. Das ist so! Und wir sind in gewisser Beziehung heute in einem ähnlichen Falle, wie die Menschen Europas waren bei der Völkerwanderung und der Ausbreitung des Christentums. Vom Orient herüber kam der christliche Impuls, er ging zuerst durch Griechenland und Rom. Die griechische, die römische Welt war natürlich weit höher entwickelt als die germanische. Die Germanen waren Barbaren. Aber die Gehirne der Griechen und Römer waren dekadent. Daher wurde die christliche Welle in der griechischen und der römischen Welt nicht so aufgenommen, wie sie es wurde, als sie an die Germanen herankam. Das ist die Völkerwanderung, die horizontal gegangen ist. Heute ist sie vertikal. Heute kommt eine Welle geistigen Lebens aus der geistigen Welt. Wie das Christentum zuerst aufprallte auf die Griechen und Römer, so prallt die geistige Welt auf die gegenwärtige, auf die bürgerliche Welt auf, und die ist dekadent. Die Proletarier sind noch nicht dekadent; sie werden noch begreifen, was gemeint ist mit der spirituellen Welt. Aber die anderen werden die Vorbereitung durch Anthroposophie gebrauchen, das heißt, denjenigen Teil des Gehirns ausbilden müssen, der noch nicht physisch ist, das ätherische Gehirn. Wir stehen heute einmal vor der Notwendigkeit, daß die führenden Klassen nicht nur ein dekadentes Gehirn haben werden, sondern ganz in die Dekadenz kommen werden, wenn sie nicht begreifen, daß sie übersinnlich die spirituelle Weltanschauung erfassen müssen.

Das ist die Tragik der bürgerlichen Weltordnung, daß sie alles physisch begreifen möchte, während man darauf angewiesen ist, heute mit dem Äthergehirn die Dinge zu erfassen, das heißt spirituelle Wahrheiten in sich aufzunehmen. Da hinein muß die Menschheit der Gegenwart steuern, und da muß der Westen die Führung in die Hand nehmen. Und hier müssen wir uns mit etwas sehr Wichtigem bekanntmachen.

Sehen Sie sich die Sprachentwicklung an, von Osten nach Westen gehend. Nehmen wir noch unsere deutsche Sprache. Sie wird ja heute furchtbar mißbraucht, aber wir wissen, daß sie die Eigentümlichkeit hat, wenn wir noch in die Goethesche, in die Lessingsche Sprache zurückblicken, daß vor noch nicht langer Zeit mit den Worten der deutschen Sprache das Kongruente bezeichnet werden konnte, was geistiges Leben ist. Heute haben wir die Sprache furchtbar negligiert, zur Phrase heruntergewürdigt. Aber da liegt es noch nicht in der Sprache allein, daß sie nicht spirituell sein kann. Je weiter wir aber zu den westlichen Sprachen gehen, desto mehr finden wir, daß diese Sprachen aus der Sprache selbst, aus den Lauten der Sprache, aus dem Ton der Sprache, auch aus der Grammatik der Sprache das eigentliche Geistige herausgeworfen haben. Und aus diesem Herausgeworfenhaben des Geistig-Seelischen aus dem anglo-amerikanischen Idiom, folgt die Weltmission der anglo-amerikanischen Völker. Diese Weltmission der anglo-amerikanischen Völker besteht darin, daß sie lernen – sie lernen es ganz instinktiv, aber sie werden es lernen, und im Ergreifen der Weltherrschaft lernen sie es –, indem sie den anderen Menschen zuhören, nicht nur den Laut zu vernehmen, sondern die Geste der Sprache zu deuten, mehr zu vernehmen als den bloß physischen Laut, etwas zu vernehmen, wenn gesprochen wird, was von Mensch zu Mensch zwar, aber doch über das Gesprochene hinaus, übergeht. Das wirkt von Ätherleib zu Ätherleib. Das ist das Geheimnis der westlichen Sprachen, daß der physische Ton seine Bedeutung verliert. Und das Geistige gewinnt an Bedeutung. Da liegt es schon in der Volksaufgabe, in die Sprache hinein den Geist träufeln zu lassen, nicht bloß physisch zu hören, sondern zu intuitieren, mehr zu empfinden als dasjenige, was in den Laut hineingeht. Das ist im Westen, da wird durch die Sprache selbst das Geistige gesucht werden müssen.

Blicken wir nun nach dem Osten, so werden wir einen immer weiter und weitergehenden Drang bei den Völkern des Ostens verspüren, mit der Vertiefung in das Innere hinein nicht bei dem stehenzubleiben, was früher ausgestaltet worden ist an Karma, an Reinkarnation und so weiter, sondern hinauszuschauen in die Welt und in der Welt draußen Geistiges zu vernehmen, auch eine Art Naturanschauung zu begründen.

Das sind nur kleine Proben, wie man seine Interessen erweitern kann von seiner Persönlichkeit und auch von seinem Volkstum aus auf die ganze Menschheit, wie man sich sagen kann: Wir blicken nach Westen und sehen dort Ideologie, aber andere Ideologie als im Osten. Wir sehen aber, wie aus diesen Gegensätzen heraus die elementaren Kräfte aufgewühlt werden innerhalb der Erdenmenschheit. Wir lernen erkennen, drinnen zu stehen in der ganzen zivilisierten Welt. Und wenn wir solche Erkenntnis des Drinnenstehens in der ganzen zivilisierten Welt in uns entwickeln, dann entwickeln wir in uns auch das Zeug, zu Empfindungen zu kommen, durch die wir über die Sphäre der Angeloi hinaufkommen. Es wird einfach unser Interessenkreis so erweitert, daß wir Begriffen geneigt gemacht werden, die in die Sphäre der Archangeloi hinaufgehen. Denn alles, was ich jetzt erzählt habe von dem Gegensatz von Ideologie und Maja und so weiter, das ist etwas, was sich in bezug auf seine Urkräfte abspielt in der Sphäre der Archangeloi, der Erzengel. Da kommen wir über die Sphäre der Angeloi hinaus. Sie sehen daraus, was dem Menschen der Gegenwart wirklich vonnöten ist. Wenn heute jemand redet von Maja, von Ideologie und so weiter, wie ich es auseinandergesetzt habe, und wenn er gar davon spricht: die Urkräfte dessen liegen in der Sphäre der Archangeloi, was ist er dann bei den gescheiten Leuten? Ein Narr, selbstverständlich, weil die Menschen durch die Geistigkeit, die sie gewonnen haben, so eingeengt sind, daß sie sich nicht interessieren für die großen Interessen der Menschheit. Das kann man nur von einem geistigen Gesichtspunkte aus, nur wenn man in das eindringt, was an den großen Interessen der Menschheit arbeitet.

Nun habe ich Ihnen einen Begriff gegeben, wie man hinaufarbeiten kann in die Sphäre der Archangeloi. Man kann noch höher hinaufarbeiten. Auch das muß die Menschheit der Gegenwart lernen. Unsere gebildeten Klassen mußten ja zurückblicken auf die griechische Zeit. Sie mußten ja, namentlich insofern sie Männer waren – und in der neueren Zeit übt man ja diese Prozedur auch an der Frauenjugend aus –, das Gymnasium durchmachen, griechische Bildung in sich aufnehmen, und dadurch hatten sie genügenden Impuls bekommen, immer mehr und mehr sich zurückzufühlen in die griechische Welt. Das hat eine große Bedeutung für unsere Zivilisation, denn wir machen es so, daß wir gerade in unseren wichtigsten Entwicklungsjahren dasjenige lernen, was die Griechen der Welt geleistet haben. Die Griechen haben es anders gemacht. Ihnen ist es natürlich nicht eingefallen, ihren Jungen etwa ägyptische Sprache beizubringen. Sie haben sich dem gewidmet, was ihre unmittelbare Wirklichkeit war. Sie waren von einem unmittelbaren Wirklichkeitssinn. Wir beschäftigen unsere Jugend damit, daß sie nicht etwas kennenlernt von der Umgebung und Wirklichkeitstriebe aufnimmt. Wir versetzen sie in eine alte Zeit. Wir ahnen gar nicht, was wir damit eigentlich tun. Denn wir bringen den Kindern – jungen Herren und jungen Damen muß man wohl sagen – nicht etwa bloß griechische Sprache bei. Sondern in der Sprache, in der Lautkonfiguration, in der Grammatik einer Sprache liegt auch der ganze Charakter eines ganzen Volkes. Indem der Mensch die griechische Sprache aufnimmt, wie es heute geschieht, nimmt auch das Drinnenstehen seiner Seele in der Welt eine ähnliche Konfiguration an, wie es in Griechenland der Fall war. Dort war alles Kulturleben so gestellt, daß nur eine kleine Schicht oben eigentlich teilnahm an der Kultur, die anderen waren Sklaven. Es war ja in Griechenland eines freien Mannes nur würdig, sich mit Wissenschaft, Politik und höchstens noch – aber nur mit der Aufsicht – in der Landwirtschaft zu beschäftigen. Alles andere war Sklavensache. Das liegt in der Sprache. Und indem wir die griechische Kultur mit der Sprache in uns vereinigen, vereinigen wir den Aristokratismus mit unserer Geistesbildung. Für den Griechen war es natürlich, den ganzen sozialen Organismus aufzubauen gemäß seiner Geistesrichtung, denn für ihn hing diese zusammen mit dem Blute. Da waren die Menschen, welche die breiten Massen waren. Dann gab es jene Menschen, die der höhere Typus waren, und die hatten schon durch ihr Blut das höhere Geistesleben in sich.

Das kommt sogar in der griechischen Plastik zum Ausdruck. Vergleichen Sie den Merkurtypus, wie die Nase, wie die Ohren gestellt sind, mit dem Zeus- oder Athenetypus: andere Nasenstellung, andere Ohrenstellung. Der Grieche wußte genau, was er ausdrücken wollte, indem er den Merkurtypus auf der einen Seite, den arischen Zeustypus auf der anderen Seite aufbaute.

Mehr als wir denken, sind wir von dem allem durchdrungen. Indem wir heute Weltanschauungsideen ausbilden, bilden wir im Grunde genommen solche Ideen aus, die noch dem angepaßt sind, was bei den Griechen aus dem Blute kam. Unser geistiges, unser kulturelles Leben ist durchdrungen von dem, was wir aus dem Griechentum aufnehmen. Das Griechentum ragt in unsere Zeit luziferisch herein. Das Griechentum metamorphosierte sich ins Römertum hinüber. Wir haben eine nächstfolgende Zeit im Römertum. Die Römer waren gegenüber den Griechen ein nüchternes, prosaisches Volk, und sie haben andere Seiten des Lebens ausgebildet. Was bei den Griechen aus dem Blute kam, haben sie abstrakt ausgelebt. Gegenüber den Griechen haben sie den Menschen selbst zu einem Abstraktum gemacht, zum Staatsbürger. Der Mensch ist eigentlich nicht Mensch im römischen Sinne, er ist Staatsbürger. Das ist eine dem Griechen unverständliche Sache. Man ist nicht das, was man ist als Mensch, indem man in die Menschheit eintritt, sondern man ist das, was man ist, indem man einregistriert ist in irgendeine Urkunde des Staates. Das tritt manchmal grotesk zutage. Ich hatte einen alten Freund, der war vierundsechzig Jahre alt. Eines Tages sagte er: Jetzt habe ich mir so viel erspart – er war immer ein armer Kerl gewesen –, daß ich jetzt die Geliebte meiner Jugend heiraten will. – Er hatte sich nämlich mit achtzehn Jahren verlobt, hatte aber damals kein Geld, um seine Verlobte zu heiraten. Und die beiden gelobten sich gegenseitig, so lange zu warten, bis sie sich heiraten könnten. Das war nun jetzt möglich geworden. Inzwischen war er vierundsechzig und sie zweiundsechzig Jahre geworden. Er zog also in seinen Heimatort und schrieb, nun wäre alles in Ordnung, das Geld hätte er. Aber sie konnten nun doch nicht heiraten, weil seine Gemeinde an seiner Existenz zweifelte. Es war nämlich vor Jahren das Pfarrhaus abgebrannt, damit auch alle Taufurkunden und so weiter, und es war niemand mehr da, der über seine Persönlichkeit hätte Angaben machen können. Er meinte zwar, daß es doch ein Beweis wäre, daß er selbst da wäre, aber er hatte keinen gesetzlichen Beweis! Die Heirat ist zwar schließlich doch zustande gekommen, aber es wurde ihm durch diese Schwierigkeiten klargemacht die viel größere Wichtigkeit des Taufscheines als die der eigenen Persönlichkeit.

Man ist also Bürger. Man ist das, was man ist, in einem abstrakten Zusammenhange. Diese Anschauung ist im wesentlichen römisch, und alles, was im gewöhnlichen Leben in dieser Art vorhanden ist, ist im wesentlichen römisch. Unsere Erziehung wird ja im wesentlichen in Anspruch genommen durch den Staat, der so abstrakt geworden ist und der unter der sozialistischen Einwirkung noch viel abstrakter werden wird. Die Menschen werden heute nicht erzogen, um als Menschen in die Welt hineingestellt zu werden, sondern um einen Staatsberuf zu haben und in diesen hineingestellt zu werden. Der Staat nimmt die jungen Menschen in die Hand – nicht gleich, denn da sind sie ihm noch zu unreinlich, da überläßt er sie einstweilen den Eltern. Dann aber breitet er seine Fangarme nach dem Menschen aus und dressiert ihn so, daß er für ihn geeignet ist. Und er weiß sehr gut, daß die Menschen dann für ihn geeignet sind. Denn, was gibt er ihnen alles? Er gibt ihnen ein wirtschaftliches Leben, gibt ihnen alles, was für sie vorgeschrieben ist, und dann pensioniert er sie. Und man soll nur einmal hören, was es für den Menschen bedeutet, wenn er sich sagen kann: er bekomme zu seiner Anstellung, für die er nicht nur bezahlt wird, nachher auch noch eine Pension! Das ist etwas ganz Großes und kettet die Menschen an den abstrakten Staat, und das ergreift dann auch die übrige Gesinnung. Auch da ist die romanische Gesinnung in den übrigen Menschen eingetreten. Sagt man heute dem Menschen: Du mußt, um an deiner Unsterblichkeit teilzunehmen, das, was in deiner Seele wirkt, aktiv machen, damit du selbst deine Seele aktiv durch die Todespforte trägst –, so versteht er das nicht. Man hat ihm gründlich abgewöhnt, auf so etwas sein Verständnis zu lenken. Man sagt ihm dafür, du brauchst nur an Christus zu glauben und an das, was der Staat tut. Und er weiß dann: erst wird er durch den Staat versorgt, und wenn er genug gearbeitet hat, wird er vom Staate pensioniert. Und die Kirche tut dann noch ein weiteres. Sie pensioniert nach dem Tode des Menschen seine Seele, so daß er im Leben nicht mitarbeiten muß an seiner Seele und selbst etwas tun, wenn er seine Seele durch die Todespforte trägt. Registriert ist der Mensch heute, und die Politik des römischen Wesens, sie haben wir als zweites in unsere Wesenheit aufgenommen und nehmen sie immer mehr und mehr auf.

Man kann auf diesem Gebiete furchtbare Erfahrungen machen. Ich habe jetzt in Stuttgart mitgewirkt bei der Einrichtung der Waldorfschule und mußte mir dabei auch die verschiedenen Lehrpläne vorlegen. Wenn ich an die siebziger, achtziger Jahre des vorigen Jahrhunderts zurückdenke, so muß ich sagen, damals waren die Lehrpläne noch etwas klein; da enthielten sie das, was in jeder Klasse durchzunehmen war. Die Lehrziele und der Stoff waren angegeben; in bezug auf alles übrige war der Lehrer noch frei. Jetzt bekommt man Lehrpläne von großem Umfange vorgelegt, und auf der ersten Seite steht: Amtsblatt, Verordnung, und nun ist dann angegeben, so und so soll man beim Unterricht verfahren. Also, was aus der lebendigen Persönlichkeit allein auf die lebendige Persönlichkeit wirken soll, das steht in Gesetzen und Verordnungen, das ist amtlich geworden, das wird verfügt. Das ist der Tod des geistigen Lebens. Dieser Tod des geistigen Lebens führt direkt von Mitteleuropa nach Rom! Das ist das zweite, was wir in uns aufgenommen haben, das Politisch-Rechtliche mit dem Römertum.

Dazu kam das, was sich nicht von alten Zeiten in neue verpflanzen läßt, das Wirtschaftsleben. Das mußte modern sein. Denn man kann wiederkäuen, was die Griechen erkannt haben, man kann auf sich wirken lassen, was die Römer als Rechtsleben hatten, man kann aber nicht essen, was die Griechen und die Römer gegessen haben. Das Wirtschaftsleben muß modern sein. So haben wir es nach und nach dahin gebracht, daß wir unser Wirtschaftsleben durchkreuzt haben mit dem griechischen Geistesleben, mit dem römischen Rechtsleben, und wir haben jetzt die Aufgabe, diese Dinge wieder auseinanderzubringen, sich dafür Verständnis zu erwerben, daß diese drei Schichten, die wie aus verschiedenen Zeitaltern sich zusammenballen, auseinandergebracht werden müssen. Das heißt, sein Interesse ausdehnen – wie früher über Orient und Okzident im Raume – bis zur Gegenwart, das heißt, sich erheben, sich fähig machen zu Empfindungen, die uns erheben können zu den Archai. Aber wie viele Menschen wollen sich heute ein Interesse für diese Dinge entwikkeln, ein unbefangenes Interesse, wie der Zeitgeist spielt, indem er die Zeiten ineinanderschiebt, wie ich es geschildert habe. Ich habe in Stuttgart gesprochen von der Unnatur unserer Gymnasialbildung. Ich weiß nicht, ob es ein bloß zeitlicher Zusammenhang war, aber der zeitliche Zusammenhang war da. Ein paar Tage, nachdem ich darüber gesprochen hatte, erschienen in Stuttgarter Zeitungen große Annoncen, unterschrieben von allen möglichen Zöpfen, pardon Professoren und dergleichen; daß die Gymnasialbildung nicht unterschätzt werden dürfe, denn sie hätte ja für die Größe des deutschen Volkes, die so herrlich in der letzten Zeit hervorgetreten sei, das ihrige beigetragen. Buchstäblich war das zu lesen als die angebliche Meinung der Jugendbildner im April des Jahres 1919, nach dem Oktober 1918! Diese Dinge sind möglich in unserer Zeit. Es sind ja noch andere Dinge möglich.

Ehe wir nicht dazu kommen, diese Dinge so zu sehen, daß wir die Impulse aufnehmen, die aus der geistigen Welt in unsere physische Welt hereinwirken, ehe wir nicht einsehen werden, daß der Mensch ebenso, wie er durch seine Leibesorganisation mit dem Tierreich, Pflanzenreich und Mineralreich zusammenhängt, so auch mit seiner Geistesorganisation zusammenhängt mit den Hierarchien der Angeloi, Archangeloi und Archai – Persönlichkeitsgeister als die Schützer der persönlichen Entwicklung, Volksgeister als Schützer der Volksentwicklung im Raume hin, Zeitgeister, die Beschützer der Entwicklung über die Zeiten hin –, ehe wir nicht die Möglichkeit haben, diese Dinge aus den geistigen Fundamenten heraus zu verstehen, können wir nicht weiterkommen. Alles muß darauf hinauslaufen, daß der Mensch heute den Mut und die Kraft finde, in die geistige Welt hineinzuschauen. Am Anfang einer harten Kampfeswelle stehen wir, wo alle Instinkte werden aufgewühlt werden, die hervorgehen aus der einen Halbwahrheit: die ökonomische Wirklichkeit ist die einzige, alles Geistig-Seelische ist Ideologie –, und aus der anderen: die einzige Wirklichkeit ist das Geistig-Seelische, und alles Äußere ist Ideologie, ist Maja. – Diese Gegensätze werden solche Instinkte in der Menschennatur loslösen, daß lange, lange der geistige Kampf entbrennen wird in Formen, von denen die Menschheit heute keine Ahnung hat. Das werden wir wissen müssen, und wir werden weiter wissen müssen, wie wir uns im Sinne der Zeitbildung zu erheben haben zur Anschauung der geistigen Welt, so wie wir es auffassen.

Das ist es, was uns die Zeit selbst befiehlt, was aus ihr selbst gefordert wird. Ihm müssen wir uns zuwenden. Davon morgen weiter.

ACHTER VORTRAG

Berlin, 14. September 1919

Ich habe davon gesprochen, wie die gegenwärtige Zeitepoche eine solche in der Entwicklungsgeschichte der Menschheit ist, welche diese Menschheit vor große Proben stellt, wenn auch dasjenige, was durch diese Proben vorgeht, durchaus zum großen Teile in dem Unterbewußten der Menschenseelen verfließt.

Die Menschen, sagte ich, wissen und müssen wissen, was es heißt, die Schwelle in die unsichtbare Welt zu überschreiten, wenn sie eine Art Einweihung durchmachen, wenn sie wirklich in diese unsichtbare Welt bewußt eintreten. Allein etwas Ähnliches geschieht – natürlich nicht von heute auf morgen, wohl aber im Laufe langer Zeiträume – mit der Menschheit selbst, indem diese Menschheit es zu erleben hat, daß die ineinanderwirkenden Kräfte des Denkens, Fühlens und Wollens wie auseinandertreten, sich auseinanderschälen, ähnlich wie Denken, Fühlen und Wollen selbständig werden eben beim Übertreten der Schwelle in die übersinnlichen Welten. Das alles ist verknüpft mit bedeutsamen Veränderungen in der innersten Menschennatur, und es ist einmal die Aufgabe der Zeit, diese Veränderungen in der innersten Menschennatur in das Bewußtsein aufzunehmen. Gerade dieser bequeme Drang der Menschen der Gegenwart, nicht wissen zu wollen eigentlich, was mit der Menschheit vorgeht, dieses Darauflosleben in Illusionen und im Grunde genommen doch in Träumereien über das Leben, das ist es, was überwunden werden muß.

Wir werden uns über das, was ich Ihnen heute noch zu sagen habe, am besten dadurch verständigen, daß wir an uns längst bekannte Tatsachen des übersinnlichen Daseins denken, daran denken, wie des Menschen Ich und sein astralisches Wesen beim Einschlafen den physischen Leib und den ätherischen Leib verlassen, beim Aufwachen wieder in diese zurückkehren. Nun ist das eine allgemeine Charakteristik, gewissermaßen eine schematische Charakteristik. Man sagt so im allgemeinen, der Mensch kehrt beim Aufwachen zurück in seinen physischen Leib und seinen Ätherleib. Aber dieses Zurückkehren geschieht gewissermaßen in verschiedenem Grade. Wenn wir zum Beispiel ein kleines, noch unerwachsenes Kind betrachten, so können wir nie sagen, daß das Ich und der astralische Leib vollständig in den physischen Leib und Ätherleib untertauchen, daß sie in ihrer Tätigkeit vollständig eines werden mit der Tätigkeit des physischen Leibes und Ätherleibes. Es ist immer gewissermaßen etwas im Ich und im astralischen Leibe, was sich nicht verbindet mit dem physischen Leib und Ätherleib. Und wenn wir in ältere Zeiten der Menschheitsentwicklung zurückblicken, auf jenen wichtigen, einschneidenden Wendepunkt in der Entwicklung der Menschheit, der, wie ich Ihnen sagte, in der Mitte des 15. Jahrhunderts liegt, dann können wir uns sagen, für das ganze Menschenleben war es in alten Zeiten bis zu jenem Zeitpunkte so, daß ein vollständiges Untertauchen des Ich und des astralischen Leibes während des Wachens, während der bewußten Wachenszeit des Menschen, nicht stattgefunden hat. Das ist vielmehr das ungeheuer Bedeutungsvolle in der Entwicklung gerade in unserem nachatlantischen Zeitraume, daß unsere Seele und unser Geistiges, unser Ich und unser astralischer Leib, jetzt erst vollständig in den physischen Leib und Ätherleib untertauchen können, und zwar auch jetzt erst ungefähr für unsere Zeit – später werden sich die Verhältnisse wieder etwas ändern – nach dem siebenundzwanzigsten und achtundzwanzigsten Jahre. Das ist ein bedeutungsvolles Geheimnis in der Entwicklung der Menschheit. Der Mensch erlebt es eigentlich erst jetzt, daß er in seinen physischen Leib ganz untertaucht, und zwar auch erst, wenn er das vollständig reife Alter von siebenundzwanzig, achtundzwanzig Jahren erreicht hat. Und was bedeutet dieses vollständige Untertauchen in den physischen Leib? Es bedeutet, daß wir durch dieses Untertauchen in die Lage kommen, jene Gedanken zu entwickeln, jene Ideen zu entfalten, welche die materialistischen, die naturwissenschaftlichen Ideen sind seit der Galilei- und Kopernikus-Zeit. Für diese Ideen, für diese naturwissenschaftliche Anschauung ist unser physischer Leib das richtige Werkzeug. Das wurde in früheren Jahrhunderten nicht im Wachen erreicht, daher war das naturwissenschaftliche Denken nicht vorhanden. Das ist ganz an den physischen Leib gebunden. Damit hängt dann alles andere zusammen, was ich in diesen Tagen Ihnen sagen mußte über jene Tätigkeit, welche der Mensch im Zusammenhange mit geisteswissenschaftlicher Einsicht in der Weise entfalten muß, daß er wiederum Interesse erregt bei den Wesenheiten der drei nächsthöheren Hierarchien, wie ich es Ihnen ausgeführt habe. Wir sind gewissermaßen durch die Wesenheiten dieser drei Hierarchien soweit gebracht, daß wir untertauchen können in unseren physischen Leib und damit die tote, mineralische Außenwelt naturwissenschaftlich kennenlernen können.

Es ist einfach die Aufgabe der Menschheit in der gegenwärtigen Zeit, in diesen Dingen Bescheid zu wissen. Ohne ein Bewußtsein von diesen Dingen zu haben, lebt der Mensch gewissermaßen schlafend im gegenwärtigen Kulturabschnitt dahin, und darin liegt ja der Grund, warum heute die Menschen die Ereignisse um sich herum schlafend durchleben. Man muß diese konkreten Tatsachen schon einmal auf seine Seele wirken lassen, damit man ein Bewußtsein davon aufnimmt, welche Kräfte gerade heute in der Entwicklung der Menschheit walten und wirken. Man kann schon sagen: In der gegenwärtigen Zeit muß vieles neu werden, wobei ich mit der «gegenwärtigen Zeit» natürlich einen lange Zeit umspannenden Zeitraum meine. Vor allem müssen solche Dinge neu werden wie die Erziehungsziele. Ich habe von unserem Gesichtspunkte aus schon darauf hingewiesen. Wir müssen den Menschen von Kindheit auf so erziehen, daß er in richtiger Art in ein solches Lebensalter eintritt, wie es charakterisiert ist durch ein vollständiges Untertauchen in den physischen Leib. Wir müssen die Menschen so dazu bringen, daß sie in den physischen Leib vollständig untertauchen können. Warum können denn die Bemühungen walten, an eine Umwandlung, an eine Erneuerung unseres Erziehungswesens zu gehen? Sie können deshalb walten, weil die Menschheit, da sie in ein neues Stadium der Entwicklung eintritt, vorbereitet werden muß zu dem Erleben in diesem neuen Stadium. Jeder, der das Leben heute betrachtet, wird wissen, daß es gegenwärtig außerordentlich viele gebrochene Menschennaturen gibt, die mit dem Leben nicht fertig werden. Und warum werden sie nicht mit dem Leben fertig? Weil sie nicht, wie ich es geschildert habe, zurückblicken können in Erlebnisse, die sie hätten haben sollen in der Erziehung, in ihrer Kindheit. Gewisse Kräfte können nur in der Kindheit entwickelt werden. Werden sie dann entwickelt, so bleiben sie durch das Leben vorhanden, man hat sie, und man ist dann dem Leben gewachsen. Hat man sie nicht, so ist man dem Leben nicht gewachsen. In dieser Weise ist das Verantwortlichkeitsgefühl aufzufassen, das man sich heute gegenüber allem Erziehungswesen erwerben sollte.

Ein anderes: Wir müssen uns klar sein, daß der Christus-Impuls in die Menschheit eingetreten ist im vierten nachatlantischen Kulturzeitraum. Dieser Zeitraum hat im 8. vorchristlichen Jahrhundert begonnen und hat gedauert bis zur Mitte des 15. Jahrhunderts unserer Zeitrechnung. Ungefähr nach Ablauf des ersten Drittels dieses Zeitraumes trat in die Menschheitsentwicklung dasjenige herein, was der ganzen Erdenentwicklung den Sinn gibt, der Christus-Impuls, das Ereignis von Golgatha. Es trat herein, als die Menschheit in der Entwicklung der Verstandes- oder Gemütsseele war. Diese Entwicklung der Verstandes- oder Gemütsseele, in der das menschliche Denken und Empfinden mehr instinktiv waren als heute, wurde abgelöst durch die Entwicklung der Bewußtseinsseele im 15. Jahrhundert, in der wir drinnenstehen. Die Art, wie das Ereignis von Golgatha als ein weltgeschichtlicher Impuls in die Menschheitsentwicklung hereingetreten ist, war zunächst berechnet für das instinktive Verständnis des vierten nachatlantischen Zeitraumes. Da wurde es aufgenommen von den Menschen dieses Zeitraumes. Für dieses instinktive Verständnis war es selbstverständlich, daran zu denken, daß in der Persönlichkeit des Jesus von Nazareth das Christus-Wesen lebte, das in jenem Zeitraume aus kosmischen Höhen heruntergestiegen ist, um sich für irdische Taten zu verbinden mit dem Leibe des Jesus von Nazareth. Eine große, bedeutungsvolle übersinnliche Begebenheit konnte jeder erfühlend in dem Ereignis von Golgatha erkennen, so wie es dazumal in die Menschheit hereintrat. Mit dem Fortgange der Zeit wurde immer mehr und mehr abgelähmt, was in den Kräften der Verstandes- oder Gemütsseele war. Jenes Verständnis, das in den ersten Jahrhunderten der christlichen Entwicklung für das Ereignis von Golgatha noch vorhanden war, konnte nicht dauern. Es mußte einlaufen in eine ganz andere Seelenverfassung der zivilisierten Menschheit. Das hatte zur Folge, daß mit dem Heraufkommen der Bewußtseinsseele das Ereignis von Golgatha selbst immer mehr materialisiert wurde. Und so sehen wir, wie die Entwicklung der zivilisierten Menschheit in den letzten vier bis fünf Jahrhunderten so vor sich ging, daß immer mehr und mehr zurückging das Verständnis für das, was eigentlich auf Golgatha geschah, die Innewohnung des Christus in dem Jesus von Nazareth. Dieses große Mysterium, das in den ersten christlichen Jahrhunderten instinktiv erkannt wurde, es wurde immer weniger verstanden. Immer mehr und mehr wurde es materialisiert, bis in unsere Zeiten herein, in denen es möglich geworden ist, sogar den Fortschritt auf diesem Gebiete darin zu erkennen, daß man nichts mehr wissen wollte von dem übersinnlichen, kosmischen Christus, und daß man anfing zu reden von dem Jesus von Nazareth bloß als von einem allerdings außerordentlichen Menschen, aber eben einem Menschen, der gleichgeartet ist mit den übrigen Menschen.

Wir stehen auch da an einem Wendepunkte. Ein neues Christus-Verständnis muß kommen. Dieses neue Christus-Verständnis kann nur kommen, wenn es gesucht wird mit den Mitteln der Geisteswissenschaft, wenn es so gesucht wird, daß mit übersinnlichen Mitteln wieder das gefunden werden kann, was eigentlich nur im Übersinnlichen sich wirklich vollziehen könnte, was sich im Sinnlichen nur offenbaren könnte. Und es muß dieses neue Christus-Verständnis hervorgehen aus solchen Tiefen der Menschennatur, daß gegenüber diesen Tiefen der Menschennatur aufhören die konfessionellen Unterschiede, die über die zivilisierte Menschheit hin walten. Diese konfessionellen Unterschiede sitzen in ihren Gründen alle in einer Seelenverfassung, die mehr an der Oberfläche der Seele ist als alles das, was heute aus geisteswissenschaftlichen Untergründen heraus führen muß zu einem neuen Verständnis des Christus im Jesus. Und dieses Verständnis wird nicht vollkommen sein, wird nicht ein solches sein, welches die Bedürfnisse der heutigen Menschenseele wirklich befriedigen kann, wenn es nicht zugleich so ist, daß es die Unterschiede in der Menschheit überbrückt, welche durch die Konfessionen in diese Menschheit heraufgetragen worden sind. Etwas haben wir zu hoffen von diesem neuen Christus-Impulse, das wir alle im Grunde genommen ersehnen müssen, wenn wir es mit der Menschheit ernst und würdig meinen, etwas haben wir zu erhoffen, das in sehr unverständiger Weise heute auf anderen Feldern gesucht wird. Heute reden die Menschen und erhoffen etwas von einem sogenannten internationalen Völkerbund. Es ist merkwürdig, wie sehr die Menschen heute sich nach Abstraktionen sehnen zum Verständnis der Wirklichkeit. Woher sollen denn die Impulse kommen, welche durch die Völker hindurch wirken, um eine Einheit hervorzurufen, die man mit dem sogenannten Völkerbunde meint? Man sehe sich alles an, was bisher für die Begründung dieses Völkerbundes an seelischen Impulsen vorgebracht worden ist: ein paar Abstraktionen sind es. Aber die Menschen verschlafen heute solche Dinge. Wie sehr sie gegenüber diesen Dingen schlafen, das sieht man gerade an einer Tatsache wie der folgenden: Woodrow Wilson, der Erfinder, wenigstens Wiedererfinder dieses Völkerbundes, hatte es ja ausgesprochen, als Amerika noch nicht in der Weise an den ganzen Weltverhandlungen beteiligt war wie heute, daß der Völkerbund nur dann in der richtigen Weise begründet werden kann, wenn es durch diese Kriegskatastrophe keine Sieger und keine Besiegten gibt. Das wäre die unerläßliche Bedingung für den Völkerbund. Wer das damals ernst genommen hat, der kann unmöglich heute dasjenige ernst nehmen, was jetzt über den Völkerbund gesagt wird. Beides ist nicht miteinander zu vereinigen. Das merken aber die Menschen nicht. Und das ist es, was heute einer gesunden menschlichen Entwicklung so widerstreitet; daß man tatsächlich das Widersprechendste aufnimmt, wenn nur eine gewisse Zeitspanne verflossen ist. Es ist, als ob die Menschen heute gar nicht mit ihrer Seele bei dem dabei sein könnten, was eigentlich geschieht.

Nein, mit diesem Völkerbund ist es auch überhaupt nichts. Denn das, was in der Menschheit begründet werden soll, muß aus den Tiefen des Menschenwesens an die Oberfläche fließen. Was aus zeitgemäßen Menschheitsimpulsen über die ganze zivilisierte Welt hin heute begründet werden kann aus Gründen, die nicht in der Völkerdifferenzierung ruhen, das allein kann die Neuauffassung des Christus-Impulses entwickeln. Dieser Christus-Impuls in neuer, geisteswissenschaftlicher Erfassung allein kann das sein, was die in Haß und in Mißverständnis sich zersplitternden Völker über die zivilisierte Welt hin wieder verbindet. Das sollte sich tief, tief als eine Überzeugung in die Seelen senken. Denn alles übrige, was nicht in dieser Richtung geht, ist heute für die Entwicklung der Menschheit hemmend. Und im Grunde genommen ist es leichtfertig, in anderer Art über die Erfordernisse der Menschheitsentwicklung zu sprechen, als aus den tiefsten Gründen dieser Entwicklung heraus. Hat die Erde mit Bezug auf die Menschheitsentwicklung durch das Ereignis von Golgatha ihren eigentlichen Sinn bekommen, so ist heute die Zeit, wo dieser Sinn in einer neuen Art begriffen werden muß. Und ehe die Menschheit sich nicht die Verpflichtung zu diesem Verständnis auferlegt, eher gibt es für die Wunden dieser Zeit keine Heilung. Man kann heute nicht die Dinge, die zu geschehen haben, von diesem Gesichtspunkte aus nebeneinander treiben, man muß sie ineinander treiben. Man kann heute nicht äußerlich Politik treiben, kann nicht äußerlich einen Völkerbund aufrichten wollen. Diese Dinge verlangen, daß sie verinnerlicht werden durch den tiefsten, durch den Christus-Impuls der Menschheit.

Der anthroposophisch orientierten Geisteswissenschaft Verpflichtung ist es, in einer Art hinzuweisen auf das, was jeder einzelne Mensch nur als persönlich-individuelle Wesenheit in sich rege machen kann, was aber rege gemacht werden muß. Denn sobald diese Dinge berührt werden, muß der ganze Ernst unserer Zeit gefühlt werden. Das schmerzt so tief, daß dieser ganze Ernst der Zeit im Grunde genommen noch so wenig gefühlt wird, daß man es meidet, an die großen Erkenntnisse heranzutreten, die unbedingt dem Menschenbewußtsein einverleibt werden müssen. Wir haben eine Epoche durchlebt, die uns sehr weit abgebracht hat von jenem innerlichen Antriebe, der uns zu den heute notwendigen Erkenntnissen hinführt. Fragen Sie einen heutigen Naturforscher oder einen Menschen, der im Sinne der heutigen Naturforschung denkt: Was wäre es mit der Erdenentwicklung, wenn der Mensch nicht an ihr teilgenommen hätte? Wenn der Naturforscher heute überhaupt von seinen Hypothesen, von seinen Anschauungen aus vernünftig nachdenkt, so kann er ja keine andere Antwort geben als die: Dann wäre der Mensch nicht da, und die Erde würde sich ohne den Menschen entwickeln, würde ihr Mineralreich, ihr Pflanzenreich und ihr Tierreich auch entwickeln. Es würde ungefähr das vor sich gehen, was heute etwa vor sich geht, nur der Mensch wäre nicht dabei, höchstens daß keine Häuser gebaut wären, keine Städte vorhanden wären und dergleichen. – So muß man sagen, wenn man den Sinn der heutigen Naturwissenschaft erfaßt, daß die Erde sich entwickelt hätte ohne den Menschen, auch wenn der Mensch nicht dabei wäre. Und dennoch, dies ist ein völliger Irrtum. Wenn Sie alles zusammennehmen, was Sie in den verschiedenen Auseinandersetzungen finden können, die wir seit fast zwei Jahrzehnten gepflogen haben, so werden Sie das, was ich jetzt sagen werde, als eine Selbstverständlichkeit empfinden. Man muß nur darauf aufmerksam gemacht werden.

Was der Mensch an sich trägt als seinen physischen Leib, ist während der Zeit seines Daseins zwischen Geburt und Tod durchwoben von dem Seelischen. Jetzt, da wir in diese Epoche eingetreten sind, ist es sogar in besonderer Art von dem Seelischen durchwoben: das Ich und der astralische Leib tauchen vollständig in den physischen Leib unter. Und wieder, ob wir durch Feuer oder durch Beerdigurg den Leichnam unseres physischen Leibes der Erde übergeben, es bedeutet das für die gegenwärtige naturwissenschaftliche Richtung nichts anderes als: Dieser Leichnam besteht aus verschiedenen Substanzen, die mit dem Tode des Menschen der Erde zugefügt werden und ihren Weg gehen nach den verschiedenen Prinzipien, die man heute in der organischen und besonders in der anorganischen Chemie verfolgt. Das alles ist aber ein bloßer Unsinn. Worum es sich handelt, ist vielmehr dieses: daß es wahrhaftig an diesem Menschenleibe nicht wesenlos vorübergeht, daß er von der Geburt bis zum Tode bewohnt ist von dem menschlichen Geist-Seelenwesen. Und wir übergeben der Erde unseren Leichnam in einer Form, in einer Beschaffenheit, die er nur dadurch hat bekommen können, daß er durchlebt war von der Geburt bis zum Tode von jenem Wesen, das vor der Geburt beziehungsweise vor der Empfängnis in der geistigen Welt als Seelengeist des Menschen gelebt hat. Und es wäre die Erde in ihrer heutigen Entwicklung so, daß sie längst dabei wäre zu zerfallen, zu veröden, wenn sie nicht als ein Ferment, gleichgültig ob durch Beerdigung oder durch Feuer, das aufnehmen würde, was die von den Seelen allerdings verlassenen, aber bis zum Tode durchlebten Menschenleiber sind. Wenn man früher Brot gebacken hat – früher hat man es so gemacht, heute wird es ein bißchen verkünstelt –, so hat man von dem alten Brotteig etwas aufbewahrt, das man als Hefe beim nächsten Brotbacken hat zusetzen müssen; das gehörte dazu. In ähnlicher Weise würde die Erde sich nicht entwikkeln können, ohne daß die menschlichen Leiber – nicht die Tierleiber – gewissermaßen als Ferment zugesetzt würden. Die machen es, daß die Erde, die längst dabei angelangt wäre, zu zerstäuben, dasjenige in ihrer Entwicklung bis zum Ende tragen wird, was in ihr ist. Der Mensch hat Anteil und hat besonders jetzt Anteil an der ganzen Erdenentwicklung. Und noch dasjenige, was wir mit unserem Tode der Erdenentwicklung übergeben, hat für sie eine Bedeutung.

Und das andere, was mit dem Menschen in seiner Entwicklung, insbesondere von der jetzigen Epoche ab geschieht, ist das, daß er, indem er das reifere Alter erlebt, über das siebenundzwanzigste, achtundzwanzigste Jahr kommt, dann mit seinem physischen Leibe im Wachenden Zustande in einer Verbindung ist, die in ganz besonderer Art auf die geistige Welt, auf die überirdische Welt wirkt. Das ist das merkwürdig Polarische in der Entwicklung des Menschen: Geht der Mensch durch die Pforte des Todes, läßt er seinen Leib zurück, dann spaltet er von diesem Leibe etwas ab, was der Erde als Ferment der Entwicklung dient. Geht er durch das Zeitalter vom achtundzwanzigsten bis fünfunddreißigsten Jahre, dann gibt er der geistigen Welt etwas ab, was aber für diese geistige Welt notwendig ist. Was man da abgibt – ich werde in der Zukunft einmal darüber sprechen, wie sich die Sache modifiziert für die jugendlichen Wesen, die vor dem achtundzwanzigsten Jahre sterben, das würde heute zu weit führen –, was man da an die geistige Welt abgibt, das ist das Wichtigste, was man wiederfindet, wenn man nach dem Tode in der geistigen Welt das Leben zurückerlebt. Das ist das, was man wirklich der überirdischen Welt so abgibt, wie man den Leichnam der irdischen Welt abgibt.

Solche Geheimnisse sind mit der Menschheitsentwicklung verbunden, und solche Dinge muß einfach die gegenwärtige Menschheit in ihr Bewußtsein aufnehmen. Diese Dinge haben nicht nur die Bedeutung von Erkenntnissensationen, wahrhaftig nicht! Sie haben eine viel, viel andere Bedeutung noch. Denn wer diese Dinge ernst zu nehmen vermag, wer sie mit ihrem vollen Gewicht in seiner Seele erleben kann, der kann auch das Leben viel ernster nehmen als ein anderer. Und dieser vertiefte Lebensernst ist dem Menschen der Gegenwart notwendig. Und das gründliche Verständnis für das, was mit unserer Dreigliederung des sozialen Organismus gegeben werden soll – das äußere Verständnis kann ja der äußeren, ich möchte sagen exoterischen Welt, und muß ihr vermittelt werden –, aber das wirklich gründliche Verständnis, so daß bewußtestes Mitarbeiten in der heutigen sozialen Evolution möglich ist, muß ausgehen von solchem Lebensernst, der basiert ist auf der Lebensanschauung der anthroposophisch orientierten Geisteswissenschaft. Sonst fassen wir die Dinge nicht tief genug auf. Draußen in der Welt müssen die Dinge verkündet werden, die mit der Dreigliederung zusammenhängen. Hier an diesem Orte möchte man, daß man in den Seelen das nötige Feuer, den nötigen Enthusiasmus erwecken kann, damit diejenigen, welche sich vom geisteswissenschaftlichen Gesichtspunkte aus ein solches Verständnis erwerben können, alles tun, um den anderen das nötige Verständnis beizubringen, beizubringen durch die Wärme der eigenen Überzeugung, durch den eigenen Enthusiasmus. Mit jener Oberflächenerkenntnis, welche heute die Menschen draußen in der Welt haben und die eben zu solchen Dingen führt, daß man glaubt, die Erde könne sich auch entwickeln, wenn der Mensch nicht dabei wäre, mit solcher Oberflächenerkenntnis ist der nötige Ernst für unsere Zeit nicht zu erzielen. Daher gehen wir heute durch die großen Städte, und es blutet uns das Herz über den jeglichen Mangel an Zusammenhang mit dem, was eigentlich in der Menschheitsentwicklung geschieht.

Diese Dinge haben sich vorbereitet. Ihre vorläufige Kulmination war eben das, was man die Weltkriegskatastrophe nennt, in die dasjenige eingemündet ist, was an Oberflächenanschauungen immer mehr und mehr Platz gegriffen hat. Heute aber ist es Verpflichtung der Menschen, zu jener dreifachen Vertiefung zu kommen, von der ich gestern gesprochen habe, gegenüber den Wesen der drei über uns befindlichen Hierarchien. Denn wir müssen heute einsehen, daß wir ja in diesem Tatsachenkomplex darinnen leben. Wir müssen als Menschheit durch die Epoche durchgehen, in welcher das Ich und der astralische Leib am tiefsten hinuntersteigen in den physischen und Ätherleib, und damit stärksten Versuchungen ausgesetzt sind, die davon herrühren, daß wir als Menschen in solche enge Verbindung kommen mit unserem physischen Leibe.

Da gibt es zweierlei: erstens eine Art, wie diese Versuchung auftreten kann, die ich nennen möchte die westliche Gestalt dieser Versuchung, und die andere ist die östliche Gestalt. Die westliche Gestalt tritt immer eigentümlicher auf, je weiter man den Blick nach Westen richtet, aber wir tragen diese Versuchung ganz besonders stark in unserer eigenen Natur. Sie besteht darin, daß wir dadurch, daß wir immer tiefer und tiefer in unseren physischen Leib eintauchen, mit den Erdenkräften, mit denen der physische Leib zusammenhängt, in innige Verbindung kommen. Unser physischer Leib hängt mit den Erdenkräften zusammen. Er wird diesen Erdenkräften nur dadurch entrissen, daß er die Schwere der Erde und ähnliches, was ihn an die Erde bindet, in seinem Bewußtsein überwindet. Der Mensch weiß gar nicht, wie er die Kräfte, die in ihm wirken, durch seine Organisation überwindet. Ich habe hier einmal etwas angeführt, was das illustrieren kann, was ich jetzt erwähne. Ich habe gesagt: Das menschliche Gehirn ist so schwer, daß es, wenn es seine ganze Schwere entfalten würde, die unmittelbar unter ihm befindlichen Blutgefäße zerdrücken würde. Nun ist aber die merkwürdige Einrichtung in der menschlichen Organisation vorhanden, daß dieses Gehirn im sogenannten Gehirnwasser schwimmt. Nach dem archimedischen Prinzip verliert nun ein jeder Körper im Wasser so viel an Gewicht, als das Gewicht der von ihm verdrängten Wassermenge beträgt. Aus diesem Grunde verringert sich auch der Druck des Gehirns auf die unter ihm liegenden Blutgefäße, weil eben das Gehirn im Gehirnwasser schwimmt, und wir überwinden dadurch die Schwere des Gehirns. – So überwinden wir vieles. Gerade diese Kräfte, auf die so wenig hingewiesen wird, zeigen auch im Physischen, welches Weltenwunder auch in der Organisation des Menschen vorhanden ist. So hängen wir mit den Kräften der Erde zusammen, aber wir dürfen nicht unmittelbar mit diesen Kräften in Zusammenhang kommen. Die Versuchung, zuviel mit diesen Kräften in Zusammenhang zu kommen, besteht in der Welt des Okzidents, in allen okzidentalen Lebensempfindungen. Diese Versuchung ist eine ahrimanische. Ihr kann nur entgegengearbeitet werden, wenn wir es wirklich dahin bringen, nach und nach unsere Erkenntnis so zu vertiefen, daß wir in die Lage kommen, geschichtlich die Menschheit in ihrer Entwicklung zu überblicken und das Ereignis von Golgatha als eine reale Tatsache in der Mitte dieser geschichtlichen Erdenentwicklung auch wirklich zu verstehen, so wie wir das Stehen des Cäsar, des Augustus oder des Sokrates in der Geschichte auch verstehen können. Nur dadurch bewahrt sich die okzidentale Weltanschauung vor der ahrimanischen Versuchung und ihren Folgen, daß diese abendländische Weltanschauung in ihre wissenschaftliche, in ihre erkenntnismäßige Betrachtung aufnimmt den Christus, daß der Christus einzieht in das gesamte Denken der westlichen Weltanschauung.

Die orientalische Weltanschauung ist in der entgegengesetzten Lage. Der Orientale bleibt in einer gewissen Beziehung auf dem kindlichen Standpunkte stehen, daß er sein Ich und seinen astralischen Leib nicht untertauchen läßt in den physischen Leib und Ätherleib, auch in der jetzigen Epoche, in der es der Menschheit vorbestimmt ist, dieses Untertauchen zu bewirken. Der Orientale flieht dieses Untertauchen. Es ist interessant, gerade die wichtigsten Erscheinungen in der Gegenwart von diesem Gesichtspunkte aus zu verstehen. Von Rabindranath Tagore sind sehr schöne Reden übersetzt, auch ins Deutsche. Wenn Sie diese Reden lesen, werden Sie sich sagen, wenn Sie ein Empfinden dafür haben, es ist ein ganz anderes Aroma, als uns aus der Lektüre irgendeines Abendländers entgegenströmt. Da spricht ein ganz anderer Geist. Geradeso wie die Perspektive anders ist, wenn die Orientalen malen oder zeichnen, als wenn die Okzidentalen malen oder zeichnen, so ist auch die ganze Seelenstimmung dieses Rabindranath Tagore anders als die eines Europäers oder eines Amerikaners. Das rührt davon her, daß selbst der gebildete Orientale von heute, wenn er in orientalischer Bildung steckt, diesen Zusammenhang mit dem physischen Leibe flieht. Darin liegt auch eine Versuchung, die jetzt luziferischer Art ist, den menschlichen physischen Leib nicht gehörig auszunutzen, ihn unbenutzt zu lassen. Während der Amerikaner danach strebt, den physischen Leib zu stark zu benutzen, strebt der Orientale danach, ihn zu wenig zu benutzen.

So muß man heute Völkerpsychologie kennenlernen. So hätte man seit Jahrzehnten, wenn die Weltkriegskatastrophe hätte vermieden werden sollen, auch anschauen müssen, welches die Beziehungen zwischen den östlichen und westlichen Völkern auch in Europa sind. Ich habe wahrhaftig nicht umsonst im Jahre 1910 gerade in Kristiania über die Volksgeister vorgetragen. Lesen Sie in diesem Zyklus verschiedenes nach, und Sie werden manchen Aufschluß über das bekommen, was sich in der Weltkriegskatastrophe in den letzten fünf Jahren zugetragen hat. Aber es handelt sich in allen diesen Dingen wirklich darum, daß man sich bereit mache, in vollem Ernste sich bereit mache, die Wirklichkeit nicht zu fliehen, sondern sie so aufzufassen, daß der Mensch sich in die Entwicklung in der Weise hineinstellen muß, daß er nicht egoistisch nur immer in sich hineinfrißt, nur immer die nächste Umgebung ins Auge faßt. Wir können heute nicht unsere Aufgabe erfüllen, wenn wir nicht den guten Willen entwickeln, uns in die ganze Menschheitsentwicklung, wenigstens mit unserem Bewußtsein, hineinzustellen.

Was ich ausgesprochen habe, soll nicht eine Kritik der Vergangenheit sein. Ich habe oft gesagt, eine Kritik der Vergangenheit muß vom geisteswissenschaftlichen Gesichtspunkte aus für töricht gehalten werden. Worum es sich handelt, ist die Einsicht, daß man für die Zukunft anders zu handeln und zu denken hat, als man in der Vergangenheit gedacht und gehandelt hat, daß man die Geneigtheit haben muß, dasjenige in die Zukunft hineinzutragen, was aus dem spirituellen Wissen herauskommt.

Ich habe Ihnen in diesen Tagen angedeutet, wie der Mensch sein ganzes Leben zwischen Geburt und Tod anzusehen hat. Wir nehmen, indem wir durch die Geburt schreiten, die Kräfte der übersinnlichen Welt von unserem übersinnlichen Dasein in das sinnlich-physische Dasein mit herein. Diese Kräfte wirken nach. Das ist etwas, was der Mensch heute sehr schwer versteht. Wie wirken sie nach? Sie wirken in allem nach, was der Mensch in dieser physischen Welt als Geistesleben entwickelt. Wir hätten keine Möglichkeit, Dichter unter uns zu haben, hätten weder die Möglichkeit, eine Weltanschauung oder Wissenschaft zu entwickeln noch Impulse für die Erziehung der Menschen zu entfalten, hätten überhaupt keine Möglichkeit, ein Geistesleben zu entwickeln, wenn wir nicht durch die Geburt jene Impulse durchtragen würden, die vom vorgeburtlichen Leben herstammen. Was geistiges Leben ist, stammt vom vorgeburtlichen Dasein. Was wir dagegen aus Willensimpulsen innerhalb des Wirtschaftslebens entwickeln – Brüderlichkeit, Menschenliebe, Denken, nicht nur für uns, sondern für andere, Arbeiten, nicht nur für uns, sondern für andere –, was wir gewissermaßen unter der Hand tun, indem wir im wirtschaftlichen Leben drinnenstecken, das liefert uns die wichtigsten Impulse für das, was wir als Impulse in die geistige Welt tragen. So wie wir aus der geistigen Welt die Kräfte heraustragen, die vor allem unser Geistesleben hier konstituieren, so tragen wir die Kräfte, die wir im Wirtschaftsleben in Menschenliebe und Brüderlichkeit entwickeln, wieder in die geistige Welt hinein. Dort begleiten sie uns, dort sind sie uns wichtige Impulse. Blicken wir auf das, was im kindlichen Leben herauskommt von Jahr zu Jahr, so haben wir darin das Erbe dessen, was aus der geistigen Welt herauskommt, damit der Mensch hier sein Geistesgebiet entfalten kann. Und blicken wir auf das, was im Wirtschaftsleben geschieht, daß wir durch unseren Willen das Arbeiten für andere entwickeln, so blicken wir damit auf das, was wir in die geistige Welt hineintragen, indem wir durch die Pforte des Todes gehen. Und was sich nun nur zwischen Geburt und Tod entwickelt, das stellt sich für den, der die geistige Welt anschauen kann, so dar, daß es der Gegensatz ist zu dem, was sich in der geistigen Welt zwischen dem Tode und der neuen Geburt entwickelt.

Lesen Sie nach in dem Buche «Theosophie», was ich dort über das Seelenland, über das Geisterland gesagt habe, so werden Sie finden, daß es geschildert ist in Begriffen, die durchaus hervorgehen aus der lebendigen Anschauung jener Verhältnisse. Alles aber, was den Rechtsstaat konstituiert, ist das Gegenteil von dem, was die Impulse sind im Leben zwischen dem Tode und einer neuen Geburt. Unser Geistesleben begründen wir mit den Kräften aus der Zeit vor der Geburt oder Empfängnis, das Wirtschaftsleben entwickeln wir, damit wir die dadurch entfalteten Kräfte hineintragen können in die geistige Welt, und was hier entwickelt wird, was nur der Erde angehört, das ist das Politische, das Recht, das Staatsleben, das hat keine Beziehung zur geistigen Welt.

Der Mensch macht es sich bequem, indem er gewöhnlich diejenigen Dinge, die auf diesen Gebieten liegen, so deutet, wie er sie eben deuten mag. Es gibt heute viele Menschen, die wenden auf die Gegenwart an – vielleicht manchmal, um in diesen republikanischen Zeiten auch wieder ein bißchen monarchistisch zu sein – den biblischen Spruch: «Gebet dem Kaiser, was des Kaisers ist, und Gott, was Gottes ist.» Dieses Wort ist schlecht auf die Gegenwart anzuwenden, denn es kann nur aus seinem Milieu heraus verstanden werden. Der römische Cäsar war selber der Gott in der damaligen Zeit, der römische Cäsar forderte göttliche Verehrung. Caligula forderte solche göttliche Verehrung, indem er sich die griechischen Statuen nach Rom kommen ließ – man hat nur die Zeusstatue gerettet –, überall die Köpfe abschlagen ließ und dann den Caligula-Kopf daraufsetzen ließ, weil er fand, daß es das Richtige ist. Und schon damals, als der Jesus von Nazareth jenes Wort gesprochen hat, hat er ihm diese Bedeutung geben wollen: Gebet dem Kaiser, was des Kaisers ist und bewahrt etwas auf für den Gott, den ihr in einem anderen Wesen suchen müßt, als in dem Kaiser. – Bei vielen Dingen des Evangeliums ist es notwendig, daß sie richtig in unsere Zeit hineingestellt werden, anders, als sie jetzt genommen werden, dann werden wir uns immer mehr zu jener Wirklichkeitsauffassung hindurchringen, die für unsere Zeit notwendig ist.

In diesen Tagen war es meine Verpflichtung, Sie von verschiedenen Gesichtspunkten aus darauf aufmerksam zu machen, wie es die Aufgabe des Menschen in der Gegenwart ist, sich zu diesem Wirklichkeitsstandpunkte hindurchzuringen, der nur dadurch erreicht werden kann, daß man die geistige Wirklichkeit als etwas Konkretes neben der sinnlichen Wirklichkeit ansehen kann. Was in der Gegenwart den meisten Schaden verursacht, ist das Augenverschließen vor der Wirklichkeit. Die Menschen haben lange genug gerade diese Politik in der Politik nicht «politisch» betrieben: die Augen zu verschließen vor dem, was wirklich ist. Anthroposophisch orientierte Geisteswissenschaft will etwas Ernstes: sie will die Augen aufschließen für die Wirklichkeit. Man erlebt es doch heute, daß diese Augen noch wenig, wenig aufgeschlossen sind. Man hört heute ganz sonderbare Dinge reden, die von dem mangelnden Wirklichkeitssinn der Menschen stark Zeugnis ablegen. Bitte, verkennen Sie nicht, ich muß Sie auf solche Dinge aufmerksam machen, weil sie die Zeit illustrieren. – Es hat mancherlei Persönlichkeiten gegeben, die eng zusammenhängen mit den Ereignissen, die nun einmal dieses Unglück über Mitteleuropa heraufgebracht haben, das nicht an seinem Ende, sondern eigentlich erst an seinem Anfange ist, Persönlichkeiten, die eigentlich ihr wahres Antlitz vor der Menschheit erst enthüllt haben, als die furchtbaren Ereignisse des Sommers 1918 und namentlich des Herbstes 1918 eingetreten sind. Da haben manche Menschen, die verantwortlich für vieles sind, dann ihr wahres Antlitz gezeigt. Sie sind in sonderbare Lagen gekommen, «sonderbare Lagen», weil sich die Lagen unterscheiden von ihren früheren Lagen. Ich habe wirklich Menschen kennengelernt, die mit einem gewissen Bedauern auf die jetzigen Lagen dieser verantwortlichen Persönlichkeiten hinblicken und sich gar nicht einmal fragen: Gibt es denn nicht in der Welt unzählige Millionen von Menschen, denen es heute noch viel schlechter geht, seelisch und körperlich, als denjenigen, die nun als verantwortliche Persönlichkeiten in diese neuen, von ihren früheren verschiedenen Lagen hineingekommen sind? – In diesen Dingen sollte es sich darum handeln, daß die Augen aufgeschlossen werden, daß Ernst gemacht wird mit dem, was Wirklichkeitserkenntnis in der Gegenwart werden muß. Schwarmgeisterei, sie besteht darin, daß man sich gewissen Lieblingsideen hingibt, die man faßt, weil sie einem bequem sind, ohne daß man auf das hinsieht, was die Wirklichkeit selber sagt. Es ist heute nicht bequem, über solche Dinge die Wahrheit zu sagen. Aber wenn man mit blutendem Herzen hat ansehen müssen, wie sich die Dinge entwickelt haben, wie Schwarmgeisterei gerade dort auftrat, wo man glaubte Lebenspraxis zu sehen, wenn man erleben mußte, wie diese Schwarmgeisterei verheerend hereinbrach, während das, was in die Wirklichkeit blickte, als ein utopistischer Idealismus aufgefaßt wurde, dann liegt die Verpflichtung vor, auf diese Dinge schon hinzuweisen. Und es sollte wahrhaftig kein Mitleid uns verwehren jetzt, da die Dinge ganz deutlich liegen, jetzt, wo die eigenen Bekenntnisse vorliegen, jetzt im gequälten Mitteleuropa hinzusehen auf solche Schwarmgeister, wie zum Beispiel diesen Ludendorff, der sich niemals bequemt hat, die Wirklichkeit zu sehen, wie sie ist, sondern sie nach seinen bequemen Ideen formen wollte. Auch auf diesem Gebiete muß die Wirklichkeit in ihrem wahren Lichte gesehen werden, denn heute haben wir es zu tun nicht mit kleinen, sondern mit großen Abrechnungen. Alle diese schlecht stilisierten Versuche, sich vor der Welt zu rechtfertigen, sind gerade die herbsten Anklagen vor der Welt. Und ehe man nicht fühlt, daß Ernst gemacht werden muß in diesen Dingen, daß ernstlich einmal diese Dinge in ihrer Wirklichkeit gesehen werden müssen, eher ist kein Heil. Ich bin nicht hierher gefahren, um diese Dinge aus irgendeiner subtilen Neigung heraus zu sagen. Ich fühle in Verbindung mit dem Ernst einer geisteswissenschaftlichen Bewegung die Notwendigkeit, die Verpflichtung, über diese Dinge zu reden. Wir konnten es erleben – und mußten schweigen, weil uns wie dem Papageno Schlösser angelegt waren –, daß die Tatsache sich abspielte der Michaelis'schen Regierungskunst in einem wichtigen Moment der letzten vier bis fünf Jahre, daß die absoluteste Unfähigkeit an leitende Stellen gerufen wurde. Diese Dinge gehören auch heran. Wie der Schatten stehen sie heute da neben den großen Wahrheiten, welche die Menschheit durchströmen und durchströmen müssen.

Ich weiß, wie viele Menschen heute noch immer sagen: sie fühlen sich verletzt, wenn man ihnen in diesen Dingen von der Wahrheit spricht. Allein es darf nicht fortbestehen das Augenverschließen vor der Welt in diesen Dingen. Allein aus dem ehrlichen Hinblicken auf diese Dinge wird diejenige Kraft ersprießen, welche die Menschheit vorwärtsbringen kann. Solche Kraft haben wir nötig. Nötig haben wir, dasjenige zu erfassen, was grundverschieden ist von dem, was die erfaßt haben, die die Menschheit in eine Lage wie die gegenwärtige hineingebracht haben. Den Mut müssen wir haben, Neues zu erfassen. Vorbereitend dafür, dieses Neue zu erfassen, auch in der äußeren Wirklichkeit, waren schon die Dinge, die hier und auf sonstigem Boden der anthroposophischen Bewegung gesprochen worden sind. Sie waren nicht dazu da, um sozusagen bessere Sonntagnachmittagspredigten zu sein. Sie waren da, um zu künden von dem, was der Ernst der Zeit ist. Und Anthroposoph im wirklichen Sinne des Wortes ist nur der, welcher von dem Nerv der Zeit ergriffen ist, der die Wahrheit will, nicht die Lüge, die uns so schlimm in die Dinge der Gegenwart verstrickt hat. Wäre es mir doch möglich gewesen mit den wenigen Worten, in denen ich den Schatten des Notwendigen gezeichnet habe, in Ihre Herzen zu dringen. Denn nicht zu dem Verstande bloß möchte ich gesprochen haben, sondern vor allem zu den Herzen, denn aus den Herzen muß das große Verständnis für die Zeit kommen, das notwendig ist. Wir müssen die Impulse finden, welche die Menschheit wieder aufrichten können. Dazu müssen wir aber erst kennenlernen, wie tief, wie gründlich tief wir uns in die Phrase, in das Unwahre auf allen Gebieten verstrickt haben. Aus dem Geiste wird die Wahrheit kommen. Weisheit, sie liegt einzig und allein in der Wahrheit. Das sollte man sich tief in die Seele schreiben.

Ich habe einiges gesagt, was den Menschen in der Gegenwart charakterisiert, was gerade unsere Epoche der Menschheitsenwickelung von einem spirituellen Standpunkte aus charakterisiert. Diese Dinge habe ich vorgebracht, weil ich glaube, daß das Notwendigste für die Gegenwart durch diese Dinge an das menschliche Herz herangebracht werden kann, jene Seelenstimmung, aus der jener Ernst kommt, der notwendig ist, um heute im Dienst der Menschheit zu leben. Von diesem Ernste in Ihnen ein Gefühl hervorzurufen, das stellte ich mir bei meinem diesmaligen Aufenthalt zur Aufgabe.

NEUNTER VORTRAG

Zürich, 27. Oktober 1919

Wenn man in der Gegenwart gerade über die wichtigsten Fragen unserer Zeit zu einem größeren Publikum redet, so ist man in einer verschiedenen Lage, je nachdem man entweder nichts weiß von den tieferen Kräften des weltgeschichtlichen Werdens – mit anderen Worten: von der Wissenschaft der Initiation –, oder wenn man etwas davon weiß. Es ist heute verhältnismäßig leicht, aus allerlei äußeren Erkenntnissen heraus, die man für wissenschaftlich, für praktisch und dergleichen hält, über Zeitfragen zu sprechen. Es ist aber außerordentlich schwierig, gerade über diese Zeitfragen in der Gegenwart zu sprechen, wenn man die Wissenschaft der sogenannten Initiation kennt, von der doch alles ausgeht, was wir gerade an solchen Orten zu verhandeln haben, wie der ist, an dem wir uns auch heute wiederum versammelt haben. Denn wer vom Gesichtspunkt der Initiationswissenschaft aus heute über die Zeitfragen spricht, der weiß, daß er nicht etwa bloß die subjektiven Zufallsmeinungen der Menschen, zu denen er spricht, zum größten Teil gegen sich hat, sondern er weiß auch, daß heute ein großer Teil der Menschheit schon nach der einen oder anderen Seite hin beherrscht ist von sehr starken und immer stärker werdenden ahrimanischen Weltwesenskräften. Was ich damit sagen will, kann ich Ihnen allerdings nur auseinandersetzen, wenn ich Ihnen eine Art geschichtlichen Überblick über einen größeren menschlichen Zeitraum gebe.

Sie wissen aus verschiedenen Betrachtungen, die wir hier angestellt haben, die Sie auch verzeichnet finden in verschiedenen meiner Vortragszyklen, wie wir das Zeitalter, in dem wir uns als gegenwärtige Menschen drinnenstehend fühlen, beginnen lassen müssen mit der Mitte des 15. Jahrhunderts. Wir haben diesen Zeitraum, der in der Mitte des 15. Jahrhunderts begonnen hat, und an dessen Anfang wir im Grunde genommen noch stehen, immer bezeichnet als den fünften nachatlantischen Zeitraum, der den anderen, den griechisch-lateinischen Zeitraum abgelöst hat, welchen wir von der Mitte des 8. vorchristlichen Jahrhunderts bis zur Mitte des 15. Jahrhunderts rechnen. Und dann kommen wir zum ägyptisch-chaldäischen Zeitraum zurück. Ich habe Ihnen das nur angedeutet, damit Sie sich erinnern, wie wir in das gesamte menschliche Werden eingliedern den Zeitraum, in dem wir uns als Gegenwartsmenschen drinnenstehend fühlen. Nun wissen Sie, daß, nachdem das erste Drittel des griechisch-lateinischen Zeitraums erfüllt war, das Mysterium von Golgatha stattfand. Und wir haben von den verschiedensten Gesichtspunkten aus charakterisiert, was durch dieses Mysterium von Golgatha eigentlich für die Menschheitsentwicklung, ja, für die ganze Erdenentwicklung geschehen ist. Heute wollen wir nun in diesen größeren geschichtlichen Zusammenhang mancherlei von dem hineinstellen, was sich für die Menschheit an dieses Mysterium von Golgatha anknüpft.

Zu diesem Zweck blicken wir in viel ältere Zeiten zurück, sagen wir, in die Zeit etwa des Beginnes des 3. Jahrtausends der vorchristlichen Zeitrechnung. Sie wissen ja, wie wenig von den äußeren geschichtlichen Überlieferungen spricht von dieser frühen Entwicklung des Menschengeschlechts auf der Erde. Sie wissen auch, wie die äußeren Urkunden nach dem Orient, nach Asien hinüberweisen. Und Sie wissen aus mancherlei anthroposophischen Betrachtungen, daß, je weiter wir zurückgehen in der Menschheitsentwicklung, wir zu anderen und immer anderen Seelenverfassungen dieser Menschheit kommen und daß wir etwas wie eine alte Urweisheit gleichsam zugrunde liegend haben der ganzen Menschheitsentwicklung. Sie wissen, daß Überlieferungen bestanden haben, die in engeren Geheimzirkeln bis in das 19. Jahrhundert herein bewahrt worden sind, daß dann diese Überlieferungen größtenteils wenig treu, aber doch noch in gewissem Sinne bewahrt worden sind bis in unsere Zeit herein, Überlieferungen von einer uralten Weisheit der Menschheit. Wenn heute der Mensch noch das eine oder andere von dieser alten Urweisheit der Menschheit kennenlernt, ist er erstaunt über die Tiefen der Wirklichkeit, in welche solche alten Urweistümer hineinzeigen. Aber Sie werden aus den Betrachtungen, die wir im Laufe der Jahre angestellt haben, wissen, daß immer gegenübergestellt werden mußte dieser weitausgebreiteten Weisheitslehre in alten Zeiten die ganz andersartige Lebens- und Weltauffassung des alten hebräischen, des jüdischen Volkes, die einen völlig anderen Charakter trägt. So daß mit einem gewissen Rechte die weitausgebreitete uralte Weisheitslehre als das heidnische Element bezeichnet wird und diesem gegenübergestellt wird das hebräische, das jüdische Element. Sie wissen ja schon aus den äußeren Überlieferungen und Schriften, wie dann aus diesem jüdischen Element das christliche Element hervorgegangen ist.

Nun können Sie schon aus diesen äußeren Tatsachen etwas entnehmen, auf das ich Sie bitte, heute zu achten: daß notwendig geworden ist in der Menschheitsentwicklung, dem alten heidnischen Element und seiner Urweisheit entgegenzustellen das jüdische Element, aus dem dann das Christentum sich herausentwickelt hat, wenigstens zum Teil. Das zeigt, daß diese alte heidnische Urweisheit in ihrer Ganzheit auf die weitere Entwicklung der Menschheit nicht den alleinigen Einfluß haben durfte. Und die Frage muß Ihnen daraus entstehen: Worin liegt denn der Grund, warum die alte heidnische Urweisheit, die in manchem so bewunderungswürdig ist, gewissermaßen eine neue Gestalt, eine Umwandlung erfahren mußte durch Judentum und Christentum? – Diese Frage muß einem entstehen.

Diese Frage beantwortet sich aber für die Initiationsweisheit nur durch eine sehr, sehr gewichtige Tatsache, durch die Tatsache, die eben weit drüben in Asien sich vollzog im Beginn des 3. Jahrtausends der vorchristlichen Zeitrechnung. Da findet der zurückschauende seherische Blick, wie auch eine Inkarnation einer übersinnlichen Wesenheit in einem Menschen stattfand, so wie durch das Ereignis von Golgatha eine Inkarnation einer übersinnlichen Wesenheit, des Christus, in dem Menschen Jesus von Nazareth stattgefunden hat. Diejenige Inkarnation, die am Beginn des 3. vorchristlichen Jahrtausends stattgefunden hat, die außerordentlich schwierig zu verfolgen ist, auch mit der Wissenschaft des Schauens, der Initiationswissenschaft, gab der Menschheit außerordentlich Glanzvolles, außerordentlich Einschneidendes. Und was sie da der Menschheit gab, das ist im Grunde genommen wesentlich jene alte Urweisheit.

Zunächst, äußerlich genommen, ist die Sache so, daß man sagen kann, es war eine tief in die Realitäten eindringende Weisheit, kalt, bloß auf Ideen gehend, wenig von Gemütsinhalt durchzogen. Das ist äußerlich genommen. Innerlich kann man erst beurteilen, was diese Weisheit eigentlich war, wenn man eben auf jene Inkarnation zurückgeht, die in Asien drüben im Beginn des 3. vorchristlichen Jahrtausends stattgefunden hat. Da war, so zeigt es sich dem zurückschauenden seherischen Blick, tatsächlich eine wirkliche Menschheitsinkarnation der luziferischen Macht. Und diese Inkarnation Luzifers in der Menschheit, die in einer gewissen Weise sich vollzogen hat, war der Ursprung der weit ausgebreiteten, auf dem Grunde der dritten nachatlantischen Menschenkultur liegenden Urweisheit.

Bis in die Griechenzeit herein wirkte noch dasjenige nach, was aus diesem Impuls, aus diesem Kulturimpuls des asiatisch-luziferischen Menschen sich unter der Menschheit verbreitete: Luziferische Weisheit, wie sie der Menschheit durchaus in jener Entwicklungsepoche nützlich war, glanzvoll in einer gewissen Weise, abgestuft, je nach den verschiedenen Völkern und Rassen, unter denen sie sich verbreitete, deutlich erkennbar durch ganz Asien hindurch, dann noch in der ägyptischen Kultur, in der babylonischen Kultur, aber wie gesagt, selbst noch auf dem Grunde der griechischen Kultur. Alles, was die Menschen denken, dichten, wollen konnten in der damaligen Zeit, war in einer gewissen Weise durch diesen luziferischen Einschlag in die Menschheitskultur bedingt.

Es wäre natürlich außerordentlich philiströs, wenn man nur sagen wollte: Das war eben eine Inkarnation Luzifers, man muß sie fliehen. – Aus solcher Philistrosität heraus könnte man auch alles dasjenige fliehen, was als Schönes und Großes für die Menschheit aus dieser Luziferströmung hervorgegangen ist, denn wie gesagt, auch die griechische Schönheit ist etwas, was aus dieser Entwicklungsströmung hervorgegangen ist. Das ganze gnostische Denken, das vorhanden war, als das Mysterium von Golgatha Platz griff, das eine eindringliche, tief in die Weltendinge hineinleuchtende Weisheit war, das ganze gnostische Erkennen war impulsiert von luziferischen Kräften. Man darf deshalb nicht sagen, dieses gnostische

Denken sei falsch. Es ist eben nur seine Charakteristik, wenn man sagt: es ist von luziferischen Impulsen durchzogen.

Nun, viel mehr als zweitausend Jahre nach dieser luziferischen Inkarnation kam dann das Mysterium von Golgatha. Man kann sagen:

Die Menschen, unter denen sich der Impuls des Mysteriums von Golgatha ausbreitete, waren in ihrem Denken, in ihrem Empfinden doch noch ganz durchdrungen von dem, was der Luziferimpuls in ihr Denken, Fühlen und Empfinden hineingetragen hatte. Und es kam jetzt das ganz anders Geartete, eben der Christus-Impuls, in die Entwicklung der zivilisierten Menschheit hinein. Was dieser Christus-Impuls innerhalb der zivilisierten Menschheit bedeutet, davon haben wir ja oftmals gesprochen. Der Christus-Impuls wurde – das will ich heute nur erwähnen – aufgenommen von den Gemütern, die so geartet waren, wie ich sie heute charakterisiert habe. Man möchte sagen: In dasjenige, was von Luzifer als das Beste den Menschen gegeben war, leuchtete der Christus-Impuls hinein. – Und aufgenommen wurde der Christus-Impuls in den ersten christlichen Jahrhunderten so, daß man sagen könnte: Mit dem, was die Menschen von Luzifer aufgenommen hatten, verstanden sie den Christus. – Solchen Dingen muß man unbefangen gegenüberstehen, sonst wird man nie die besondere Artung der Aufnahme des Christus-Impulses in den ersten Jahrhunderten wirklich verstehen können.

Als dann der luziferische Impuls immer mehr und mehr aus den Gemütern der Menschen verschwand, da waren die Menschen auch immer weniger und weniger imstande, den Christus-Impuls wirklich richtig in sich aufzunehmen. Bedenken Sie doch nur, vieles ist materialistisch geworden im Lauf der neueren Zeit. Aber wenn Sie sich fragen: Was ist denn am meisten materialistisch geworden? – da bekommen Sie die Antwort: Ein großer Teil der modernen christlichen Theologie. – Denn es ist einfach der stärkste Materialismus, dem sich ein großer Teil der modernen christlichen Theologie hingibt, indem diese moderne christliche Theologie nicht mehr den Christus in dem Menschen Jesus von Nazareth sieht, sondern nur noch den Menschen Jesus von Nazareth, den «schlichten Mann aus Nazareth», den Mann, den man verstehen kann, wenn man wenig sich hinaufschwingen will zu irgendeinem höheren Verständnis. Je mehr man den Menschen Jesus von Nazareth als einen bloßen gewöhnlichen Menschen annehmen konnte, der nur eben in die Reihe der anderen berühmten historischen Persönlichkeiten gehört, desto mehr gefiel das einer gewissen materialistischen Richtung der modernen Theologie. Vom Übersinnlichen des Ereignisses von Golgatha will diese moderne Theologie wenig, recht wenig anerkennen.

Die luziferischen Einschläge im Menschheitsempfinden gingen nach und nach in der menschlichen Seele unter. Dafür aber wird in der neueren Zeit immer stärker und stärker – und es wird stärker und stärker werden gegen die nächste Zukunft und auch gegen die weitere Zukunft hin – dasjenige, was wir den ahrimanischen Impuls nennen. Der ahrimanische Impuls ist herrührend von anderen übersinnlichen Wesenheiten als es die Christus-Wesenheit ist, als es die luziferische Wesenheit ist. Aber sie ist eben auch eine übersinnliche, wir könnten auch sagen eine untersinnliche Wesenheit – darauf kommt es nicht an –, und ihr Einfluß wurde insbesondere in dem fünften nachatlantischen Zeitraum mächtig und immer mächtiger. Und wenn wir die Verwirrungen der letzten Jahre ins Auge fassen, dann werden wir finden, daß die Menschen namentlich durch die ahrimanischen Mächte in solche Verwirrungen gebracht worden sind.

Geradeso wie es eine Inkarnation Luzifers im Beginn des 3. vorchristlichen Jahrtausends gegeben hat, wie es die Christus-Inkarnation gegeben hat zur Zeit des Mysteriums von Golgatha, so wird es einige Zeit nach unserem jetzigen Erdendasein, etwa auch im 3. nachchristlichen Jahrtausend, eine westliche Inkarnation des Wesens Ahriman geben. So daß man diesen Verlauf der geschichtlichen Entwicklung der Menschheit zwischen nahezu sechs Jahrtausenden nur richtig versteht, wenn man ihn so auffaßt, daß an dem einen Pol eine luziferische Inkarnation steht, in der Mitte die Christus-Inkarnation, an dem anderen Pol die Ahriman-Inkarnation. Luzifer ist diejenige Macht, die im Menschen alle schwärmerischen Kräfte, alle falsch-mystischen Kräfte aufregt, alles dasjenige, was den Menschen über sich selber hinaufheben will, was gewissermaßen physiologisch das menschliche Blut in Unordnung bringen will, um den Menschen außer sich zu bringen. Ahriman ist diejenige Macht, die den Menschen nüchtern, prosaisch, philiströs macht, die den Menschen verknöchert, die den Menschen zum Aberglauben des Materialismus bringt. Und das menschliche Wesen ist ja im wesentlichen die Bemühung, das Gleichgewicht zu halten zwischen der luziferischen und der ahrimanischen Macht; und der gegenwärtigen Menschheit hilft der Christus-Impuls, um dieses Gleichgewicht herzustellen. Also im Menschen sind fortwährend diese zwei Pole vorhanden, der luziferische und der ahrimanische. Aber geschichtlich finden wir, daß das Luziferische überwog in gewissen Strömungen der Kulturentwicklung der vorchristlichen Zeit und bis in die ersten Jahrhunderte der nachchristlichen Zeit hinein, daß dagegen Ahriman seit der Mitte des 15. Jahrhunderts wirkt und immer stärker und stärker wird, bis eine wirkliche Inkarnation des Ahriman unter der westlichen Erdenmenschheit stattfinden wird.

Nun ist das Eigentümliche, daß solche Dinge lange vorbereitet werden. Die ahrimanischen Mächte bereiten die Entwicklung der Menschheit so vor, daß, wenn einstmals innerhalb der westlichen Zivilisation, die dann kaum noch Zivilisation zu nennen sein wird in unserem Sinne, Ahriman in Menschengestalt erscheint, so wie einstmals Luzifer in China in Menschengestalt erschienen ist, wie Christus Jesus in Menschengestalt erschienen ist in Vorderasien, die Menschheit Ahriman verfallen kann. Es hilft nichts, über diese Dinge sich Illusionen hinzugeben. Ahriman wird erscheinen in Menschengestalt. Es wird sich nur darum handeln, wie er die Menschen vorbereitet findet: ob seine Vorbereitungen dazu helfen, daß er die ganze Menschheit, die sich heute die zivilisierte nennt, zu seinen Anhängern hat, oder ob er die Menschheit so findet, daß sie ihm Widerstand leisten kann. Es hilft heute nichts, sich über diese Dinge Illusionen hinzugeben. Die Menschen fliehen heute gewissermaßen die Wahrheit, die man ihnen ja in ganz ungeschminkter Gestalt doch nicht geben kann, weil sie sie verlachen, verspotten, verhöhnen würden. Aber wenn man sie ihnen so gibt, wie es jetzt durch die Dreigliederung des sozialen Organismus versucht wird, dann wollen sie, in ihrer Masse wenigstens, sie auch noch nicht haben. Aber das, daß man die Dinge nicht haben will, das ist gerade eines der Mittel, deren sich die ahrimanischen Mächte bedienen können, damit Ahriman dann, wenn er in Menschengestalt erscheint, eine möglichst große Anhängerschaft auf der Erde haben werde. Gerade dieses Sich-Hinwegsetzen über die wichtigsten Wahrheiten, das wird Ahriman die beste Brücke bauen für das Gedeihliche seiner Inkarnation.

Denn, sehen Sie, es hilft nichts anderes, die richtige Stellung zu finden gegenüber dem, was da in der Menschheitsentwicklung sich abspielen wird durch Ahriman, als unbefangen die Kräfte kennenzulernen, durch die das Ahrimanische wirkt, und auch die Kräfte kennenzulernen, durch welche die Menschheit sich wappnen kann, um nicht versucht und verführt zu werden durch die ahrimanischen Mächte. Und deshalb wollen wir heute einmal einen Blick wenigstens von einzelnen Ausgangspunkten aus auf diejenigen Dinge werfen, welche fördern würden die Anhängerschaft zu Ahriman, und die insbesondere jetzt benützt werden von den ahrimanischen Mächten aus der übersinnlichen Welt herunter, aber durch die Menschengemüter hindurch, um diese Anhängerschaft möglichst groß zu machen.

Und da ist eines der Mittel: Nicht zu durchschauen, welche Bedeutung gewisse Denk- und Vorstellungsarten, die namentlich in der neueren Zeit herrschend geworden sind, für den Menschen eigentlich haben. Sie wissen, welch großer Unterschied zwischen der Art und Weise besteht, wie sich ein Mensch fühlte im ganzen Kosmos, sagen wir, in der ägyptischen Zeit, noch in der Griechenzeit, und wie er sich fühlt seit dem Beginne der Neuzeit, seit dem Ablauf des Mittelalters. Vergegenwärtigen Sie sich einen richtig unterrichteten alten ägyptischen Menschen. Er wußte, daß er nicht nur leiblich zusammengesetzt ist aus den Ingredienzien, die hier auf dieser Erde vorkommen und die verkörpert sind im Tierreich, Pflanzenreich und Mineralreich. Er wußte, daß in seine Wesenheit als Mensch hereinwirkten die Kräfte, die er oben in den Sternen sah. Er fühlte sich als ein Glied des ganzen Kosmos. Er fühlte den ganzen Kosmos nicht nur belebt, sondern beseelt und durchgeistigt, und in seinem Bewußtsein lebte etwas von den geistigen Wesenheiten des Kosmos, von der Seelenhaftigkeit des Kosmos, von dem Leben des Kosmos. Das alles ist im Laufe der neueren Menschheitsgeschichte verlorengegangen. Der Mensch blickt heute von seiner Erde auf zu der Sternenwelt, die ihm erfüllt ist von Fixsternen, Sonnen, Planeten, Kometen und so weiter. Aber womit verfolgt er all dasjenige, was da draußen im Weltenraum zu ihm herunterschaut? Er verfolgt es mit Mathematik, höchstens noch mit Mechanik. Dasjenige, was um die Erde herum liegt, ist entgeistigt, entseelt, sogar entlebendigt.

Es ist im Grunde genommen ein großes Mechanisches, das nur begriffen wird mit Hilfe von mathematisch-mechanischen Gesetzen. Mit Hilfe von mathematisch-mechanischen Gesetzen begreifen wir es großartig! Gewiß wird gerade der Geisteswissenschafter gut würdigen können, was ein Galilei, was ein Kepler und andere geleistet haben. Aber dasjenige, was in das Menschenverständnis, in das Menschenbewußtsein eindringt durch die Lehren dieser Großen der Menschheitsentwicklung, das zeigt das Weltenall nur wie einen großen Mechanismus.

Was das heißt, kann nun eigentlich nur der den Tatsachen nach in Betracht ziehen, der in der Lage ist, den Menschen in seiner vollständigen Wesenheit zu verfolgen. Astronomen, Astrophysiker haben gut reden, indem sie das Weltenall als einen Mechanismus hinstellen, der durch mathematische Formeln sich begreifen und errechnen läßt. Das wird ja der Mensch glauben in der Zeit, da er vom Morgen an aufgewacht ist, und bis zum Abend, wo er wieder einschläft. Aber in jenen unterbewußten Tiefen, die der Mensch mit seinem Wachbewußtsein nicht erreicht, die aber doch zu seinem Dasein gehören, und in denen er zwischen dem Einschlafen und Aufwachen lebt, da fließt anderes in die Seele des Menschen ein über das Weltenall! Da lebt in der menschlichen Seele ein Wissen, das zwar dem wachen Bewußtsein nicht bewußt ist, das aber unten in den Tiefen der Seele lebt und die Seele gestaltet, ein Wissen vom Geiste, vom Leben der Seele, vom Leben des Kosmos. Und wenn der Mensch auch in seinem Wachbewußtsein nichts weiß von dem, was da in Gemeinschaft mit Geist, Seele und Leben des Weltalls vom Einschlafen bis zum Aufwachen vor sich geht – in der Seele sind die Dinge, sie leben darinnen. Und manches in den Zwiespalten des modernen Menschen, die so große sind, rührt von der Disharmonie her zwischen dem, was die Seele vom Einschlafen bis zum Aufwachen über das Weltenall erlebt, und dem, was das wache Bewußtsein heute anerkennen will als Weltanschauung über dieses Weltenall.

Wenn Sie den ganzen Geist und Sinn der anthroposophisch orientierten Geisteswissenschaft nehmen, was sagt er Ihnen über solche Dinge? Er sagt Ihnen: Ja, großartig und gewaltig ist dasjenige, was der Galileismus, der Kopernikanismus in die Menschheit hineingebracht haben, aber nicht eine absolute Wahrheit, ganz und gar nicht eine absolute Wahrheit, sondern *ein* Aspekt vom Weltenall, *eine* Seite von einem gewissen Gesichtspunkte aus! – Es ist nur auf den Hochmut des modernen Menschen zurückzuführen, daß die Leute heute sagen: Ptolemäisches Weltensystem – Kinderei; das haben die Menschen gehabt, wie sie noch Kinder waren. Wir haben es «so herrlich weit gebracht», «bis an die Sterne weit», und wir werten das nun für etwas Absolutes. – Es ist ebensowenig etwas Absolutes, wie das Ptolemäische System etwas Absolutes war, es ist *ein* Aspekt. Und nur dann wird man ihm gerecht – das sagt Ihnen die anthroposophisch orientierte Geisteswissenschaft –, wenn man weiß, daß alles das, was der Mensch so, ich möchte sagen, an bloßer Weltmathematik, an bloßer Weltschematik mechanischer Art aufnimmt, ihm nicht absolute Wahrheit liefert, sondern Illusionen über das Weltenall. Die Illusionen brauchen wir, weil die Menschheit in ihren verschiedenen Entwicklungsstadien verschiedene Formen von Erziehung durchgeht. Zur neuzeitlichen Erziehung brauchen wir einfach diese Illusionen mathematischer Art über das Weltenall. Wir müssen sie uns aneignen, aber wir sollten wissen, es sind Illusionen. Und erst recht sind es Illusionen, wenn wir sie fortsetzen hinein in dasjenige, was uns alltäglich umgibt, wenn wir anstreben, nach der atomistischen Lehre oder der Molekularlehre selbst eine kleine Art von Astronomie in den Substanzen der Erde zu verfolgen. Gerade wenn man den richtigen Gesichtspunkt gegenüber der ganzen modernen Wissenschaft, soweit diese Wissenschaft so denkt, einnehmen will, muß man erkennen, daß das alles Illusionswissen ist.

Nun hat Ahriman, damit sich für ihn am fruchtbarsten seine Inkarnation gestalten werde, das größte Interesse daran, daß die Menschen sich in dieser Illusionswissenschaft, die ja im Grunde genommen unsere ganze heutige Wissenschaft ist, vervollkommnen, daß sie aber nicht darauf kommen, daß es eine Illusionswissenschaft ist. Ahriman hat das allergrößte Interesse, den Menschen Mathematik beizubringen, aber ihnen nicht beizubringen, daß die mathematisch-mechanischen Anschauungen nur Illusionen über das Weltenall sind. Ahriman hat das größte Interesse daran, Chemie, Physik, Biologie und so weiter, so wie sie heute unter den Menschen vertreten und zur bewunderten Anschauung gemacht werden, dem Menschen beizubringen, aber ihn glauben zu machen, daß das absolute Wahrheiten sind, daß das nicht gleichsam nur Gesichtspunkte sind, Photographien von *einer* Seite. Wenn man einen Baum photographiert von einer Seite, so kann er richtig photographiert sein, aber man hat doch keine ganze Anschauung davon. Wenn Sie ihn von vier Seiten photographieren, so können sie allenfalls eine Anschauung von ihm bekommen. Dieses zu verbergen vor der Menschheit, daß man es in der heutigen intellektuell-rationalistischen Wissenschaft mit ihrem Anhängsel, einer abergläubischen Empirie, mit einer großen Illusion, mit einer Täuschung zu tun hat, dieses nicht anzuerkennen, daran hat Ahriman das allergrößte Interesse. Er würde den größten Erfolg haben können, den stärksten Triumph erleben können, wenn es zuwege gebracht werden könnte, daß jener wissenschaftliche Aberglaube, der heute alle Kreise ergreift, und nach dem die Menschen sogar ihre Sozialwissenschaft einrichten wollen, bis ins 3. Jahrtausend hinein herrschen würde, und wenn Ahriman dann als Mensch zur Welt kommen könnte innerhalb der westlichen Zivilisation und den wissenschaftlichen Aberglauben finden würde.

Aber ziehen Sie aus dem, was ich jetzt gesagt habe, nur ja keine falschen Schlüsse. Ein falscher Schluß wäre es, die Wissenschaft der Gegenwart zu meiden. Das ist der allerfalscheste Schluß, den Sie ziehen könnten. Man soll sie kennenlernen. Man soll gerade alles dasjenige, was von dieser Seite her kommt, kennenlernen, aber mit dem vollen Bewußtsein: ein Illusionsaspekt, ein für unsere Menschheitserziehung notwendiger Illusionsaspekt wird uns dadurch gegeben. Nicht dadurch, daß wir etwa meiden die Wissenschaft der Gegenwart, bewahren wir uns vor Ahriman, sondern dadurch, daß wir sie in ihrer wahren Gestalt kennenlernen. Denn diese Wissenschaft muß uns eine äußere Illusion geben von dem Weltenall. Wir brauchen diese äußere Illusion. Glauben Sie nur nicht, daß wir diese äußere Illusion nicht brauchen. Wir müssen sie dann nur von ganz anderer Seite her durch die Geistesforschung mit wahrer Wirklichkeit erfüllen, müssen von dem illusionären Charakter zu der wahren Wirklichkeit aufsteigen. Sehen Sie sich zahlreiche meiner Vortragszyklen gerade auf das hin an, was ich heute Ihnen sage, so werden Sie finden, wie überall versucht worden ist, voll einzugehen auf die Wissenschaft unserer Zeit, aber das alles hinaufzuheben bis zu der Sphäre, wo man einsehen kann, wieviel das gilt. Sie können ja auch nicht wünschen, daß der Regenbogen vor Ihnen verschwindet, weil Sie ihn als eine Lichtillusion, als eine Farbenillusion erkennen. Sie werden ihn nicht verstehen, wenn Sie ihn nicht in seinem illusionären Charakter durchschauen. So ist es aber mit alledem, was Ihnen gegenwärtige Wissenschaft für Ihr Vorstellungsvermögen von der Welt gibt. Sie gibt nur Illusionen, und man muß den Illusionscharakter erkennen. Dann kommt man gerade dadurch, daß man sich durch diese Illusionen erzieht, zur Wirklichkeit der Welt. Das ist das eine Mittel, das Ahriman hat, um seine Inkarnation möglichst wirksam zu machen: die Menschen bei dem wissenschaftlichen Aberglauben zu halten.

Das andere Mittel, das zweite Mittel, das er hat, ist: alles das zu schüren, was die Menschen heute in Gruppen, in kleine Gruppen zerteilt, die sich gegenseitig befehden. Sie brauchen bloß in der Gegenwart auf das Parteiwesen, auf das sich befehdende Parteiwesen hinzusehen, und Sie werden finden – wenn Sie nur unbefangen sind, können Sie das anerkennen –, daß diese sich befehdenden Parteien eigentlich aus der bloßen Menschennatur heraus wahrhaftig nicht zu erklären sind. Wenn die Menschen einmal ehrlich gerade diesen sogenannten Weltkrieg aus den menschlichen Disharmonien werden erklären wollen, dann werden sie eben einsehen, daß sie mit dem, was sie in der physischen Menschheit finden, ihn nicht erklären können. Gerade da zeigt es sich so deutlich, wie außersinnliche Mächte hereingewirkt haben, gerade ahrimanische Mächte!

Aber diese ahrimanischen Mächte sind ja überall wirksam, wo sich Disharmonien zwischen Menschengruppen bilden. Worauf beruht denn das meiste, was hier in Betracht kommt? Gehen wir von einem ganz charakteristischen Beispiel aus. Das moderne Proletariat hat seinen Karl Marx gehabt. Lernen Sie genau erkennen, wie die Lehre von Karl Marx sich im modernen Proletariat ausgebreitet hat, und sehen Sie sich die schier ins Endlose gehende, ins Unermeßliche gehende Literatur des Marxismus an. Die heute sonst übliche Art von wissenschaftlicher Betrachtung finden Sie darin in ausgesprochenstem Maße angewendet, alles streng bewiesen, so streng bewiesen, daß auch schon manche Leute, von denen man es gar nicht angenommen hätte, auf den Marxismus hereingefallen sind. Wie war denn eigentlich das Schicksal des Marxismus? Zunächst, nicht wahr, breitete sich der Marxismus im Proletariat aus. Von der Universitätswissenschaft wurde er streng abgewiesen. Heute sind schon eine Anzahl von Universitätswissenschaftern da, die sich der Logik des Marxismus nicht mehr entziehen, die ihn anerkennen, die gar nicht mehr aus ihm herauskommen können, weil es sich in der Literatur allmählich herausgestellt hat, daß die Schlußfolgerungen sehr fein stimmen, daß man mit der gegenwärtigen wissenschaftlichen Gesinnung und Vorstellungsart diesen Marxismus ganz fein säuberlich beweisen kann. Die bürgerlichen Kreise haben nur keinen Karl Marx gehabt, der ihnen das Gegenteil bewiesen hätte; denn genau ebenso wie man beweisen kann den ideologischen Charakter von Recht, Sitte und so weiter, die Theorie vom Mehrwert und die materialistische Geschichtsforschung vom marxistischen Standpunkt aus, so kann man von allen diesen Dingen ganz genau ebenso exakt das Gegenteil beweisen. Es wäre durchaus möglich, daß ein bürgerlicher, ein Bourgeois-Marx genau das Gegenteil in derselben strengen Weise bewiesen hätte. Und da ist nicht einmal irgendein Humbug oder Schwindel dabei. Die Beweise würden restlos klappen.

Woher kommt denn das? Das kommt davon her, daß das gegenwärtige menschliche Denken, der gegenwärtige Intellekt in einer solchen Schicht des Seins liegt, daß er bis zu den Realitäten nicht herunterreicht. Und daher kann man das eine beweisen und sein Gegenteil beweisen, ganz streng das eine und sein Gegenteil beweisen. Es ist heute möglich, auf der einen Seite streng den Spiritualismus zu beweisen und ebenso streng den Materialismus zu beweisen. Und man kann gegeneinander kämpfen mit denselben guten Standpunkten, weil der heutige Intellektualismus in einer oberen Schicht der Wirklichkeit ist und nicht in die Tiefen des Seins hinuntergeht. Und so ist es auch mit den Parteimeinungen. Wer das nicht durchschaut, sondern sich einfach aufnehmen läßt durch seine Erziehung, Vererbung, durch seine Staats- und anderen Lebensverhältnisse in einen gewissen Parteikreis, der glaubt, wie er meint, ehrlich an die Beweiskraft desjenigen, was in dieser Partei ist, in die er hineingerutscht ist, hineingeschlittert ist, wie man in der deutschen Sprache zuweilen auch sagt. Und dann, dann kämpft er gegen einen anderen, der in eine andere Partei hineingeschlittert ist. Und der eine hat ebensogut recht wie der andere. Das ruft über die Menschheit hin ein Chaos und eine Verwirrung hervor, die nach und nach immer größer und größer werden können, wenn die Menschheit das nicht durchschaut. Und diese Verwirrung ist wiederum eine solche, die die ahrimanische Macht benützt, um den Triumph ihrer Inkarnation vorzubereiten, immer stärker und stärker die Menschen hineinzutreiben in das, was sie so schwer einsehen können, daß man heute etwas beweisen kann und ebenso das Gegenteil mit gleich guten intellektuellen oder heute wissenschaftlichen Gründen. Darauf kommt es heute an, daß wir anerkennen: beweisbar ist alles, und daß wir deshalb auf solche Beweise, wie sie heute in der Wissenschaft geschmiedet werden, hinsehen. Nur innerhalb der Naturwissenschaft, des strengen Naturwissens selbst, da zeigt sich an den Tatsachen die Wirklichkeit. Aber auf keinem anderen Felde darf man gelten lassen dasjenige, was sich intellektuell beweisen läßt. Nur dann, wenn wir dahinterkommen, daß das menschliche Wissen, die menschliche Erkenntnis tiefer gesucht werden müssen – wie es durch anthroposophisch orientierte

Geisteswissenschaft geschieht – als in jener Schicht, in welcher die Kraft unserer Beweise entspringt, entrinnt man der Gefahr, in die man hineinkommt, wenn man die ahrimanische Verführung gelten läßt, die nun den Menschen gerade immer tiefer und tiefer in diese Dinge hineintreiben will. Daher benützt Ahriman in unserer Zeit, um die Menschen durcheinanderzubringen, auch alles dasjenige, was aus den alten Vererbungsverhältnissen stammt, denen der Mensch im Grunde genommen schon entwachsen ist im fünften nachatlantischen Zeitraum. Alles, was von alten Vererbungsverhältnissen stammt, das benützt die ahrimanische Macht, um die Menschen in Gruppen disharmonisch einander entgegenzustellen. Alles, was von alten Familien-, Rassen-, Stammes-, Volksunterschieden kommt, das benützt die ahrimanische Macht, um unter den Menschen Verwirrung zu stiften. Freiheit jedem einzelnen Volksstamm, auch dem kleinsten – es war ein schönes Wort. Aber die Worte sind immer schön, welche die den Menschen gegnerischen Mächte gebrauchen, um unter den Menschen Verwirrung zu stiften, um solche Dinge zu erreichen, wie sie Ahriman für seine Inkarnation erreichen will.

Wenn Sie heute fragen: Wer reizt denn die Völker gegeneinander? Wer bringt Fragen herauf, wie sie heute die Menschheit dirigieren? – so lautet die Antwort: Die ahrimanische Verführung, die in den Menschen hineinspielt! – Und die Menschen lassen sich auf diesem Gebiete sehr leicht täuschen. Sie wollen nicht eingehen auf jenes Hinuntersteigen in die Unterschichten, wo die Realitäten sind. Denn sehen Sie, Ahriman bereitet gut sein Ziel vor: Eben seit der Reformation und Renaissance stieg ja in der modernen Zivilisation als der tonangebende Herrschertypus der ökonomische Mensch herauf. Das ist eine wirklich geschichtliche Tatsache. Wenn Sie in alte Zeiten zurückgehen, sogar in diejenigen, die ich Ihnen heute als die luziferischen charakterisieren mußte, wer waren denn die Herrschertypen? Initiierte! Die ägyptischen Pharaonen, die babylonischen Herrscher, die Herrscher Asiens, sie waren Initiierte. Dann kam der Priestertypus herauf als Herrschertypus. Und der Priestertypus herrschte im Grunde genommen bis zur Reformation und Renaissance. Seit jener Zeit herrscht der ökonomische Typus Mensch. Die Herrscher, die sind ja nur die Handlanger der ökonomischen Menschen. Man soll durchaus nicht glauben, daß die Herrscher der modernen Zeit etwas anderes waren als die Handlanger der ökonomischen Menschen. Und alles das, was sich in Gesetz und Recht ergeben hat – man studiere es nur durchgreifend –, das ist einfach eine Folge desjenigen, was ökonomische Menschen gedacht haben. Erst im 19. Jahrhundert kommt herauf an die Stelle des ökonomischen Menschen der bankiermäßig denkende Mensch, und erst im 19. Jahrhundert wird ganz und gar diejenige Ordnung geschaffen, die eigentlich durch die Geldwirtschaft alle übrigen Verhältnisse zudeckt. Man muß diese Dinge nur einsehen können, muß sie richtig empirisch, erfahrungsgemäß verfolgen können.

Das alles, was ich im zweiten öffentlichen Vortrag hier gesagt habe, das ist tief wahr. Man möchte nur, daß das in allen Einzelheiten verfolgt würde. Gerade wenn man es in allen Einzelheiten verfolgen wird, dann wird man sehen, wie gründlich wahr diese Dinge sind. Aber gerade indem die Herrschaft des bloßen «Zeichens für die gediegenen Güter» heraufgekommen ist, ist wiederum ein wesentliches Mittel für die ahrimanische Täuschung der Menschheit heraufgekommen. Und wenn der Mensch nicht durchschaut, daß er der durch den ökonomischen Menschen und der durch den Bankier hervorgerufenen ökonomischen Ordnung den Rechtsstaat und den Geistesorganismus entgegensetzen muß, dann wird wiederum in diesem Nichtdurchschauen Ahriman ein wesentliches Mittel finden, um seine Inkarnation, das heißt den Triumph seiner Inkarnation, die gewiß kommt, in der entsprechenden Weise vorzubereiten. Das sind solche Mittel, die Ahriman benützen kann bei einer gewissen Sorte von Menschen. Es gibt aber heute auch noch eine andere Sorte von Menschen – oftmals sind die beiden Sorten in einem Menschen vermischt –, die auch noch von einer anderen Seite her Ahriman seine Wege zum Triumphe erleichtert.

Sehen Sie, es ist tatsächlich so, daß ganze Irrtümer im wirklichen Leben nicht so schlimm sind, wie halbe und Viertelwahrheiten. Denn ganze Irrtümer werden bald durchschaut. Halbe und Viertelwahrheiten aber verführen die Menschen, so daß sie mit ihnen leben und sich diese halben und Viertelwahrheiten ins Leben hineinfinden und im Leben die furchtbarsten Verheerungen anrichten.

Es gibt heute Menschen, welche nicht die Einseitigkeit der galileisch-kopernikanischen Weltanschauung einsehen oder welche wenigstens den Illusionscharakter nicht durchschauen oder die zu bequem sind, sich auf sie einzulassen. Wir haben eben dargelegt, wie unrecht das ist. Aber es gibt heute auch Menschen, zahlreiche Menschen, die eine gewisse Halbwahrheit, eine sehr bedeutsame Halbwahrheit für sich bekennen und sich nicht einlassen auf die nur bedingte Berechtigung dieser Halbwahrheit. Denn so sonderbar es für viele Menschen ist: So wie es eine einseitige Art ist, die Welt kennenzulernen durch die galileisch-kopernikanische Wissenschaft, überhaupt durch die heutige Universitätswissenschaft materialistischer Art, so ist es auf der anderen Seite eine Einseitigkeit, die Welt kennenzulernen bloß durch das Evangelium und abzulehnen jedes andere Eindringen in die wahre Wirklichkeit als durch das Evangelium. Das Evangelium war jenen Menschen gegeben, die in den ersten Jahrhunderten des Christentums lebten.

Heute zu glauben, daß das Evangelium das ganze Christentum geben könne, das ist eben eine halbe Wahrheit, daher auch ein halber Irrtum, der die Menschen wiederum benebelt und der daher Ahriman die besten Mittel in die Hand liefert, um sein Ziel, den Triumph seiner Inkarnation, zu erreichen.

Wie zahlreich sind heute die Menschen, die glauben, aus christlicher Bescheidenheit heraus zu sprechen, aber in Wahrheit aus einem furchtbaren Hochmut heraus sagen: Oh, wir brauchen keine geistige Wissenschaft. Die Einfachheit, die Schlichtheit des Evangeliums, die führt uns zu dem, was der Mensch von der Ewigkeit braucht. – Es ist zumeist ein furchtbarer Hochmut, der in dieser scheinbaren Bescheidenheit sich ausspricht. Diesen Hochmut, ihn kann Ahriman im angedeuteten Sinne sehr gut benützen. Denn vergessen Sie nicht, was ich im Beginne dieser heutigen Betrachtungen auseinandergesetzt habe, daß in der Zeit, in die das Evangelium hineingefallen ist, die Menschen in ihrem Denken, Empfinden und Anschauen, in ihrem ganzen Anschauen noch luziferisch durchdrungen waren und daß sie mit einer gewissen luziferischen Gnosis das Evangelium verstehen konnten. Aber die Evangeliumauffassung in diesem alten Sinne ist heute nicht möglich. Heute auf das bloße Evangelium zu pochen, namentlich so, wie es den Menschen überliefert ist, das gibt keine wirkliche Christus-Auffassung. Daher ist heute nirgends weniger eine wahre Christus-Auffassung verbreitet als in den Glaubensbekenntnissen, in den Konfessionen. Man muß heute schon das Evangelium geisteswissenschaftlich vertiefen, wenn man zu einer wirklichen Auffassung des Christus kommen will. Da ist es interessant, die einzelnen Evangelien zu verfolgen und auf ihren wahren Inhalt zu kommen. Das Evangelium so zu nehmen, wie es ist, wie es heute zahlreiche Menschen nehmen und wie es namentlich zahlreichen Menschen gelehrt wird, es zu nehmen, das ist nicht ein Weg zu Christus, das ist ein Weg von Christus weg. Daher kommen die Konfessionen immer mehr und mehr weg von Christus. Wozu gelangt, wer heute das Evangelium und nur das Evangelium nehmen will, ohne geisteswissenschaftliche Vertiefung des Evangeliums, zu welcher Art von Christus-Auffassung gelangt er? Er kommt zuletzt zu einem Christus, wenn er wirklich das Evangelium nimmt. Aber was ist das Äußerste, wozu er kommt? Das ist nicht eine Realität des Christus, zu der heute eben nur die Geisteswissenschaft hinführen kann. Das, wozu das Evangelium führt, ist eine zwar richtige, aber doch nur eine Halluzination vom Christus, ein wirkliches inneres Bild – meinetwillen nennen Sie es auch Vision –, ein wirkliches, inneres Bild, aber nur ein Bild. Es gibt durch das Evangelium heute den Weg, zu einer wahren Halluzination, zu einer wahren Vision von dem Christus zu kommen, aber nicht zu der Realität des Christus. Das ist gerade der Grund, warum die moderne Theologie so materialistisch geworden ist. Die Leute, die sich mit dem Evangelium bloß theologisch befaßt haben, die haben geprüft: Was können wir aus diesem Evangelium herausbringen? Und sie sagten sich zuletzt doch: Nach unserer Anschauung so etwas ähnliches, wie das, was wir herausbringen, wenn wir den Paulus vor Damaskus prüfen. Und dann kommen diese Theologen, die eigentlich das Christentum begründen sollten, es aber untergraben, indem sie sagen: Nun, Paulus war eben krank, eine nervenkranke Person, die vor Damaskus eine Vision hatte.

Es handelt sich eben darum, daß gerade so, wie man durch das Evangelium selbst nur zu der Halluzination, nur zu der Vision kommen kann, die aber ein innerlich richtiges Bild ist, damit aber nicht eine Realität ergreift, man einzusehen hat, daß man durch das alleinige Evangelium nicht zu dem wirklichen Christus kommt, sondern zu einer Halluzination des Christus. Denn den wirklichen Christus muß man heute suchen durch alles das, was man aus der Geist-Erkenntnis der Welt gewinnen kann. Daher bilden für Ahriman, wenn er in der modernen Zivilisation in Menschengestalt erscheinen wird, gerade diejenigen den Anfang einer Herde, die heute nur auf das Evangelium schwören und jede Art von wirklicher Geist-Erkenntnis ablehnen möchten aus den Konfessionen und aus den Sekten heraus, die nicht lernen wollen, die abweisen wollen alles dasjenige, was geistige Anstrengung zu konkretem Erkennen verursacht. Aus diesen Kreisen heraus werden sich ganze Scharen für die Anhängerschaft des Ahriman entwickeln.

Das beginnt alles zu werden. Das ist da, das wirkt in der heutigen Menschheit. In das spricht derjenige hinein, der heute mit der Erkenntnis der Initiationswissenschaft zu Menschen spricht, ob über soziale, ob über andere Fragen. Er weiß, wo die gegnerischen Mächte liegen, daß sie im Übersinnlichen vor allem leben, daß die Menschen die armen Verführten sind und daß im Grunde genommen der Appell an die Menschheit der ist: Man mache sich frei von all den Dingen, die eine so große Versuchung bilden, hin zum Triumphe des Ahriman beizutragen.

Mancherlei Menschen haben so etwas gefühlt. Aber der Mut ist noch nicht überall vorhanden, wirklich mit dem Christus-, dem Luzifer- und Ahrimanimpuls, die historische Impulse sind, in jener durchdringenden Weise sich auseinanderzusetzen, wie es notwendig ist und wie es von anthroposophisch orientierter Geisteswissenschaft betont werden muß. Man möchte nicht weit genug gehen, auch wenn man ahnt, was notwendig ist. Sehen Sie sich einmal an Beispielen an, wo einmal auftaucht irgendeine Erkenntnis davon, wie es notwendig ist, die weltliche materialistische Wissenschaft mit ihrem ahrimanischen Charakter zu durchdringen mit dem Christus-Impuls, wie es notwendig ist auf der anderen Seite, das Evangelium aufzuhellen dadurch, daß man es geisteswissenschaftlich erklärt. Sehen Sie sich an, wie viele Menschen sich durchringen dazu, wirklich mit geisteswissenschaftlicher Erkenntnis nach der einen und nach der anderen Seite hinzuleuchten. Allein dadurch wird die Menschheit die richtige Stellung zu der irdischen Inkarnation Ahrimans gewinnen, daß sie diese Dinge durchschaut und daß sie auch den Mut und den Willen und die Energie hat, um auf der einen Seite in die weltliche Wissenschaft mit dem Geiste hineinzuleuchten und auf der anderen Seite das Evangelium aufzuhellen ebenfalls mit diesem Geiste. Sonst kommen immer die Halbheiten heraus. Denken Sie daran, wie zum Beispiel ein immerhin aufgeklärter Mensch, aber ein solcher, der hineinschaut in die moderne religiöse Entwicklung, wie der Kardinal Newman, als er in Rom als Kardinal eingekleidet wurde, es offen in seiner Rede aussprach, daß, wenn die christlich-katholische Lehre weiter bestehen solle, eine neue Offenbarung notwendig sei. Wir brauchen aber nicht eine neue Offenbarung. Die Zeit der Offenbarungen im alten Sinne ist vorüber. Wir brauchen eine neue Wissenschaft, die vom Geiste durchleuchtet ist.

Aber den Mut müssen die Menschen haben zu einer solchen neuen Wissenschaft.

Denken Sie an eine literarische Erscheinung wie «Lux mundi», die am Ende der achtziger, Anfang der neunziger Jahre ausgegangen ist von gewissen Mitgliedern der Englischen Hochkirche, von angesehenen Theologen der Englischen Hochkirche, Aufsätze, überall durchdrungen von dem Bestreben, eine Brücke zu bauen von der weltlichen Wissenschaft hinüber zu dem Dogmeninhalt. Überall, ich möchte sagen, ein Herüber- und Hinüberzappeln, nirgends ein kühnes Ergreifen der weltlichen Wissenschaft, nirgends ein Durchleuchten dieser Wissenschaft mit dem Geiste, ein unbefangenes Hinschauen auf das Evangelium und dann sagen: Das Evangelium allein tut es heute nicht, es muß aufgeklärt, es muß erhellt werden. – Das aber ist notwendig für die heutige Menschheit, nach beiden Seiten hin den Mut zu bewahren und zu sagen: Die weltliche Wissenschaft allein, sie führt zur Illusion, das Evangelium allein, es führt zur Halluzination. Der Mensch findet den Mittelweg zwischen Illusion und Halluzination allein in dem geistgemäßen Ergreifen der Wirklichkeit. Das ist dasjenige, worauf es ankommt.

Solche Dinge müßten heute durchschaut werden. Ganz illusionär würde die bloße weltliche Wissenschaft die Menschen machen. Sie würden zuletzt im Grunde genommen nur mehr Närrisches vollbringen. Es wird heute schon genügend Närrisches vollbracht, denn sicherlich war die Weltkriegskatastrophe eine große Narrheit. Aber viele Menschen waren dabei, die durchaus durchdrungen waren mit heutiger weltlicher Wissenschaft. Und wenn Sie sehen, wie sogleich merkwürdige Seelenerscheinungen zum Vorschein kommen, wenn durch irgendwelche Sekten zum Beispiel eines der vier Evangelien in den Vordergrund gestellt wird, dann werden Sie leichter begreifen, was ich heute auch über das Evangelium gesagt habe. Sehen Sie einmal, wie stark hinneigt zu allerlei Halluzinatorischem und dergleichen solch eine Sekte wie die, die bloß auf das Johannes-Evangelium hört, oder eine andere, die bloß auf das Lukas-Evangelium hört. Das einzige Glück, daß jedes Evangelium in seiner Einseitigkeit noch nicht das große Unheil angerichtet hat, liegt darin, daß es vier Evangelien gibt, die äußerlich einander widersprechen. So daß die Menschen dadurch, daß sie vier Evangelien vor sich haben, nicht in die Richtung des einen verfallen, nicht in der Richtung des einen zu weit gehen, sondern das andere daneben haben. An einem Sonntag wird ihnen aus dem einen, am anderen Sonntag aus dem anderen Evangelium vorgelesen, und dadurch hebt sich die Kraft des einen durch die Kraft des anderen auf. Es liegt eine große Weisheit darin, daß diese vier Evangelien auf die Kulturwelt gekommen sind und die Menschen dadurch nicht, wie es bei vielen Anhängern von Sekten der Fall ist, dazu kommen, *der* Strömung zu verfallen, die den Menschen überkommt, wenn bloß *ein* Evangelium auf ihn wirkt. Wenn bloß *ein* Evangelium auf ihn wirkt, dann tritt es besonders klar hervor, daß zuletzt das Wirken des einen Evangeliums ausläuft in Halluzinatorisches.

Ja, es ist notwendig, daß man heute manches von subjektiver Neigung abstreift, manches von dem, was man gern hat und von dem man glaubt, daß es fromm ist oder daß es gescheit ist. Es handelt sich heute für die Menschheit vor allen Dingen um Allseitigkeit und um den Mut zur Allseitigkeit.

Das wollte ich heute einmal zu Ihnen sprechen, damit Sie sehen: Dasjenige, was versucht wird jetzt zu wirken innerhalb der Menschheit, hat wahrhaftig tiefere Gründe als etwa bloß irgendeine subjektive Voreingenommenheit. Man kann schon sagen, daß es abgelesen ist aus den Zeichen der Zeit und daß es gewirkt werden muß. Und wenn wir uns hier im Zweig auch erst nach einer relativ längeren Zeit sehen konnten, so war es mir ein tiefes Bedürfnis, Ihnen gerade in dieser Zeit diejenigen Worte zu sagen, die ich Ihnen heute hier gesagt habe. Hoffentlich haben wir in nicht zu ferner Zeit Gelegenheit, über solche Dinge auch hier wiederum weiter zu sprechen.

ZEHNTER VORTRAG

Bern, 4. November 1919

Die Entwicklungsphase der Menschheit, die mit einem besonderen Charakter in unseren Zeiten beginnt – selbstverständlich kann man von jeder Zeit sagen, daß eine bestimmte Entwicklungsphase der Menschheit beginnt, man muß dann nur charakterisieren, wie geartet diese Entwicklungsphase ist –, läßt sich etwa so charakterisieren, daß in der Hauptsache alles, was die Menschheit zu erleben haben wird in der ferneren Erdenzeit, in der physischen Welt, eine Art Abstieg sein wird, ein Rückgang, eine rückläufige Entwicklung. Diejenige Zeit ist bereits überschritten, in welcher die Menschheit durch die immer veredelter und veredelter auftretenden physischen Kräfte vorwärtskommt. Die Menschheit wird in der nächsten Zeit auch vorwärtskommen, aber nur durch spirituelle Entwicklung, durch eine Entwicklung, welche sich erhebt über die Vorgänge des physischen Planes. Die Vorgänge des physischen Planes werden nicht solche sein, daß die Menschheit, wenn sie sich nur ihnen hingeben will, eine Befriedigung aus ihnen wird schöpfen können. Dasjenige, was ja innerhalb unserer Geisteswissenschaft längst angedeutet worden ist, was wir charakterisiert finden können in dem Vortragszyklus über die Apokalypse: daß zugesteuert wird dem «Krieg aller gegen alle», das sollte vom gegenwärtigen Zeitpunkt an durchaus als etwas sehr, sehr Ernstes und Bedeutsames aufgefaßt werden. Es sollte so aufgefaßt werden, daß es nicht bloß eine theoretische Wahrheit bleibt, sondern daß es auch im Handeln, im ganzen Verhalten der Menschen zum Ausdruck kommt. Gerade der Umstand, daß die Menschen – wenn ich mich trivial ausdrücken soll – von der Entwicklung des physischen Planes in der Zukunft wenig Freude haben werden, wird sie veranlassen, immer mehr und mehr einzusehen, wie die Weiterentwicklungen von den geistigen Kräften kommen müssen.

Voll durchschauen wird man diese Tatsache nur, wenn man einen größeren Zeitraum der Menschheitsentwicklung ins Auge faßt und gewissermaßen die Nutzanwendung auf dasjenige macht, was in der Zukunft der Menschheit immer mehr und mehr wird begegnen müssen. Man wird einsehen, zu welchem Ziele diejenigen Kräfte der Menschheit hinsteuern, die sich da äußern werden in den, ich möchte sagen, wie rhythmisch auftretenden kriegerischen Verheerungsprozessen, von denen die gegenwärtige Kriegskatastrophe nur der Anfang ist. Es ist ja eine kindliche Vorstellung, wenn man glauben würde, daß durch irgend etwas, was sich anschließt an diese kriegerische Katastrophe, irgendwelche dauernden Friedenszeiten über die Menschheit auf dem physischen Plan kommen werden. Das wird nicht der Fall sein. Dasjenige aber, was kommen muß über die Erde, das muß eine spirituelle Entwicklung sein. Ihren Geist, ihre Richtung, ihren Sinn wird man einsehen, wenn man einen verhältnismäßig längeren Zeitraum vor dem Mysterium von Golgatha überblickt, wenn man dann ins Auge faßt einiges von dem Sinn des Mysteriums von Golgatha und wenn man dann versucht, die Weiterwirkung gerade des Mysteriums von Golgatha in der zukünftigen Entwicklung der Menschheit geistig etwas anzuschauen.

Wir haben das Mysterium von Golgatha von den verschiedensten Gesichtspunkten aus betrachtet. Wir wollen heute zu diesen Gesichtspunkten einen anderen hinzufügen, indem wir ein wenig dasjenige charakterisieren, was an Menschheitszivilisation dem Mysterium von Golgatha, sagen wir, bis in das 3. Jahrtausend etwa vor unserer Zeitrechnung vorangegangen ist, was dann bis in die Zeit der christlichen Entwicklung hinein gedauert hat und was man, wie Sie ja wissen, bezeichnet als die heidnische Kultur. In diese heidnische Kultur hat sich wie eine Oase die ganz anders geartete jüdisch-hebräische Kultur hineingestellt, aus der dann das Christentum hervorgegangen ist.

Die heidnische Kultur können wir verstehen, wenn wir uns klar darüber werden, daß sie im wesentlichen eine Kultur war der Erkenntnis, der Anschauung, des Handelns aus umfassenderen Kräften heraus, als es die irdischen Kräfte sind. Man kann sagen: Durch die hebräisch-jüdische Kultur ist eigentlich erst der Menschheit das moralische Element eingeimpft worden. Das moralische Element führte kein abgesondertes Dasein in der heidnischen Kultur. Dafür aber war diese alte heidnische Kultur so beschaffen, daß der Mensch sich als ein Glied des ganzen Kosmos fühlte. Das muß man ganz besonders ins Auge fassen. Der Mensch, der als Angehöriger der alten heidnischen Kultur auf der Erde stand, fühlte sich als ein Glied des ganzen Kosmos. Er fühlte, wie die Kräfte, die in dem Sternenlauf wirken, sich fortsetzen in seine eigenen Handlungen hinein, oder besser gesagt, in die Kräfte, die in seinen Handlungen wirken. Was später als Astrologie galt, was bis in unsere Zeiten noch als Astrologie gilt, das ist nur, ich möchte sagen, ein Abglanz, sogar ein sehr irreführender Abglanz dessen, was alte Weisheit war, die heruntergeholt wurde aus Sternenläufen und die zu gleicher Zeit die Vorschriften für das menschliche Handeln abgab. Man versteht diese alten Kulturen nur dann, wenn man vom Gesichtspunkte der Geisteswissenschaft aus ein wenig Licht auf das wirft, was eigentlich im äußeren Sinne Menschheitsentwicklung im 4., 5. vorchristlichen Jahrtausend war. Wir sprechen selbstverständlich bald vom zweiten, bald vom ersten nachatlantischen Zeitraum, aber wir tun nicht gut, wenn wir uns das Menschendasein auf der Erde in diesem 5., 6., 7. Jahrtausend vor unserer Zeitrechnung auch gar zu sehr ähnlich vorstellen unserem jetzigen Menschendasein. Es ist durchaus richtig, daß die Menschen in diesen alten Jahrtausenden, insofern sie auf der Erde herumwandelten, eine Art instinktiven Seelenlebens hatten, eine Art von Seelenleben, das schon in gewisser Beziehung näherstand dem tierischen Seelenleben als dem heutigen menschlichen. Aber es ist nur sehr einseitig das Menschenleben erfaßt, wenn man etwa sagt: Ja, wenn man in diese alten Zeiten zurückgeht, so waren die Menschen tierähnlicher. Was hier auf der Erde herumwandelte, das war gewiß in der Seelenverfassung tierähnlicher, aber diese Tierleiber der Menschen wurden gebraucht von den geistig-seelischen Wesenheiten, die sich dafür sehr als Angehörige der übersinnlichen, vor allem der kosmischen Welten fühlten. Und man kann sagen: Wenn man nur weit genug zurückgeht, etwa in das 5. vorchristliche Jahrtausend, so waren die Menschen so, daß sie tierische Leiber mehr als Instrumente benützten, denn daß sie sich in ihnen drinnenfühlten. Will man jene Menschen genau charakterisieren, so müßte man sagen: Wenn diese Menschen wach waren, so gingen sie allerdings wie die Tiere mit einem instinktiven Seelenleben herum, aber es schien hinein in dieses instinktive Seelenleben etwas wie Träume aus ihrem Schlafzustand, wie Wachträume. Und in diesen Wachträumen erkannten sie, wie sie heruntergestiegen waren, um die Tierleiber nur zu benützen. Dasjenige, was da wirklich innere menschliche Seelenverfassung war, das ging dann über als Kultusanschauung, als Kultushandlung in den Mithrasdienst, wo wir sehen, daß das Hauptsymbolum der Mithrasgott ist, der auf einem Stier reitet, oben der Sternenhimmel, dem *er* angehört, unten das Irdische, dem der Stier angehört. Dieses Symbolum ist eigentlich für diese alten Menschen kein Symbolum gewesen, sondern es ist die Anschauung der Wirklichkeit gewesen. Der Mensch fühlte etwa seine Seelenverfassung so, daß er sich sagte: Bin ich nachts außerhalb meines Leibes, so gehöre ich dem an, was die Kräfte des Kosmos, des Sternenhimmels sind, wache ich des Morgens auf, so bediene ich mich des tierischen Instinktes in einem tierischen Leibe.

Dann kam, man möchte sagen, in einer gewissen Weise eine Zeit der Dämmerung über die menschheitliche Entwicklung. Es war ein etwas dumpferes, stumpfes Menschheitsleben, in dem die kosmischen Träume mehr zurückgingen, in dem das instinktive Leben die Oberhand gewann. Bewahrt wurde dasjenige, was früher menschliche Seelenverfassung war, durch die Mysterien, hauptsächlich durch die asiatischen Mysterien. Aber die allgemeine Menschheit, insofern sie nicht erfaßt wurde durch die Mysterienweisheit, lebte ein mehr oder weniger dämmerhaftes, stumpfes Leben dahin im 4. bis zum Beginn des 3. Jahrtausends. Man kann sagen: Das allgemeine Leben war in dieser Zeit, im 4., im Beginn des 3. Jahrtausends vor dem Mysterium von Golgatha über die asiatische und die damals bekannte Welt hin ein dämmeriges Seelenleben, ein instinktives Seelenleben. Aber es waren die Mysterien da, in denen durch die wirksamen Zeremonien die geistigen Welten wirklich hereinwirkten. Und von da aus wurden dann die Menschen wiederum erleuchtet.

Nun aber trug sich etwa im Beginn des 3. Jahrtausends etwas sehr Bedeutsames zu. Will man charakterisieren, woher dieses dämmerige, mehr instinktive Leben kam, so kann man sagen: Die geistig-seelische Wesenheit der Menschen konnte sich dazumal noch nicht der eigentlichen menschlichen Verstandesorgane bedienen. Diese Verstandesorgane waren schon da, sie waren ausgebildet in der physischen Wesenheit der Menschen, aber die seelisch-geistige Wesenheit konnte sich dieser Verstandesorgane nicht bedienen. So daß die Menschen noch nicht etwa durch ihr Denken, durch ihre Urteilskräfte irgend etwas an Erkenntnissen haben gewinnen können. Nur dasjenige haben sie gewinnen können, was ihnen aus den Mysterien heraus gegeben wurde.

Da trug sich eben etwa im Beginn des 3. Jahrtausends im Osten Asiens drüben ein bedeutsames Ereignis zu. Es wuchs heran, ohne daß man es wehrte, ein Kind aus einer der damaligen asiatischen vornehmen Familien in der Umgebung der Zeremoniendienste der Mysterien. Die Umstände boten sich so, daß dieses Kind eben teilnehmen durfte an den Zeremonien, wohl dadurch, daß die leitenden Mysterienpriester es als eine Inspiration empfanden, daß sie solch ein Kind einmal teilnehmen lassen sollten. Und als der Mensch, der in diesem Kinde lebte, etwa vierzig Jahre alt geworden war, so ungefähr, da stellte sich etwas Merkwürdiges heraus. Da zeigte es sich – und es muß durchaus gesagt werden, daß die Mysterienpriester das Ereignis gewissermaßen prophetisch vorausgesehen haben –, daß dieser Mensch, den man heranwachsen ließ in einem der ostasiatischen Mysterien, gegen sein vierzigstes Jahr hin plötzlich den Sinn desjenigen, was früher nur durch Offenbarung in die Mysterien hereingekommen war, durch die menschliche Urteilskraft zu erfassen begann. Er war gewissermaßen der erste, der sich der Organe des menschlichen Verstandes, aber nur in Anlehnung an die Mysterien, bedienen durfte.

Wenn wir das, was die Priester der Mysterien über diese Angelegenheit sagten, in unsere heutige Sprache übersetzen, dann müssen wir sagen: In diesem Menschen war nicht mehr, nicht weniger als Luzifer selbst inkarniert. – Und das ist eine wichtige, eine bedeutsame Tatsache, daß es im 3. vorchristlichen Jahrtausend im Osten von Asien wirklich eine fleischliche Inkarnation Luzifers gegeben hat. Und von dieser fleischlichen Inkarnation Luzifers – denn diese Persönlichkeit lehrte dann – ging dasjenige aus, was man eigentlich als die vorchristliche, heidnische Kultur bezeichnet, was noch in der Gnosis der ersten christlichen Jahrhunderte lebte. Man darf durchaus nicht etwa bloß ein abfälliges Urteil über diese Luziferkultur sprechen. Denn dasjenige, was das Griechentum an Schönheit, selbst an philosophischer Einsicht hervorgebracht hat, was lebt ebenso in der alten griechischen Philosophie, in den Tragödien noch des Äschylos, all das wäre nicht möglich gewesen ohne diese luziferische Inkarnation. Diese luziferische Inkarnation war, wie gesagt, auch noch im Süden von Europa, im Norden von Afrika, im Westen von Asien mächtig in den ersten christlichen Jahrhunderten. Und als das Mysterium von Golgatha sich zugetragen hatte auf der Erde, da war es im wesentlichen die luziferische Weisheit, durch die das Mysterium von Golgatha begriffen werden konnte. Dasjenige, was als Gnosis zum Begreifen des Mysteriums von Golgatha sich zunächst anschickte, das war durchaus befruchtet von luziferischer Weisheit. So daß wir zunächst zu betonen haben: Es gab im Beginn des 3. Jahrtausends eine chinesische Luzifer-Inkarnation. Es gab im Beginn unserer Zeitrechnung die Inkarnation des Christus. Und zunächst wurde sogar die Inkarnation des Christus begriffen dadurch, daß noch die Kraft der alten Luzifer-Inkarnation da war, die eigentlich erst für die menschliche Einsicht, für die menschliche Eigenkraft verschwand im 4. nachchristlichen Jahrhundert. Aber sie hatte immerhin noch ihre Nachwirkungen, ihre Nachzügler.

Nun wird zu diesen beiden Inkarnationen, der luziferischen in alten Zeiten und der Inkarnation des Christus, die den eigentlichen Sinn der Erdenentwicklung abgibt, eine dritte kommen in einer nicht allzufernen Zeit. Und die Ereignisse der Gegenwart bewegen sich im wesentlichen schon so, daß diese dritte Inkarnation vorbereitet wird. Wenn man auf die Inkarnation Luzifers im Beginn des 3. vorchristlichen Jahrtausends hinweist, so muß man sagen: Durch ihn hat der Mensch die Fähigkeit bekommen, sich der Organe seines Verstandes, seiner Urteilskraft zu bedienen. Luzifer selber war es in einem menschlichen Leibe, der zuerst durch Urteilskraft aufgefaßt hat dasjenige, was früher nur durch Offenbarung in den Menschen hat hereinkommen können: den Sinn der Mysterien. Was sich jetzt vorbereiten und ganz bestimmt auf der Erde eintreten wird in einer nicht allzufernen Zukunft, ist eine wirkliche Inkarnation Ahrimans.

Nun leben wir, wie Sie wissen, seit der Mitte des 15. Jahrhunderts in einem Zeitalter, in dem die Menschheit immer mehr und mehr zum Besitze der vollen Bewußtseinskraft kommen soll. Das muß gerade das Bedeutsame sein im Entgegengehen dieser Ahriman-Inkarnation, daß die Menschen mit vollem Bewußtsein diesem Ereignisse entgegengehen. Die Inkarnation des Luzifer ist gekommen eigentlich nur durchschaubar für die prophetische Kraft der Mysterienpriester. Sehr unbewußt trat auch für die Menschen dasjenige auf, was die Christus-Inkarnation durch das Ereignis von Golgatha war. Bewußt muß die Menschheit entgegenleben der Ahriman-Inkarnation unter den Erschütterungen, die auf dem physischen Plan eintreten werden. Unter den fortwährenden Kriegs- und anderen Nöten der nächsten Menschenzukunft wird der menschliche Geist gerade sehr erfinderisch werden auf dem Gebiete des physischen Lebens. Und durch dieses Erfinderischwerden auf dem Gebiete des physischen Lebens, das nicht in irgendeiner Weise abgewendet werden kann durch dieses oder jenes Verhalten – es wird eintreten wie eine Notwendigkeit –, durch dieses wird möglich werden eine solche menschliche leibliche Individualität, daß in ihr sich Ahriman wird verkörpern können.

Aber diese ahrimanische Macht bereitet von der geistigen Welt her ihre Inkarnation auf der Erde vor. Und sie sucht sie möglichst so vorzubereiten, daß sie – also diese Inkarnation des Ahriman in menschlicher Gestalt – die Menschen auf der Erde in stärkstem Maße wird verführen und versuchen können. Eine Aufgabe der Menschen für die nächste Zivilisationsentwicklung wird es sein, so voll bewußt der Ahrimaninkarnation entgegenzuleben, daß diese Ahrimaninkarnation der Menschheit gerade dient in bezug auf die Förderung einer höheren geistigen, einer spirituellen Entwicklung dadurch, daß man gewahr wird gerade an Ahriman, was der Mensch durch das bloße physische Leben erlangen oder, sagen wir, nicht erlangen kann.

Aber bewußt müssen die Menschen entgegengehen dieser Ahrimaninkarnation und die Dinge so einrichten, daß sie immer bewußter und bewußter werden auf allen Gebieten, daß sie immer mehr und mehr sehen, welche Strömungen im Leben sich entgegenbewegen dieser Ahrimaninkarnation. Deuten müssen die Menschen lernen aus geistiger Wissenschaft heraus das Leben, so daß sie erkennen die Strömungen, die der Ahrimaninkarnation entgegengehen, daß sie sie beherrschen lernen. Sie müssen wissen, daß Ahriman unter den Menschen auf der Erde leben wird, aber daß die Menschen ihm entgegentreten werden und selber bestimmen werden, was sie von ihm lernen mögen, was sie von ihm aufnehmen mögen. Das werden sie jedoch nicht können, wenn sie nicht von jetzt ab in die Hand nehmen gewisse geistige Strömungen oder auch ungeistige Strömungen, die sonst Ahriman benützt, um die Menschen möglichst im Unbewußten zu lassen über sein Kommen, so daß er einstmals auf der Erde würde erscheinen können und gewissermaßen die Menschen überfallen, versuchen, verführen, so daß sie die Erdenentwicklung verleugnen, daß die Erdenentwicklung nicht an ihr Ziel kommt. Gewisse geistige und ungeistige Strömungen muß man ihrem Wesen nach kennenlernen, wenn man den ganzen Vorgang, von dem ich sprach, eben verstehen will.

Sehen Sie denn nicht in der Gegenwart die Zahl der Menschen immer größer werden, die eigentlich nichts wissen will von einer Wissenschaft des Geistigen, von einer Erkenntnis des Geistigen? Sehen Sie denn nicht, wie zahlreich die Menschen werden, für die die alten religiösen Kräfte keine innere Impulsivität mehr haben? Die in die Kirche gehen oder nicht, darauf kommt es bei vielen Menschen der Gegenwart schon gar nicht mehr an. Aber die alten religiösen Wirkenskräfte haben für sie keine innerliche Bedeutung mehr. Sie entschließen sich aber auch nicht, dasjenige, was als neues Geistesleben hereinströmen kann in unsere Kultur, irgendwie zu berücksichtigen. Sie wehren sich dagegen, sie lehnen es ab, sie betrachten es als eine Torheit, als etwas ihnen Unbequemes, sie lassen sich nicht darauf ein. Aber, sehen Sie, der Mensch ist so, wie er auf der Erde lebt, eine wirkliche Einheit. Man kann nicht sein Geistiges von seinem Physischen trennen. Beides wirkt als eine Einheit zusammen zwischen Geburt und Tod. Und wenn der Mensch durch seine seelischen Fähigkeiten kein Geistiges aufnimmt, so ist das Geistige trotzdem da. Seit dem letzten Drittel des 19. Jahrhunderts umfließt uns ja das Geistige. Es fließt in die Erdenentwicklung herein. Und man kann sagen: Das Geistige ist da, die Menschen wollen es nur nicht aufnehmen.

Aber wenn die Menschen auch nicht das Geistige aufnehmen, da ist es doch! Da ist es! Was wird denn aus diesem Geistigen? So paradox es erscheint – denn manches, was wahr ist und sehr wahr ist, erscheint den heutigen Menschen paradox –: Essen und trinken tun die Menschen, vielleicht diejenigen am allerliebsten, die das Spirituelle ablehnen. Bei solchen Menschen, die das Spirituelle ablehnen, dennoch aber essen und trinken, fließt das Geistige, ihnen unbewußt, in den Essens- und Verdauungsprozeß hinein. Das ist das Geheimnis jenes Weges in den Materialismus hinein, der etwa 1840 begonnen hat in seiner Stärke, oder sich vielmehr vorbereitet hat. Diejenigen Menschen, die Geistiges nicht aufnehmen durch ihre Seele, die nehmen heute doch Geistiges auf; indem sie essen und trinken, essen und trinken sie den Geist. Sie sind Seelen- und Geistesesser. Und auf diesem Wege geht der Geist, der hereinströmt in die Erdenentwicklung, in das luziferische Element hinein, wird Luzifer mitgeteilt. Die luziferische Kraft, die dann der ahrimanischen Kraft für ihre spätere Inkarnation helfen kann, wird dadurch immer stärker und stärker. Das wird schon eine Erkenntnis der Menschen werden müssen, derjenigen Menschen, die sich darauf einlassen, daß die Menschen der Zukunft entweder bewußt Geist-Erkenntnis aufnehmen werden oder unbewußt den Geist verzehren und ihn dadurch den Luzifermächten überliefern werden. Diese Strömung des Geist- und Seelenessens, die fördert Ahriman ganz besonders, weil er dadurch die Menschen immer mehr und mehr einlullen kann, so daß er dann durch seine Inkarnation unter die Menschen treten, sie überfallen kann, so daß sie ihm nicht bewußt entgegentreten.

Aber auch direkt kann Ahriman seiner Inkarnation vorarbeiten und tut es. Die heutigen Menschen führen auch gewiß ein Geistesleben, aber ein rein intellektuelles, das nicht auf die geistige Welt sich bezieht. Immer mehr und mehr verbreitet sich unter den Menschen dieses bloß intellektuelle Leben, welches zuerst namentlich in den Wissenschaften Platz ergriffen hat, jetzt aber auch im sozialen Leben zu allen möglichen sozialen Exzessen führt. Welcher Art ist denn dieses intellektuelle Leben? Dieses intellektuelle Leben ist so wenig mit den wirklichen Interessen der Menschen verknüpft. Ich frage Sie: Wie viele lehrende Menschen sehen Sie heute in hohe und niedrige Lehranstalten hinein- und herausgehen, die eigentlich nicht aus innerem Enthusiasmus ihrer Wissenschaft dienen, sondern aus einem äußeren Berufe? Da ist nicht das unmittelbare Interesse der Seele verbunden mit dem, was getrieben wird. Es geht selbst bis in die Lernzeit herunter. Denken Sie, wieviel gelernt wird auf den verschiedensten Stufen des Lebens, ohne daß ein wirklicher Enthusiasmus, ein wirkliches Interesse bei diesem Lernen ist, wie äußerlich das intellektuelle Leben für viele Menschen wird, die sich ihm hingeben. Und wie viele Menschen müssen heute allerlei Geistiges produzieren, das dann in Bibliotheken konserviert wird, das nicht lebendig ist als geistiges Leben. All dies, was als intellektualistisches Geistesleben sich entwickelt, ohne daß menschliche Seelenwärme es durchglüht, ohne daß menschlicher Enthusiasmus dabei ist, fördert unmittelbar die Inkarnation Ahrimans in seinem eigenen Sinne. Das lullt die Menschen in der Weise ein, wie ich es charakterisiert habe, so daß es für Ahriman sehr günstig werden kann.

Daneben gibt es zahlreiche andere Strömungen im geistigen oder ungeistigen Leben, die Ahriman benützen kann, wenn sie die Menschen nicht in richtigem Sinne benützen. Sie haben in der letzten Zeit durch die Welt gehen hören, tönen hören – hören es noch immer –, daß aufgerichtet werden müßten nationale Staaten, nationale Reiche. Von «Freiheit der einzelnen Völker» hört man viel. Nun, die Zeit, in der nach den Bluts- und Stammeszusammenhängen Reiche gegründet werden sollen, die ist in der Menschheitsentwicklung vorüber. Und wenn heute appelliert wird an Volks-, Stammes- und dergleichen Zusammenhänge, an Zusammenhänge, die nicht aus dem Intellekt oder aus dem Geist entspringen, dann wird Disharmonie unter der Menschheit gefördert. Und diese Disharmonie unter der Menschheit ist es dann, die ganz besonders die ahrimanische Macht benützen kann. Volkschauvinismen, allerlei verkehrte Patriotismen, die werden das Material sein, aus dem sich Ahriman das zurechtzimmert, was er gerade haben muß.

Dann tritt aber noch etwas anderes hinzu. Wir sehen heute überall für dies oder jenes Parteien auftreten. Nun, in bezug auf diese Parteimeinungen und Parteiprogramme sehen die Menschen durchaus heute nicht klar und wollen nicht klarsehen. Man kann heute mit einem großen menschlichen Scharfsinn das Allerradikalste beweisen. Leninismus läßt sich sehr scharfsinnig beweisen, aber auch sein Gegenteil, und alles, was dazwischen liegt. Sie können heute jede menschliche Programmeinung streng beweisen. Nur hat derjenige, der die entgegengesetzte Programmeinung beweist, ebenso stark recht. Dasjenige, was intellektualistischer Geist ist, wie er heute unter den Menschen herrscht, das reicht keineswegs aus, um irgend etwas in seiner inneren Lebensfähigkeit, in seinem inneren Lebenswert zu zeigen. Es beweist. Aber was bewiesen ist, das sollten wir durchaus noch nicht für etwas Lebenswertes, Lebenskräftiges halten. Daher stehen sich heute die Menschen, einander bekämpfend, in Parteien gegenüber, weil sich jede Parteimeinung mit demselben Rechte oder wenigstens die wesentlichsten Parteimeinungen mit dem gleichen Rechte beweisen lassen. Dasjenige, was unser Intellekt ist, bleibt an der oberen Schicht des Verstehens der Dinge, dringt nicht in diejenige Schicht hinunter, wo die Wahrheit wirklich liegt. Das müßte auch nur tief und gründlich genug eingesehen werden. Die Menschen lieben es heute, gerade mit ihrem Verstande an der Oberfläche zu bleiben und nicht durch tiefere Geisteskräfte in weitere, dem Wesen der Dinge entsprechende Schichten des Seins vorzudringen. Obwohl man sich nur im äußeren Leben ein wenig umzusehen brauchte – schon das alleralleräußerste Leben zeigt oftmals, wie man durch das, was die Menschen heute lieben, getäuscht werden kann. Die Menschen lieben heute in der Wissenschaft die Zahl, sie lieben aber auch im sozialen Leben die Zahl. Sehen Sie einmal die sozialistische Wissenschaft an: sie besteht fast aus lauter Statistiken. Und aus Statistiken, das heißt aus Zahlen, werden die wichtigsten Dinge geschlossen, erschlossen. Nun, auch mit Zahlen läßt sich alles beweisen und alles glauben. Denn die Zahl ist nicht ein Mittel, etwas zu beweisen, sondern die Zahl ist gerade ein Mittel, die Menschen zu täuschen. Sobald man nicht von den Zahlen auf das Qualitative sieht, über die Zahl hinwegsieht und auf das Qualitative sieht, kann man durch die Zahl am meisten getäuscht werden.

Ein naheliegendes Beispiel ist dieses. Viel wird zum Beispiel oder wurde wenigstens über die Nationalität der Mazedonier gestritten. Vieles im politischen Leben der Balkanhalbinsel hing ab von den Statistiken, die da gemacht wurden. Nur hat man da die Zahlen, die so viel wert sind wie die Zahlen anderer Statistiken. Ob man also nun eine Weizen- und Roggenstatistik macht, oder ob man eine Statistik macht, wie viele Menschen griechischer, serbischer, bulgarischer Nationalität in Mazedonien leben: in bezug auf dasjenige, was die Statistik beweisen kann, ist das ja alles das gleiche. Da findet man eben die Zahlen, die für die Griechen, die Zahlen, die für die Bulgaren, für die Serben angeführt werden, und man kann aus diesen Zahlen die schönsten Schlüsse ziehen. Aber man kann auch nachsehen in das Qualitative hinein. Da zeigt sich, daß zum Beispiel oftmals angeführt sind: der Vater als Grieche, ein Sohn als Bulgare, ein Sohn als Serbe. Wie das zugeht, das mögen Sie sich selber ausmalen. Aber diese Statistik, die wird dann zu Rate gezogen, während die Statistik in diesem Falle nur etwas ist, was zur Begründung der Parteizwecke aufgestellt ist. Denn selbstverständlich, wenn der Vater wirklich ein Grieche ist, so sind die beiden Söhne auch Griechen. Aber das ist nur ein Beispiel für vieles, was da gemacht wird, und was unter Menschen überhaupt gemacht wird mit Zahlen. Zahlen sind dasjenige, wodurch Ahriman am meisten erreichen kann, wenn die Zahlen als Beweismittel angeführt, als Beweismittel angesehen werden.

Ein weiteres Mittel, dessen Ahriman sich bedienen kann, ist eines, das wiederum, wenn man es ausspricht, wahrscheinlich nicht gleich als ein solches angesehen wird, dessen Charakteristik vielmehr paradox klingen wird. Sie wissen, wir haben versucht, innerhalb unserer geisteswissenschaftlichen Bewegung die Evangelien geisteswissenschaftlich zu vertiefen. Aber diese Vertiefung der Evangelien in unserer Zeit, die notwendiger und immer notwendiger wird, wird ebenso abgelehnt von zahlreichen Menschen, wie die Geisteswissenschaft überhaupt abgelehnt wird. Die Menschen, die auf diesem Gebiete oftmals glauben – wenigstens sie betonen es – bescheiden zu sein, sind eigentlich die hochmütigsten. Immer mehr muß man es hören, daß die Leute sagen, man solle sich vertiefen in die einfache Schlichtheit des Evangeliums und solle nicht auf den komplizierten Wegen der Geisteswissenschaft zum Beispiel das Mysterium von Golgatha suchen. Die Menschen, die vorgeben, schlicht zu suchen in den Evangelien, sind gerade die hochmütigsten, denn sie verachten in ihrem Hochmut das ehrliche und aufrichtige Suchen durch geisteswissenschaftliche Erkenntnisse. Sie sind so hochmütig, daß sie glauben, ohne irgendwie sich anzustrengen, nur indem sie naiv sich in die Evangelien vertiefen, die höchsten Erkenntnisse der geistigen Welt einheimsen zu können. Was sich heute oftmals als bescheiden, als schlicht aufspielt, ist gerade das Allerhochmütigste. In den Sekten, in den Konfessionen leben die hochmütigsten Menschen.

Sehen Sie, die Evangelien sind ja in einer Zeit entstanden, als die luziferische Weisheit noch da war. In den ersten Jahrhunderten der christlichen Entwicklung hat man die Evangelien ganz anders verstanden als später. Heute geben die Leute, die sich nicht geisteswissenschaftlich vertiefen können, bloß vor, die Evangelien zu verstehen. In Wirklichkeit haben sie nicht einmal mehr den ursprünglichen Sinn der Worte. Denn dasjenige, was in die verschiedenen Sprachen übersetzt ist, sind eben nicht in Wahrheit die Evangelien, sondern es ist etwas, was gar nicht mehr im Grunde erinnert an den ursprünglichen Sinn der Worte, in denen die Evangelien abgefaßt waren. Heute kann man zur wirklichen Erkenntnis dessen, was als Christus-Wesen in die Erdenentwicklung eingegriffen hat, nur auf geisteswissenschaftlichem Wege kommen. Wer sich heute in die Evangelien nur «schlicht», wie oftmals gesagt wird, vertiefen möchte oder es tut, der kommt nicht zu einem innerlichen Ergreifen der wirklichen Christus-Wesenheit, sondern lediglich zu einer Illusion oder, alleräußerst, zu einer Vision oder Halluzination dieser Christus-Wesenheit. Ein wirklicher Zusammenhang mit dem Christlichen ist heute nicht mehr durch das bloße Lesen der Evangelien zu erlangen, sondern nur eine Art von verfeinerter Halluzination des Christus. Daher ist die theologische Anschauung so weit verbreitet, daß in dem Manne Jesus von Nazareth gar nicht der Christus enthalten war, sondern daß dieser eben auch nur eine historische Persönlichkeit, wie Sokrates oder wie Plato oder dergleichen war, nur vielleicht eine etwas höhere. «Der schlichte Mann aus Nazareth», er ist ein Ideal sogar der Theologen. Und mit so etwas wie der Erscheinung vor Damaskus für Paulus wissen natürlich die wenigsten heutigen Theologen mehr etwas anzufangen, weil aus den

Evangelien heraus ohne geisteswissenschaftliche Vertiefung es nur zu einer Halluzination des Christus kommen kann, nicht zu der Anschauung des wirklichen Christus. Deshalb wird auch dasjenige, was dem Paulus vor Damaskus erschienen ist, nur als eine Halluzination aufgefaßt.

Es ist notwendig, daß die Evangelien heute nach Maßgabe der Geisteswissenschaft vertieft werden. Denn die Dumpfheit, welche diejenigen Menschen ergreift, die nur innerhalb der Konfessionen leben wollen, die wird gerade Ahriman am allermeisten benützen, um zu seinem Ziel zu kommen: die Menschen zu überfallen mit seiner Inkarnation. Und diejenigen, die glauben, am christlichsten zu sein, indem sie eine Fortentwicklung der Anschauung über das Christus-Mysterium ablehnen, sind in ihrem Hochmut gerade die, welche am allermeisten die Zwecke Ahrimans fördern. Die Konfessionen sind geradezu Förderungsgebiete, Förderungsböden für das ahrimanische Wesen. Es nützt nichts, sich über diese Dinge Irgendwie durch Illusionen heute hinwegzusetzen. Geradeso wie die materialistische Gesinnung, die alles Geistige abweist und den Menschen nur zu dem machen will, was er ißt und trinkt, gerade so wie diese materialistische Gesinnung die Zwecke Ahrimans fördert, so fördert die Zwecke Ahrimans – in seinem Sinne, nicht im Menschheitssinne – das starre Ablehnen alles Geistigen und das Bleiben bei dem wortwörtlichen, wie man oftmals sagt, schlichten Auffassen der Evangelien.

Sehen Sie, es ist ein Damm aufgerichtet worden, damit die einzelnen Evangelien nicht allzusehr den Menschen einengen, dadurch, daß das Ereignis von Golgatha von vier Seiten beschrieben ist in den Evangelien, die sich – wenigstens scheinbar – widersprechen. So daß die Menschen bewahrt werden vor einer zu wörtlichen Auffassung, wenn sie nur ein klein wenig nachdenken. In denjenigen Sekten aber, die *ein* Evangelium nur zugrunde legen – solche gibt es auch, und zwar zahlreiche –, macht sich geltend das Verführerische, das Dumpfmachende, das Halluzinatorische, das hervorgerufen wird durch die bloße Vertiefung in die Evangelien. Die Evangelien mußten in ihrer Zeit als Gegengewicht gegen die luziferische Gnosis gegeben werden. Aber werden sie so genommen, wie sie dazumal gegeben worden sind, so dienen sie nicht dem Menschheitsfortschritt, sondern sie dienen dem Zwecke Ahrimans. Irgend etwas ist nicht bloß im absoluten Sinne gut durch sich selbst, sondern immer ist es gut oder schlimm, je nachdem die Menschen es gebrauchen. Das Beste kann am schlimmsten sein, wenn die Menschen es nicht im richtigen Sinne gebrauchen. Wenn die Evangelien ein Höchstes sind, so können sie gerade am schlimmsten wirken, wenn die Menschen zu bequem sind, um zu einer wirklichen geisteswissenschaftlichen Interpretation dieser Evangelien vorzudringen.

So ist vieles in den geistigen und ungeistigen Strömungen der Gegenwart, das nötig machen würde, daß die Menschen es genau ansehen und ihr Verhalten, namentlich das Verhalten ihrer Seele, entsprechend einrichten. Ob die Menschen so etwas durchschauen wollen, davon wird es abhängen, wie die Inkarnation des Ahriman die Menschen trifft, ob diese Inkarnation des Ahriman die Menschen dazu bringt, das Erdenziel ganz zu verlieren, oder ob diese Inkarnation Ahrimans die Menschen dazu bringt, gerade die ganz eingeschränkte Bedeutung des intellektuellen Lebens, des unspirituellen Lebens zu erkennen. Wenn die Menschen im richtigen Sinne, ich möchte sagen, dasjenige in die Hand nehmen, was ich Ihnen jetzt als zu Ahriman hinführende Strömungen charakterisiert habe, dann werden sie, einfach durch die Inkarnation des Ahriman im irdischen Leben, klar erkennen, was ahrimanisch auf der einen Seite ist und dadurch auch den polarischen Gegensatz, das Luziferische erkennen. Und dann werden die Menschen in die Lage kommen, gerade aus dem Gegensatz von Ahrimanischem und Luziferischem das zusammenfassende Dritte ins Seelenauge zu fassen. Bewußt müssen sich die Menschen durchringen zu dieser Trinität des Christlichen, des Ahrimanischen, des Luziferischen. Denn ohne dieses Bewußtsein werden die Menschen der Zukunft nicht so entgegenleben können, daß sie das Erdenziel wirklich erreichen.

Sehen Sie, die Dinge, die mit der Geisteswissenschaft zusammenhängen, sind wahrhaftig nur richtig zu verstehen, wenn man sie mit völligem Ernst nimmt. Denn Geisteswissenschaft ist ja nicht irgend etwas, was aus der Schrulle irgendeines sektiererischen Geistes heute unter die Menschheit treten will, sondern Geisteswissenschaft ist wahrhaftig etwas, was abgelesen wird von den Notwendigkeiten der Menschheitsentwicklung. Wer diese Notwendigkeiten der Menschheitsentwicklung einsieht, der kann nicht Geisteswissenschaft treiben, oder auch nicht treiben, sondern der muß sich sagen: Es muß alles physische und geistige Leben der Menschen durchglänzt und durchzogen werden von geisteswissenschaftlicher Auffassung.

Geradeso also, wie es einstmals im Osten eine luziferische Inkarnation gab, dann, man möchte sagen, in der Mitte der Weltentwicklung die Christus-Inkarnation, so wird im Westen stattfinden eine ahrimanische Inkarnation. Diese ahrimanische Inkarnation soll nicht etwa vermieden werden. Kommen muß sie, denn die Menschen müssen Ahriman, wenn ich so sagen will, Auge in Auge gegenübertreten. Er wird diejenige Individualität sein, die den Menschen zeigen wird, zu welchem ungeheuren Scharfsinn der Mensch eben kommen kann, wenn er alles, was von den Erdenkräften aus den Scharfsinn fördern kann, zu Hilfe ruft. In den Nöten, von denen ich gesprochen habe, die in der nächsten Zeit über die Menschen kommen werden, werden die Menschen sehr erfinderisch werden. Mancherlei wird entdeckt werden aus den Kräften und Substanzen der Welt heraus, das für den Menschen Nahrung abgeben wird. Aber was da gefunden wird, wird so gefunden, daß man zugleich erkennen wird, wie das Materielle zusammenhängt mit den Organen des

Verstandes, nicht des Geistes, aber des Verstandes. Man wird lernen, was man essen und trinken muß, um recht gescheit zu werden. Man kann nicht geistig werden durch Essen und Trinken, aber man kann sehr gescheit, raffiniert gescheit werden dadurch.

Die Menschen kennen nur diese Dinge noch nicht, aber diese Dinge werden nicht etwa nur angestrebt, sondern sie ergeben sich ganz von selbst durch die Nöte, die auftreten werden in der nächsten Zeit. Und, ich möchte sagen, durch gewisse Verwendung dieser Dinge werden gewisse Geheimgesellschaften, die heute schon ihre Vorbereitungen dazu machen, die da sind, vorbereiten dasjenige, wodurch dann die ahrimanische Inkarnation in der richtigen Weise auf der Erde wird da sein können. Und sie soll da sein; denn der Mensch soll während der Erdenzeit auch erkennen, wieviel aus rein materiellen Prozessen hervorgehen kann. Aber der Mensch soll zugleich einsehen, daß er solche geistige oder ungeistige Strömungen, die zum Ahrimanismus hinführen, beherrschen lernen soll.

Wenn wir einsehen, daß Parteiprogramme bewiesen werden können, aber auch die entgegengesetzten, dann werden wir uns sagen müssen: Also müssen wir aufsteigen zu einer solchen Seelenstimmung, in der wir nicht beweisen, sondern erleben. Denn, was erlebt wird, das ist etwas anderes, als was bloß verstandesmäßig bewiesen wird. Ebenso werden wir uns sagen: Es muß immer mehr und mehr geisteswissenschaftliche Vertiefung der Evangelien eintreten. Das heute noch wortwörtliche Hinnehmen der Evangelien ist eine Förderung der ahrimanischen Kultur. Schon aus äußerlichen Gründen kann eingesehen werden, daß für den heutigen Menschen das bloße wortwörtliche Nehmen der Evangelien nicht mehr gelten kann, denn Sie wissen ja, was für *eine* Zeit richtig ist, ist nicht für jede andere richtig. Das, was für *eine* Zeit richtig ist, ist, in einer späteren Zeit geübt, luziferisch oder ahrimanisch. Das Lesen der Evangelien hatte *seine* Zeit. Heute handelt es sich darum, anhand der Evangelien eine geistige Erkenntnis des Mysteriums von Golgatha zu gewinnen.

Es ist gewiß heute für viele Menschen außerordentlich unbequem, diese Dinge einzusehen. Aber derjenige, der anthroposophisch interessiert sein will, sollte wirklich kennenlernen, wie die

Schichten der Kultur sich allmählich nebeneinandergelagert haben, ein Chaos hervorgerufen haben, und wie wiederum Licht in dieses Chaos hineinkommen muß.

Man sollte heute schon den Versuch machen, irgendeinen modernen, sehr radikal modernen Menschen zu hören oder zu lesen über diese oder jene Frage des heutigen Lebens und daneben, sagen wir, über dieselbe Frage die Kanzelreden zu hören eines Priesters einer Konfession, der noch ganz drinnensteht, auch in der Denkweise, in der Form der Gedanken der alten Zeit. Da haben Sie dann wirklich zwei Welten vor sich, die Sie nur dann konfundieren, vermischen werden, wenn Sie es vermeiden, der Wahrheit gemäß auf diese Dinge wirklich einzugehen. Hören Sie heute über die soziale Frage einen modernen Sozialisten, und hören Sie dann gleich darauf, sagen wir, einen katholischen Kanzelredner über die soziale Frage: es ist sehr interessant, wie nebeneinanderleben zwei Schichten von Kultur, die die Worte in ganz anderem Sinne gebrauchen. Dasselbe Wort bedeutet für den einen etwas ganz anderes als für den anderen.

Diese Dinge sollten in das Licht gerückt werden, das man bekommen kann, wenn man solche Betrachtungen ernst nimmt, wie wir sie heute gerade angestrebt haben. Schließlich kommen auch Menschen aus den positiven Religionsbekenntnissen zu einer Art, ich möchte sagen, von Sehnsucht nach geistiger Vertiefung. Es ist wirklich nicht eine unbedeutende Erscheinung, daß solch ein hervorragender Geist, aber positiver katholischer Geist, wie der Kardinal Newman, bei seiner Einkleidung zum Kardinal in Rom gesagt hat: Er sehe kein anderes Heil für das Christentum als eine neue Offenbarung.

Ja, das hat der Kardinal Newman gesagt: Er sehe kein anderes Heil für das Christentum als eine neue Offenbarung. – Aber er hat natürlich nicht den Mut gehabt, irgendwie ernst zu nehmen eine neue geistige Offenbarung. Und so machen es die anderen auch. Sie können heute unzählige Schriften lesen über dasjenige, was der Menschheit not tut, sagen wir in bezug auf das soziale Leben. Jetzt ist wiederum eine Schrift erschienen: «Sozialismus» heißt sie, von Robert Wilbrandt, dem Sohne des Dichters Wilbrandt. Da wird zum Beispiel die soziale Frage erörtert auf Grundlage guter Einzelerkenntnisse. Und zuletzt wird gesagt: Ohne den Geist geht es nicht, und gerade der Verlauf, den die Dinge nehmen, zeigt, daß der Geist notwendig ist. – Ja, wozu kommt aber ein solcher Mensch? Er kommt dazu, das Wort Geist auszusprechen, das Abstraktum Geist zu *sagen.* Aber er lehnt es ab, weist es weit von sich, irgend etwas anzunehmen, was wirklich den Geist erarbeiten will. Dazu ist notwendig, vor allen Dingen einmal einzusehen, daß das Wühlen in Abstraktionen, wenn es noch so sehr nach Geist schreit, noch nicht etwas Spirituelles ist, noch nicht etwas, was Geist ist. Man sollte nicht verwechseln die dumpfe, abstrakte Rederei von Geist mit dem wirklichen positiven Suchen nach dem Inhalt der geistigen Welt, wie es gerade auch durch die anthroposophisch orientierte Geisteswissenschaft geschehen soll.

Von Geist reden heute viele Menschen. Sie aber, die Sie Geisteswissenschaft aufnehmen, sollten Menschen sein, die sich nicht betören lassen durch das bloße Geistgerede, sondern die einsehen sollten, daß ein Unterschied besteht zwischen diesem bloßen Geistgerede und den Schilderungen der geistigen Welt, wie sie versucht werden auf anthroposophischem Boden, wo die geistige Welt ebenso geschildert wird, wie die physisch-sinnliche Welt auf äußere Weise geschildert wird. Auf diese Unterschiede sollten Sie sich einlassen, sollten sich immer wieder und wiederum vor die Seele rücken, wie gerade eine Ablenkung vom wirklichen Geistesstreben das abstrakte Geistgerede ist, und wie heute viele Menschen von Geist reden, die eigentlich damit nur immer weiter vom Geist abbringen. Denn das bloße intellektuelle Hinweisen auf den Geist, das führt nicht zum Geist. Was ist denn Intelligenz? Was ist der Inhalt unserer menschlichen Intelligenz? Ich kann Ihnen das am besten sagen, wenn ich Ihnen folgendes Bild vor die Seele stelle. Denken Sie sich – es sind ja so viele Damen da, die werden das noch besser verstehen –, denken Sie sich, Sie stünden vor einem Spiegel, schauten hinein. Nehmen Sie dieses Bild, das Ihnen der Spiegel darbietet. Es ist ganz so, wie Sie selber sind, aber es ist doch gar nichts Wirkliches. Es entsteht durch das Spiegeln des Spiegels. Alles, was Sie als Intelligenz in Ihrer Seele haben, als Inhalt des Intellektuellen, ist nur ein Spiegelbild.

Dadrinnen ist keine Wirklichkeit. Und so wie das Spiegelbild von Ihnen nur durch den Spiegel hervorgerufen wird, so wird das, was sich als Intelligenz spiegelt, nur durch den physischen Apparat Ihres Leibes, durch das Gehirn hervorgerufen. Intelligent ist der Mensch nur durch seinen Leib. Und so wenig Sie sich selbst streicheln können, wenn Sie nach Ihrem Spiegelbild greifen, so wenig können Sie den Geist erfassen, wenn Sie bloß an das Intellektualistische sich wenden, denn darin ist nicht der Geist. Das, was erfaßt wird, und sei es noch so scharfsinnig, durch die Intelligenz, enthält niemals den Geist, nur das Bild des Geistes. Sie können den Geist nicht erleben, wenn Sie bei der bloßen Intelligenz stehenbleiben. Daher ist die Intelligenz so verführerisch, weil sie ein Bild gibt, jedoch ein Spiegelbild des Geistes, aber nicht den Geist. Man braucht sich dann nicht die Unbequemlichkeit zu machen, in den Geist sich hineinzuleben, weil man ihn ja hat – man meint wenigstens, ihn zu haben – im Spiegelbild; aber man kann sehr gut reden von dem Geist. Dieses zu unterscheiden, das bloße Bild des Geistes vom wirklichen Geiste, das ist die Aufgabe für jene Gesinnung, die nicht bloß theoretisiert im Geisteswissenschaftlichen, sondern in einer positiven Geistesanschauung wirklich drinnensteht.

Das wollte ich heute zu Ihnen sprechen zur Bekräftigung des Ernstes, der durchdringen sollte unsere ganze Stellung zum anthroposophisch erfaßten Geistesleben. Denn davon, wie die Menschheit der Gegenwart diese Stellung auffaßt, wird die reale Entwicklung der Menschheit nach der Zukunft abhängen. Wird das, was ich heute charakterisiert habe, so genommen, wie es heute noch von den weitaus meisten Menschen der Erde genommen wird, dann wird Ahriman für die Menschen ein schlimmer Gast werden, wenn er kommt. Können die Menschen sich aufraffen, diese Dinge, die wir heute betrachtet haben, in ihr Bewußtsein aufzunehmen, sie zu lenken und zu leiten so, wie es sein soll für eine freie Stellung der Menschheit gegenüber der ahrimanischen Macht, dann wird die Menschheit durch Ahriman, wenn er auftritt, gerade das Richtige lernen, um einzusehen, wie allerdings die Erde in ihren Verfall hineinkommen muß, wie aber die Menschheit gerade dadurch sich hinaushebt über das irdische Dasein. Wenn der Mensch ein gewisses Alter im physischen Leben erlangt hat, dann verfällt sein physischer Leib, und er klagt nicht, wenn er vernünftig ist, daß dieser physische Leib verfällt, sondern er weiß, daß er mit seiner Seele einem Leben entgegengeht, das nicht parallel etwa ist dem Verfall dieses physischen Leibes. In der Menschheit lebt etwas, was nicht zusammenhängt mit dem Verfall der physischen Erde, der schon eingetreten ist, sondern was gerade immer geistiger und geistiger wird dadurch, daß die Erde physisch in ihre Dekadenz kommt. Lernen wir es unbefangen sagen: Jawohl, die Erde ist in der Dekadenz, auch das Menschenleben in bezug auf seine physische Erscheinung. Aber fassen wir gerade dadurch die Kraft, dasjenige in unsere Zivilisation hereinzubekommen, was als Unsterbliches der ganzen Erdenentwicklung aus der Menschheit heraus weiterleben muß, wenn die Erde ihrem Untergange entgegengeht.

Das ist es, was ich Ihnen heute sagen wollte.

ANHANG

Zu dieser Ausgabe

Im Jahr 1919, das durch starke soziale und politische Umbrüche geprägt war, befasste sich Rudolf Steiner zentral mit Fragestellungen der sozialen Gestaltung. Vier im Februar öffentliche gehaltene Vorträge in Zürich bildeten die Grundlage für sein Buch «Die Kernpunkte der sozialen Frage in den Lebensnotwendigkeiten der Gegenwart und Zukunft» (GA 23), das im April dieses Jahres in einer Auflage von 40'000 Exemplaren erschien. Die Idee und Gedanken zur Praxis der Dreigliederung des sozialen Organismus wurden in einer großen Kampagne bekannt gemacht.

Neben den öffentlichen Vorträgen über die Dreigliederung hielt Rudolf Steiner auch verschiedentlich diese Thematik vertiefende Vorträge für die Mitglieder der Anthroposophischen Gesellschaft, um auch bei ihnen den dringend notwendigen Enthusiasmus für diese Sache zu wecken. Die in diesem Band zusammengestellten Vorträge sind so ganz im Sinne des von Marie Steiner für die Erstausgabe der hier abgedruckten Zürcher Mitglieder-Vorträge im Jahre 1945 geprägten Titels «Der innere Aspekt des sozialen Rätsels» zu lesen und zu verstehen: als Ergänzung zu den stark in die Praxis hineinwirkenden Bemühungen um eine Realisierung dieser Idee in der damaligen historischen Situation.

Textunterlagen

Die Nachschriften der Vorträge I bis IV sowie IX und X dieses Bandes stammen von der Dornacher Stenographin Helene Finckh. Für die 3. Auflage, 1977, wurde der Text dieser Vorträge anhand der vorliegenden Originalstenogramme neu überprüft. Änderungen gegenüber früheren Auflagen sind hierauf zurückzuführen. Die Vorträge V bis VIII wurden von Walter Vegelahn mitgeschrieben. Die entsprechenden Stenogramme liegen nicht vor.
Für diese 5. Auflage wurde der Text durchgesehen und redigiert (siehe unten Textkorrekturen). Die Hinweise wurden korrigiert und ergänzt, neu wurde ein Literaturverzeichnis hinzugefügt.

Der Titel des Bandes übernimmt Titel früherer Einzelausgaben (siehe unten) und ist nicht von Rudolf Steiner.

Textkorrekturen

Neben einigen orthographischen und die Interpunktion betreffenden Korrekturen wurden das Inhaltsverzeichnis etwas redigiert und folgende Änderungen vorgenommen:

Seite

52 *Daher kommt das Mysterium von Golgatha, das Christus-Ereignis sofort in Betracht – wir werden später darauf zurückkommen –, wenn irgendeine Art menschlichen Zusammenlebens seit dem Mysterium von Golgatha entfaltet wird* statt *Daher kommt seit dem Mysterium von Golgatha das Christus-Ereignis sofort in Betracht – wir werden später darauf zurückkommen –, wenn irgendeine Art menschlichen Zusammenlebens entfaltet wird.* Korrektur gemäss Nachschrift.

77 *durch Sympathien wird sie gemildert* statt *durch Sympathien werden sie gemildert.* Sinngemässe Änderung.

88 *daß sich die individuellen Fähigkeiten* statt *daß die individuellen Fähigkeiten.* Sinngemässe Änderung.

126 *dreigliedriger sozialer Organismus* statt *dreigliedriger Sozialismus.* Sinngemässe Änderung.

139 *der nimmt Stellung zu diesem Wort «Ideologie»* statt *der stellt sich zu diesem Wort «Ideologie».* Sinngemässe Änderung.

Werke Rudolf Steiners innerhalb der Gesamtausgabe (GA) werden in den Hinweisen mit der Bibliographie-Nummer angegeben. Siehe auch die Übersicht am Schluß des Bandes.

Hinweise

zu Seite

11 *in dieser Stadt öffentliche Vorträge zu halten:* Die vier öffentlichen Vorträge über «Die soziale Frage» wurden am 3., 5., 10. und 12. Februar 1919 in Zürich gehalten, siehe Rudolf Steiner, «Die soziale Frage», GA 328 und die im selben Jahr erschienene Schrift «Die Kernpunkte der Sozialen Frage», GA 23.

an diesem Zweigabend hier: Im Zschokke-Zweig, Zürich.

12 *In einem meiner Mysteriendramen:* «Die Prüfung der Seele», Erstes Bild. In «Vier Mysteriendramen» (1910–13), GA 14.

13 *Christian Morgenstern, der Dichter, hat eine Empfindung ... in schöne Verse gebracht:* In dem Gedicht «Die Fußwaschung». In: Wir fanden einen Pfad, 1914.

eines gewissen Kapitels des Johannes-Evangeliums: Johannes 13, 1–12.

15 *wovon ich gestern sprach:* Siehe Hinweis zu S. 11, im öffentlichen Vortrag vom 3. Februar 1919.

19/59 *«Ich bin bei euch alle Tage, bis ans Ende der Erdenzeiten»:* Matthäus 28, 20.

26 *Die öffentlichen Vorträge in diesen Tagen:* Es handelt sich um die Vorträge in Bern vom 6. Februar: «Die wirkliche Gestalt der sozialen Frage, erfaßt aus den Lebensnotwendigkeiten der gegenwärtigen Menschheit» und vom 7. Februar: «Die vom Leben geforderten wirklichkeitsgemäßen Lösungsversuche für die sozialen Fragen und Notwendigkeiten» (noch nicht gedruckt; vergleiche die beiden Parallelvorträge mit denselben Titeln vom 3. und 5. Februar 1919 in Zürich im Band «Die soziale Frage», GA 328).

Ich habe schon ... einige Andeutungen ... über die sozialen Impulse ... Ihnen gegeben: Vortrag vom 12. Dezember 1918, «Die sozialen und antisozialen Triebe im Menschen» im Band «Die soziale Grundforderung unserer Zeit – In geänderter Zeitlage», GA 186.

33 *«Gebet dem Cäsar, was des Cäsars ist, und Gott, was Gottes ist»:* u. a. Lukas 20,25.

34 *der widerrechtliche Fürst:* Von Rudolf Steiner in manchen Vorträgen erwähnt. Er weist darauf hin, daß im esoterischen Christentum Satan widerrechtlicher Fürst genannt wurde. Siehe auch den Vortrag Rudolf Steiners vom 20. April 1908 in Berlin in: «Das Hereinwirken geistiger Wesenheiten in den Menschen», GA 102.

42 *ich sprach vorgestern davon:* Siehe Hinweis zu S. 26, Vortrag vom 6. Februar 1919.

44 *Ändert den Sinn! ...:* u. a. Matthäus 3,2.

50 *was ... in den öffentlichen Vorträgen gesagt worden ist:* Siehe Hinweis zu S. 11.

und wie morgen noch im öffentlichen Vortrag berührt werden soll: Siehe Hinweis zu S. 11, im Vortrag vom 12. Februar 1919.

59 *was dann zu der furchtbaren Katastrophe der letzten vier Jahre geführt hat:* Der Erste Weltkrieg 1914–1918.

wie sein Vorläufer, der Täufer Johannes, gesagt hat: Siehe den Hinweis zu S. 44.

62 *ich habe auch schon in diesem Zweig ... darüber gesprochen:* Im Vortrag «Was tut der Engel in unserem Astralleib?», Zürich, 9. Oktober 1918, und im Vortrag «Wie finde ich den Christus?», Zürich, 16. Oktober 1918, in: Rudolf Steiner «Der Tod als Lebenswandlung», GA 182.

Adolf von Harnack (1851–1930), führender evangelischer Kirchen- und Dogmenhistoriker, von 1889 bis 1924 Professor an der Universität Berlin, veröffentlichte 1900 das Buch «Das Wesen des Christentums» (Leipzig 1900): «Sechzehn Vorlesungen vor Studierenden aller Facultäten im Wintersemester 1899/1900 an der Universität Berlin gehalten». Die vierte Auflage dieser Schrift (Leipzig 1901) befindet sich – mit Anstreichungen versehen – in Rudolf Steiners Bibliothek. Rudolf Steiner verwies in seinen Vorträgen sehr oft auf Harnack und setzte sich in den Jahren 1916 und 1917 besonders stark mit ihm auseinander. Siehe den Vortrag in Berlin, 16. Mai 1916 in: «Gegenwärtiges und Vergangenes im Menschengeiste», GA 167, und in Berlin, 14. August 1917 in: «Menschliche und menschheitliche Entwicklungswahrheiten. Das Karma des Materialismus», GA 176

64 *Jean-Jacques Rousseau,* 1712–1778. Schweiz.-franz. Philosoph. Zu der hier von Rudolf Steiner angesprochenen These Rousseaus siehe J. J. Rousseau, «Emile oder über die Erziehung», 1762.

65 *«Was ihr einem der geringsten meiner Brüder tut, das habt ihr mir getan»:* Matthäus 25,40.

66 *Ich habe gestern hingewiesen auf die tiefe Kluft:* Siehe Hinweis zu S. 11, Vortrag vom 10. Februar 1919 «Schwarmgeisterei und reale Lebensauffassung im sozialen Denken und Wollen».

68 *was das Paulinische Wort über den Christus sagen will:* Galaterbrief 2, 20.

71 *Kurt Eisner,* 1867–1919. Links-sozialistischer Politiker der «Unabhängigen Sozialistischen Partei Deutschlands». Führend beteiligt an der Revolution in München im November 1918, bayrischer Ministerpräsident. Am 21. Februar 1919 wurde er auf dem Weg zur Eröffnung des Landtages von Anton Graf von Arco-Valley erschossen. Rudolf Steiner sprach mit Eisner während der interna-

tionalen Sozialistenkonferenz in Bern vom 3.–10. Februar 1919, an der Eisner als bayrischer Ministerpräsident teilgenommen hatte, über Fragen der Kriegsschuld (Siehe Hans Kühn, «Dreigliederungszeit», Dornach 1978, S. 33 f.).

in der Rede, die kurz vor seinem Tode Kurt Eisner gehalten hat: Kurt Eisner, «Der Sozialismus und die Jugend», Vortrag, gehalten zu Basel auf Einladung der Basler Studentenschaft, im Großen Musiksaal am 10. Februar 1919. Druck und Verlag der National-Zeitung, Basel 1919.

76 *im letzten und im vorletzten Zweigvortrag hier auseinandergesetzt:* Erster und dritter Vortrag dieses Bandes.

77 *Georg Friedrich Wilhelm Hegel,* 1770–1831. Zu Hegels Staatslehre siehe insbesondere seine «Grundlinien der Philosophie des Rechts», Berlin 1820. Weiterführende Ausführungen Rudolf Steiners dazu in seinem Werk «Die Rätsel der Philosophie», GA 18, S. 244 f.

Fritz Mauthner, 1849–1923. «Wörterbuch der Philosophie», 1910–11, Begriff «res publica», V. Siehe auch Rudolf Steiners Charakterisierung Mauthners und dessen «Wörterbuch der Philosophie» im Aufsatz «Ein neues Buch über den Atheismus» in «Der Goetheanumgedanke, Gesammelte Aufsätze», GA 36, S. 233.

82 *Ich könnte Ihnen ... solche Reden zeigen:* z.B. in Theobald von Bethmann Hollweg «Betrachtungen zum Weltkrieg», 1. Teil, S. 62, Berlin 1919, eine Rede des Staatssekretärs des Auswärtigen Gottlieb von Jagow.

in den Vorträgen in Wien: «Inneres Wesen des Menschen und Leben zwischen Tod und neuer Geburt», Wien, 6., 8.–14. April 1914; GA 153.

85 *Wladimir Iljitsch Lenin:* 1870–1924.

Leo Trotzkij : 1879–1940.

Johann Gottlieb Fichte, 1762–1814. «Der geschlossene Handelsstaat», 1800. Hierzu auch Rudolf Steiners Ausführungen im Vortrag vom 2. März 1919 in GA 189 «Die soziale Frage als Bewusstseinsfrage».

89 *Die Anzengrubersche dramatische Figur:* Ludwig Anzengruber, 1839–1889, österreichischer Schriftsteller. «Ein Faustschlag», Schauspiel, 3. Akt, 6. Szene, Kammauf: «denn ... so wahr ein Gott lebt – ich bin Atheist!».

95 *wie das Geständnis des russischen Ministers Suchomlinoff:* Wladimir Alexandrowitsch Suchomlinoff, russischer Kriegsminister beim Ausbruch des ersten Weltkrieges, vgl. Suchomlinow. «Die russische Mobilmachung im Lichte amtlicher Urkunden», Bern 1917, S. 25. Dieses Buch befindet sich in der Bibliothek Rudolf Steiners.

99 *Ibsensche Dramen:* Henrik Ibsen, 1828–1906, vgl. u. a. «Der Volksfeind». Siehe auch Rudolf Steiners Ausführungen «Zu Ibsens siebzigsten Geburtstage» im

Magazin für Literatur, in: «Gesammelte Aufsätze zur Literatur 1884–1902», GA 32, S. 21.

99 *Björnstjerne Björnson,* 1832–1910, norwegischer Dichter.

Gerhart Hauptmann, 1862–1945. «Die Weber», 1892.

102 *Die wichtigste Tatsache in der Entstehungsgeschichte der Weltkriegskatastrophe:* Siehe Rudolf Steiner, «Aufsätze über die Dreigliederung des sozialen Organismus 1915–1921», GA 24, 1961, Seite 376 ff. «Vorbemerkungen zu ‹Die Schuld am Kriege›».

105 *Weisheit vor Menschen – Torheit vor Gott:* 1. Kor. 3,19.

107 *durch das Programm der «Dreigliederung des sozialen Organismus»:* Siehe Hinweis zu S. 102.

108 *Marx' «Kapital»:* Karl Marx, 1818–1883. «Das Kapital», 3 Bände, erschienen 1867, 1885, 1894.

108 *Die Revolution vom 9. November 1918:* Die Novemberrevolution von 1918/19 führte in Deutschland am Ende des Ersten Weltkriegs zum Sturz der Monarchie und zur Errichtung einer parlamentarisch-demokratischen Republik.

110 *in diesem Raume:* Zweigraum des Berliner Zweiges in der Potsdamerstraße 98. Dieser Raum wurde ab dem Jahre 1917 als Zweigraum benützt, vorher befand sich der Zweig an der Geisbergstrasse 2, ursprünglich an der Motzstrasse 17.

122 *Lessings «Erziehung des Menschengeschlechts»:* 1780; Gotthold Ephraim Lessing, 1729–1781. Hierzu insbesondere auch Rudolf Steiner in «Die Rätsel der Philosophie», GA 18.

Wir haben sie am letzten Sonntag feierlich eröffnet: Am 7. September 1919. Siehe «Rudolf Steiner in der Waldorfschule», GA 298.

Vorausgegangen ist ein Seminarkursus für Lehrer: «Allgemeine Menschenkunde als Grundlage der Pädagogik», GA 293; «Erziehungskunst. Methodisch-Didaktisches», GA 294; «Erziehungskunst. Seminarbesprechungen und Lehrplanvorträge», GA 295.

133 *Ich habe Sie einmal auf alte Zeiten hingewiesen:* Vortrag vom 29. Mai 1917. Im Band «Menschliche und menschheitliche Entwicklungswahrheiten. Das Karma des Materialismus», GA 176.

eine Sitzung des Kulturrates gehabt: Am 25. Juli 1919. Näheres dazu im Band Rudolf Steiner «Soziale Ideen – Soziale Wirklichkeit – Soziale Praxis», GA 337a, im Hinweis zu Seite 96 auf Seite 328.

140 *die Novemberrevolution:* siehe Hinweis 108.

141 *als ich ... in einem Vortrag etwas sagte:* Es handelt sich möglicherweise um Rudolf Steiners Vortrag am ersten Studienabend des Bundes für Dreigliederung des sozialen Organismus, 30. Juli 1919 in Stuttgart, in dem er in sehr ähnlicher Weise diese Thematik bespricht; in: «Soziale Ideen – Soziale Wirklichkeit – Soziale Praxis», GA 337a.

148 *Ich habe in Stuttgart gesprochen von der Unnatur unserer Gymnasialbildung:* Vortrag vom 21. April 1919 in «Geisteswissenschaftliche Behandlung sozialer und pädagogischer Fragen», GA 192.

151 *Galileo Galilei,* 1564–1642.

Nikolaus Kopernikus, 1473–1543.

152 *was ich in diesen Tagen Ihnen sagen mußte:* Vortrag vom 12. September 1919, der sechste Vortrag in diesem Band, Seite 110.

Ich habe von unserem Gesichtspunkte aus schon daraufhingewiesen: Im Vortrag vom 12. September innerhalb dieser Vortragsreihe, Seite 110.

155 *Woodrow Wilson,* 1856–1924. Präsident der Vereinigten Staaten während des ersten Weltkrieges. Siehe Rede vom 22. Januar 1917 in «Die Reden Woodrow Wilsons», englisch und deutsch, Bern 1919. Dieses Buch befindet sich in der Bibliothek Rudolf Steiners. Siehe hierzu auch die Ausführungen Rudolf Steiners im Vortrag vom 11. März 1919 «Die wirklichen Grundlagen eines Völkerbundes in den wirtschaftlichen, rechtlichen und geistigen Kräften der Völker», im Band «Die Befreiung des Menschenwesens als Grundlage für eine soziale Neugestaltung», GA 329.

161 *Von Rabindranath Tagore sind sehr schöne Reden übersetzt auch ins Deutsche:* Rabindranath Tagore (1861–1941): Bengalischer Lyriker, Schriftsteller, Liederkomponist, Essayist und Pädagoge. Tagore erhielt 1913 den Nobelpreis für Literatur. Ab 1912 reiste Tagore oft nach Europa, Amerika und Ost-Asien, trug dort aus seinem Werk vor und setzte sich für die Unabhängigkeit Indiens ein.

162 *im Jahre 1910 ... über die Volksgeister vorgetragen:* «Die Mission einzelner Volksseelen im Zusammenhang mit der germanisch-nordischen Mythologie», Kristiania (Oslo) 7. –17. Juni 1910, GA 121.

164 *in dem Buche »Theosophie«:* Rudolf Steiner, «Theosophie. Einführung in übersinnliche Welterkenntnis und Menschenbestimmung». (1904), GA 9.

Caligula: Gaius Caesar Germanicus, 12–41, römischer Kaiser von 37–41.

166 *als ein utopistischer Idealismus aufgefaßt wurde:* Siehe «Aufsätze über die Dreigliederung des sozialen Organismus 1915-1921», GA 24.

Erich Ludendorff, 1865-1937. Deutscher General während des ersten Weltkrieges. Siehe auch Rudolf Steiners Ausführungen zu Ludendorff im Band

«Entwicklungsgeschichtliche Unterlagen zur Bildung eines sozialen Urteils», GA 185a, Vorträge vom 23. und 24. November 1918.

Georg Michaelis, 1857–1936. Deutscher Reichskanzler vom Juli bis Oktober 1917.

167 *Weisheit, sie liegt einzig:* «Die Weisheit ist nur in der Wahrheit», Goethe, Maximen und Reflexionen 78.

175 *Dreigliederung des sozialen Organismus:* Siehe Hinweis zu S. 102.

178 *«so herrlich weit gebracht», «bis an die Sterne weit»:* Goethe, «Faust» I, «Nacht», Vers 573–574.

181 *Karl Marx:* Siehe Hinweis zu S. 108.

184 *im zweiten öffentlichen Vortrag:* Siehe den öffentlichen Vortragszyklus «Soziale Zukunft», Sechs Vorträge, Oktober/November 1919 in Zürich. 2. Vortrag, 25. Oktober 1919: «Das Wirtschaften auf assoziativer Grundlage. Die Umwandlung des Markts. Geld und Steuerwesen. Kredit», GA 332a.

188 *wie der Kardinal Newman:* Vermutlich stützte sich Rudolf Steiner auf eine Stelle in dem Werk «Das transzendentale Weltenall» von C. G. Harrison (Originaltitel «The Transcendental Universe», London 1893, deutsche Ausgabe o.O. u.J., übersetzt von Leiningen Billigheim, 1897). Die Stelle in der Vorrede, Seite 14, lautet: «Dr. Newman soll in Rom bei Gelegenheit seiner Einkleidung als Kardinal erklärt haben: Er sehe keine Hoffnung für die Religion, außer in einer neuen Offenbarung.» Wörtlich sagte Newman in Rom am 12. Mai 1879: «Bisher ist die bürgerliche Potenz christlich gewesen. Selbst in Ländern, die von der Kirche getrennt sind, wie in meinem eigenen, hatte – als ich jung war – das dictum Gültigkeit: ‹Christentum war das Gesetz des Landes!› – Heute legt dieses schöne System der Gesellschaft, das die Schöpfung des Christentums ist, überall das Christentum ab. Das dictum, auf das ich mich bezog – mit hundert anderen, die daraus folgten –, ist verschwunden oder verschwindet überall und am Ende des Jahrhunderts wird es vergessen sein, *es sei denn, daß der Allmächtige eingreift!»* (Vgl. Wilfrid Ward, The life of John Henry Cardinal Newman, 2 Bde., London 1927, 2. Bd., S. 460f.)

«Lux mundi»: A series of studies in the religion of the Incarnation. Edited by C. Gore, London 1913. – Eine Sammlung von Essays verschiedener Autoren, darunter eines von C. Gore: «The Holy Spirit and Inspiration!». – Charles Gore (1853–1932) war anglikanischer Bischof und Impulsator einer modernen Richtung innerhalb der High Church. Dieses Werk befindet sich in der Bibliothek Rudolf Steiners.

191 *Vortragszyklus über die Apokalypse:* «Die Apokalypse des Johannes», Dreizehn Vorträge, Nürnberg, 17.–30. Juni 1908, GA 104.

192 *die gegenwärtige Kriegskatastrophe:* Der erste Weltkrieg 1914–1918.

208 *Kardinal Newman:* Siehe Hinweis zu S. 188.

Robert Wilbrandt: 1875–1954), Deutscher Nationalökonom. Er kam zum Vortrag Rudolf Steiners «Über die Dreigliederung des sozialen Organismus» am 2. Juni 1919 in Tübingen, der von der sozialistischen Studentengruppe organisiert wurde. Robert Wilbrandt betreute wenig später die erste Dissertation über die Dreigliederung des sozialen Organismus (siehe auch: Beiträge zur Rudolf Steiner Gesamtausgabe, Nr. 103, Michaeli 1989, S. 17.)

Robert Wilbrandt, «Sozialismus», Jena 1919, S. 27: «Die Gesellschaft ist ein geistiger Körper. Sie beruht auf den seelischen Beziehungen zwischen den Menschen» (dieser Satz ist im Exemplar, das sich in der Bibliothek Rudolf Steiners befindet, angestrichen). – Ebenda S. 118: «Nur im Innersten der Menschen selbst wird in Jahrhunderten, in Jahrtausenden, allmählich dieses Problem [den Geist des Christentums zur Wirklichkeit zu machen] zu lösen sein.» – Ebenda S. 206: «Mit der Sozialisierung der Wirtschaft ist es nicht getan. Es bedarf noch der Sozialisierung der Bildung.»

Adolf von Wilbrandt, 1837–1911. Deutscher Schriftsteller und Direktor des Burgtheaters Wien. Vater des Robert Wilbrandt (siehe oben).

Namenregister

(= ohne Namensnennung)*

Weiterführende Literatur aus dem Werk Rudolf Steiners zum Thema

GA = Rudolf Steiner Gesamtausgabe
Tb = Rudolf Steiner Taschenbücher

Schriften

Vier Mysteriendramen. GA 14 (Tb 607 und 608)

Die Kernpunkte der sozialen Frage in den Lebensnotwendigkeiten der Gegenwart und Zukunft. GA 23 (Tb 606)

Aufsätze zur Dreigliederung des sozialen Organismus und zur Zeitlage 1915–1921. GA 24 (Tb 667 – Teilausgabe)

Vorträge

Inneres Wesen des Menschen und Leben zwischen Tod und neuer Geburt. GA 153 (Tb 663)

Menschliche und menschheitliche Entwicklungswahrheiten. Das Karma des Materialismus. GA 176

Der Tod als Lebenswandlung. GA 182 (Tb 740)

Die soziale Grundforderung unserer Zeit – In geänderter Zeitlage. GA 186 (Tb 746)

Die soziale Frage als Bewusstseinsfrage. GA 189

Soziales Verständnis aus geisteswissenschaftlicher Erkenntnis. GA 191

Geisteswissenschaftliche Behandlung sozialer und pädagogischer Fragen. GA 192 (Tb 733)

Die soziale Frage. GA 328

Soziale Zukunft. GA 332a

Bibliographischer Nachweis bisheriger Ausgaben

1. Auflage, Gesamtausgabe Dornach 1968
herausgegeben durch Hendrik Knobel

2. Auflage, Gesamtausgabe Dornach 1972
herausgegeben durch Hendrik Knobel

3. Auflage, Gesamtausgabe Dornach 1977
Neu durchgesehen durch Ulla Trapp

4. Auflage, Gesamtausgabe Dornach 1989
herausgegeben durch Robert Friedenthal

Einzelausgaben

Zürich, 4., 11. Februar, 9. März 1919: «Der innere Aspekt des sozialen Rätsels. Die soziale Frage als Wendepunkt der Menschheitsentwicklung», Dornach 1945.

Bern, 8. Februar 1919: «Die irdische Geistigkeit, der äußere Rechtsstaat und das Wirtschaftsleben», Dornach 1942.

Heidenheim, 12. Juni 1919: «Zur Charakteristik der Gegenwart», Dornach 1931 und 1932, Freiburg i. Br. o.J. (1948).

Berlin, 12., 13., 14. September 1919: in «Die Rätsel unserer Zeit», Berlin 1923.

Zürich, 27. Oktober 1919: «Die ahrimanische Verführung», Dornach 1950.

Bern, 4. November 1919: «Luziferische Vergangenheit, ahrimanische Zukunft im Lichte der Gegenwart», Dornach 1950.

Veröffentlichungen in Zeitschriften

Zürich, 4., 11. Februar, 9. März 1919 in der «Gegenwart», 25. Jahrg. (1963/64), Heft 1 – 3 (April – Juni 1963).

Bern, 8. Februar 1919 in «Beiträge zur Dreigliederung des sozialen Organismus», Freiburg i. Br., Neunter Jahrg. Juni 1964.

Heidenheim, 12. Juni 1919 in «Das Goetheanum», 1931, 10. Jahrg., Nr. 40.

Zum Werk Rudolf Steiners

Rudolf Steiner (1861–1925), der zunächst als Philosoph, Publizist und Pädagoge tätig war, entfaltete ab Beginn des 20. Jahrhunderts eine umfassende kulturelle und soziale Aktivität und begründete eine moderne Wissenschaft des Geistes, die Anthroposophie. Sein umfangreiches Werk umfaßt Schriften und Abhandlungen, Aufzeichnungen und Briefe, künstlerische Entwürfe und Modelle sowie Textunterlagen von etlichen tausend Vorträgen in Form von Hörermitschriften.
Seit dem Tod von Marie Steiner-von Sivers (1867–1948), der Lebensgefährtin Rudolf Steiners, wird sein literarischer und künstlerischer Nachlaß durch die von ihr begründete *Rudolf Steiner Nachlassverwaltung* betreut. In dem dafür aufgebauten *Rudolf Steiner Archiv* wird seither an der Erhaltung, Erschließung und Herausgabe der vorhandenen Unterlagen gearbeitet. Die Buchausgaben erscheinen in dem angegliederten *Rudolf Steiner Verlag*.
Schwerpunkt der Herausgabetätigkeit ist die seit 1955/56 erscheinende Rudolf Steiner Gesamtausgabe (GA, siehe nachfolgende Übersicht). Sie umfaßt inzwischen über 350 Bände und zusätzlich Veröffentlichungen aus dem künstlerischen Werk. Dazu kommen zahlreiche Einzel-, Sonder- und Taschenbuchausgaben und andere begleitende Veröffentlichungen. Die Ausgaben werden durch fachlich kompetente Herausgeber anhand der im Archiv vorhandenen Unterlagen ediert und durch Hinweise, Register usw. ergänzt. Vielfach werden bei Neuauflagen die Texte nochmals anhand der Quellen überprüft.
Noch liegt die Gesamtausgabe nicht vollständig vor; viele Archivunterlagen bedürfen zudem der editionsgerechten Aufbereitung. Dies ist mit einem hohen zeitlichen und finanziellen Aufwand verbunden, der durch den Absatz der Bücher nicht finanziert werden kann, sondern durch Unterstützungsbeiträge gedeckt werden muß. Dies gilt ebenso für die vielen anderen Arbeitsbereiche des Archivs, das keinerlei öffentliche Zuschüsse erhält. Damit das Archiv seine Aufgaben als Zentrum für die Erhaltung, Erschließung, Edition und Präsentation des Werkes von Rudolf Steiner auch in Zukunft erfüllen kann, wurde 1996 die *Internationale Fördergemeinschaft Rudolf Steiner Archiv* begründet.
Für weitere Informationen oder kostenlose Verzeichnisse wenden Sie sich bitte an:

Rudolf Steiner Verlag
St. Johanns-Vorstadt 19–21
CH–4056 Basel
verlag@steinerverlag.com

www.steinerverlag.com

Rudolf Steiner Archiv
Postfach 348
CH–4143 Dornach 1

www.rudolf-steiner.com